安徽省高校人文社会科学研究重点项目"黄山旅游文化研究"（SK2018A0366）成果
淮北师范大学科学研究项目"黄山旅游文化后续研究"（2023SK027）成果
淮北师范大学学术著作出版基金资助

近代黄山旅游指南校注

任唤麟 校注

中国科学技术大学出版社

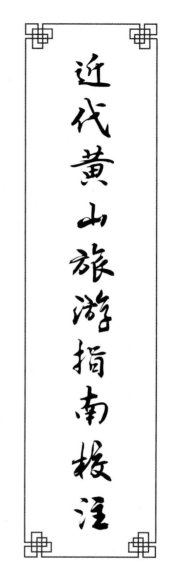

内容简介

本书精选了五种黄山旅游指南,即陈少峰《黄山指南》(1929),江振华《黄山游览必携》(1934),许世英《黄山揽胜集》(1934),程铁华《黄山游览指南》(1935),姚文采、钱启震《黄山游观录要》(1936)。这五种黄山旅游指南不仅颇有研究价值,而且各具特色。其中,《黄山指南》《黄山游览必携》《黄山游览指南》《黄山游观录要》是有代表性的旅游指南书,其内容主要包括风景、胜迹、建置、物产、游路、诗文、民俗、气候、游客须知等;《黄山揽胜集》是具有旅游指南意义的游记,同时还包括旅游建设计划与建议、游山应携物品提示等内容。书中对已断句或未断句的指南书,均按现代汉语标点符号用法点断;运用本校法与理校法抉择异同,校正讹误;将原书中的繁体字、异体字转换为规范的简体字,对读者可能不了解的事物或感到陌生的名词术语进行解释,对生僻、难检字词等注音或注义;删除原书中质量不佳或不合时宜的摄影照片与名人题词(名);在尊重原书的基础上,对体例结构与版式进行了调整。

图书在版编目(CIP)数据

近代黄山旅游指南校注 / 任唤麟校注. -- 合肥 : 中国科学技术大学出版社, 2025.1. -- ISBN 978-7-312-06171-4

Ⅰ.K928.3

中国国家版本馆 CIP 数据核字第 2025FF6718 号

近代黄山旅游指南校注

JINDAI HUANGSHAN LÜYOU ZHINAN JIAOZHU

出版	中国科学技术大学出版社 安徽省合肥市金寨路 96 号,230026 http://www.press.ustc.edu.cn https://zgkxjsdxcbs.tmall.com
印刷	合肥华苑印刷包装有限公司
发行	中国科学技术大学出版社
开本	710 mm×1000 mm　1/16
印张	17.75
字数	348 千
版次	2025 年 1 月第 1 版
印次	2025 年 1 月第 1 次印刷
定价	66.00 元

前　言

　　安徽黄山是世界文化与自然双重遗产、世界地质公园、国家级重点风景名胜区。2007年,黄山风景区入选第一批国家5A级旅游景区名单,为全国66家之一。黄山形成于亿万年前,造化使其钟灵毓秀,美不胜收。其景观可谓"易向则形异,移步则状殊"(钱文选)。汉代以来,名士入山隐居、释道竞相发展,使黄山旅游逐步发展起来,旅游文化积淀逐渐增多;明朝万历(1573—1620)以后,黄山旅游获得更大发展,旅游文化进一步积淀。进入近代,尤其是民国时期,中国旅游曾出现短暂繁荣期,旅游方式发生嬗变。在此背景下,近代黄山旅游开发与建设受到多方关注,众多黄山旅游指南书也相继出现。旅游指南是引导或指导人们进行旅游活动的文献资料等相关事物,是旅游文化的重要载体,它可为旅游行为的产生、延续与旅游活动的开展提供信息支撑。研究与整理近代黄山旅游指南书,无疑能为黄山旅游文化的探索与研究及当今黄山旅游的开发与建设提供借鉴与启示。

　　近代(主要是民国时期)出现的众多具有时代特征的黄山旅游指南书,为近代黄山旅游发展和近代中国旅游发展相关问题的探索与研究提供了有价值的文献,但目前这些文献很少被整理与研究。为挖掘与推介黄山旅游文化,本书精选了五种黄山旅游指南书,即陈少峰《黄山指南》(1929),江振华《黄山游览必携》(1934),许世英《黄山揽胜集》(1934),程铁华《黄山游览指南》(1935),姚文采、钱启震《黄山游观录要》(1936)。它们不仅颇有研究价值,而且各具特色。其中,《黄山指南》《黄山游览必携》《黄山游览指南》《黄山游观录要》是较有代表性的旅游指南书,其内容主要包括风景、胜迹、建置、物产、游路、诗文、民俗、气候、游客须知等;而《黄山揽胜集》是具有旅游指南意义的游记,其内容还包括旅游建设计划与建议、游山应携物品提示等。上述五种指南书除具有旅游文化的研究价值外,还涉及黄山文化遗产、地理、文学、历史、经济等诸多方面的知识,对读者来说,借此可对黄山做多方面的了解,也可侧重于获得对黄山某一方面的认知。

时人程铁华认为,"阅名人游记,文字虽佳,考据失实,比比皆是"。有鉴于此,著(编)者系皖南之人,且熟悉黄山当地和黄山周边风土民情,也是这五种指南书入编本书的重要依据。校注过程中所做的主要工作如下:(1)选择彰显重要景点景观的指南书整理成本书;(2)对已断句或未断句的指南书,均按现代汉语标点符号用法重新规范;(3)运用本校法与理校法抉择异同,订正讹误;(4)将原书中的繁体字、异体字转换为规范的简体字,对读者可能不了解的事物或感到陌生的名词术语予以解释,为生僻、难检字词等注音或注释;(5)删除原书中质量不佳或不合时宜的摄影照片与名人题词(名);(6)在尊重原书的基础上,对体例结构与版式进行调整。

相较于传统旅游指南或具有旅游指南意义的文献,如宋代无名氏的《黄山图经》、清代释弘眉的《黄山志》等,前述五种近代黄山旅游指南书,涉及一些主要景点的高度、地质、气温以及交通与餐宿费用等,有较清晰的线路,游路图有图例与指北针,因而具有更强的实用性,而不是像传统旅游指南那样过于注重文化、偏废实用。20世纪二三十年代中国出现了摄影艺术史上第一个繁荣期,黄山风景在30年代成为摄影界热点题材之一,前述五种指南书中就有很多黄山风景摄影照片,这是传统旅游指南中所没有的。这也说明这五种指南书利用摄影这一新事物,紧紧跟上了时代的发展步伐,尽管多数摄影照片因技术较生涩或印刷问题有点模糊而未编入本书。

民国时期新式旅游指南书的出现,既有中国旅游自身发展的原因,也受西方旅游指南发展的影响,近代中国城市旅行指南对其也有所影响。历史上的旅游文化也是文化遗产。研究、挖掘旅游历史文化,包括研究与整理近代黄山旅游指南书,既是对旅游文化遗产的保护与传承,也是笔者校注本书的一个目的。

限于时间与专业水平,书中存在不当之处在所难免,敬请读者指正。

任唤麟

2024年8月

任唤麟(1971—),湖南沅江人,博士,淮北师范大学教授,主要从事旅游文化研究。

目　　录

前言 ……………………………………………………………（ⅰ）

黄 山 指 南

缘起 ……………………………………………………………（4）
凡例 ……………………………………………………………（5）
上卷 ……………………………………………………………（8）
　（一）黄山历史 …………………………………………（8）
　（二）形胜 ………………………………………………（9）
　（三）建置 ………………………………………………（38）
下卷 ……………………………………………………………（50）
　（一）异产　凡四十一种 ………………………………（50）
　（二）游客须知 …………………………………………（56）
　（三）游客路程 …………………………………………（58）
　（四）入山沿路风景 ……………………………………（64）
　（五）黄山风俗 …………………………………………（78）

黄山游览必携

本书缘起 ………………………………………………………（89）
第一章　概说 …………………………………………………（90）

（一）名称 …………………………………………………………（90）

　　（二）方位 …………………………………………………………（90）

　　（三）境域 …………………………………………………………（90）

　　（四）四隅 …………………………………………………………（91）

　　（五）四周 …………………………………………………………（91）

　　（六）寺院 …………………………………………………………（91）

　　（七）周积 …………………………………………………………（91）

　　（八）高度 …………………………………………………………（92）

　　（九）山脉 …………………………………………………………（92）

　　（十）水流 …………………………………………………………（93）

　　（十一）气候 ………………………………………………………（93）

第二章　风景提要 ………………………………………………………（94）

　　（一）峰峦 …………………………………………………………（94）

　　（二）温泉 …………………………………………………………（95）

　　（三）三奇 …………………………………………………………（96）

　　（四）潭瀑 …………………………………………………………（97）

　　（五）岩洞 …………………………………………………………（98）

　　（六）矼坞 …………………………………………………………（99）

　　（七）湖海 …………………………………………………………（99）

　　（八）台峡 …………………………………………………………（99）

第三章　游区及距离　新兴区新修路附 ………………………………（101）

　　（甲）前海四区 ……………………………………………………（101）

　　（乙）后海四区 ……………………………………………………（103）

　　（丙）新兴区 ………………………………………………………（103）

　　（丁）新修路 ………………………………………………………（104）

第四章　路线及途景 ……………………………………………………（105）

　　（一）自汤口至紫云区入新兴之桃源区 …………………………（105）

　　（二）自桃源至慈光区先上汤岭折回北上文殊区 ………………（107）

　　（三）自文殊区经莲花岭上莲花峰过鳌鱼洞至新兴天海区 ……（109）

　　（四）自天海平天矼北下狮林区由狮林东登始信峰 ……………（111）

　　（五）自狮子岭下松谷区西涉洋湖 ………………………………（113）

　　（六）自脚庵取道巷里西上福固区 ………………………………（114）

（七）自福固折回原路经焦村上翠微区　归途经松谷至狮林区 ………… (115)

　　（八）自狮林过白鹅岭至云谷区以归 ……………………………… (116)

第五章　游览 ………………………………………………………………… (118)

　　（甲）游程 ………………………………………………………………… (118)

　　（乙）山外路线 …………………………………………………………… (120)

　　（丙）注意事项 …………………………………………………………… (121)

第六章　附则 ………………………………………………………………… (123)

　　（甲）待兴区 ……………………………………………………………… (123)

　　（乙）待辟（避）路 ……………………………………………………… (124)

　　（丙）物产 ………………………………………………………………… (124)

黄山揽胜集

自序 ……………………………………………………………………… (128)

黄山风景 ……………………………………………………………… (131)

　　云海奇观 ………………………………………………………………… (131)

　　天帝所都 ………………………………………………………………… (132)

　　莲花吐艳 ………………………………………………………………… (133)

　　莲蕊含苞 ………………………………………………………………… (134)

　　桃源胜迹 ………………………………………………………………… (134)

　　汤池 ……………………………………………………………………… (134)

　　天半朱霞 ………………………………………………………………… (135)

　　天阙巍峨 ………………………………………………………………… (136)

　　文殊妙相 ………………………………………………………………… (136)

　　百步云梯 ………………………………………………………………… (137)

　　天海 ……………………………………………………………………… (137)

　　狮林精舍 ………………………………………………………………… (138)

　　始信神奇 ………………………………………………………………… (138)

　　石笋解箨 ………………………………………………………………… (139)

　　丞相源 …………………………………………………………………… (140)

　　九龙瀑布 ………………………………………………………………… (140)

梦笔生花 (141)
始游黄山日记 (142)
　　五月十九日 (143)
　　五月二十日 (143)
　　五月二十一日 (146)
　　五月二十二日 (147)
　　五月二十三日 (149)
　　五月二十四日 (151)
　　五月二十五日 (154)
　　五月二十六日 (154)
　　五月二十七日 (155)
　　五月二十八日 (156)
　　五月二十九日 (156)
　　附录 (157)
黄山初步建设三个月计画 (160)
游黄山日程及各处风景撮要 (161)
　　第一日 (161)
　　第二日 (161)
　　第三日 (162)
　　第四日 (162)
　　第五日 (162)
　　第六日 (163)
游山应携物品表 (164)

黄山游览指南

序 (166)
诗文杂录 (167)
例言 (170)
第一章　黄山概说 (171)
　　第一节　名称 (171)

第二节　位置 ………………………………………………………（171）

　　第三节　广袤 ………………………………………………………（172）

　　第四节　高度 ………………………………………………………（172）

　　第五节　山脉 ………………………………………………………（173）

　　第六节　水流 ………………………………………………………（175）

　　第七节　岩石及地质 ………………………………………………（176）

　　第八节　气候 ………………………………………………………（177）

第二章　寺院 ……………………………………………………………（178）

　　第一节　紫云庵 ……………………………………………………（178）

　　第二节　祥符寺 ……………………………………………………（178）

　　第三节　慈光寺 ……………………………………………………（179）

　　第四节　半山寺 ……………………………………………………（179）

　　第五节　文殊院 ……………………………………………………（180）

　　第六节　狮子林 ……………………………………………………（180）

　　第七节　清凉顶 ……………………………………………………（180）

　　第八节　中五台 ……………………………………………………（181）

　　第九节　隐泉茅蓬 …………………………………………………（181）

　　第十节　松谷庵 ……………………………………………………（181）

　　第十一节　云谷寺 …………………………………………………（182）

　　第十二节　继竺庵 …………………………………………………（182）

　　第十三节　福固寺 …………………………………………………（183）

　　第十四节　松山寺 …………………………………………………（183）

　　第十五节　翠微寺 …………………………………………………（183）

　　第十六节　钓桥庵 …………………………………………………（184）

第三章　形胜 ……………………………………………………………（187）

　　第一节　大峰三十六 ………………………………………………（187）

　　第二节　小峰三十六 ………………………………………………（190）

　　第三节　水源三十六 ………………………………………………（191）

　　第四节　溪二十四 …………………………………………………（193）

　　第五节　洞十有四 …………………………………………………（194）

　　第六节　岩十有七 …………………………………………………（194）

　　第七节　泉十有九 …………………………………………………（195）

第八节	潭十有二	(196)
第九节	沟二	(197)
第十节	谷四	(197)
第十一节	湖二	(197)
第十二节	池四	(198)
第十三节	井二	(198)
第十四节	坪二	(198)
第十五节	桥二	(198)
第十六节	石室五	(199)
第十七节	台六	(199)
第十八节	矼三	(199)
第十九节	石五十三	(200)
第二十节	海四	(202)
第廿一节	岭十有四	(202)
第廿二节	奇松	(203)

第四章 游路 (204)

第一节	由汤口至紫云庵路程八里 附沿路风景	(204)
第二节	由紫云庵至慈光寺路程三(里)	(205)
第三节	由慈光寺往文殊院路程十五里	(206)
第四节	由文殊院往大悲院路程十五里	(208)
第五节	由大悲院往狮子林路程五里	(210)
第六节	由狮子林往始信峰路程三里	(211)
第七节	由狮子林往松谷庵路程十八里	(212)
第八节	由松谷庵往松谷脚庵路程七里	(213)
第九节	由狮子林往云谷寺路程二十里	(213)
第十节	由云谷寺往汤口路程十五里	(214)
第十一节	由苦竹溪往福固寺路程四十里	(215)
第十二节	由福固寺往翠微寺路程四十里	(216)
第十三节	由翠微寺往汤岭关路程三十二里	(217)
第十四节	由汤岭关往慈光寺山门关帝庙路程十里	(218)

附游览须知 (219)

黄山游观录要

序	(223)
例言	(224)
第一章　概说	(228)
第一节　名称	(228)
第二节　位置	(229)
第三节　境域	(229)
第四节　山系	(229)
第五节　水流	(230)
第六节　地质	(231)
第七节　高度	(231)
第八节　气候	(232)
第九节　物产	(232)
第十节　建设管理	(232)
第十一节　交通	(233)
第十二节　寺院	(233)
第二章　导游	(234)
第一节　引言	(234)
第二节　汤口至紫云桃源区游程	(235)
第三节　紫云区至文殊院游程	(236)
第四节　文殊院至狮子林游程	(238)
第五节　由狮子林登始信峰游程	(239)
第六节　始信峰至丞相源游程	(239)
第七节　狮子林往松谷庵游程	(240)
第八节　神仙洞福固寺游程	(241)
第九节　翠微寺游程	(242)
附录	(242)

第三章　山水云海　奇树附 …………………………………………（244）
　　第一节　峰峦、岩、洞、奇石、矼、坞 ………………………………（244）
　　第二节　溪、源、潭、瀑、井、泉、汤池 ………………………………（253）
　　第三节　附述：云海、奇树 ……………………………………………（257）
第四章　建置 ………………………………………………………………（260）
　　第一节　寺院庵堂　僧塔附 …………………………………………（260）
　　第二节　亭、阁、桥、梁、坊、墓 ………………………………………（263）
第五章　游览琐述 …………………………………………………………（266）
附录　黄山旧志提要 ………………………………………………………（269）

后记 …………………………………………………………………………（272）

黄山指南

陈少峰 著

《黄山指南》，民国十八年（1929）商务印书馆代印，中国国家图书馆藏。

陈少峰（1882—1950），别号"黄海散人"，黄山焦村镇陈村人，曾任焦村乡乡长等职，曾组织创办陈村小学和焦村小学。

原书正文"卷上"前之摄影照片，如"黄海散人肖像""黄山胜境坊""寨西桥望云门峰""清潭峰、布水源""汤池""紫云庵""丹井""桃花峰""回龙桥望罗汉级瀑布""听涛亭""虾蟆峰在紫石、紫云两峰间""蟠龙石坳望莲蕊峰""普门禅师塔""五老上天都""天门坎""弘济禅师塔""童子拜观音""小心坡""一线天仙人桥""迎客松""天都峰""文殊院""莲花峰""鳌鱼洞望百步云梯""百步云梯望鳌鱼峰、鳌鱼洞""天海望西海、石柱峰、石床峰""炼丹峰""水晶井""光明顶、平天矼""石门峰""丹霞峰""狮子峰、清凉寺、狮林精舍、狮子林""清凉台""梦笔生花""清凉台望石笋峰""始信峰""始信峰顶望轩辕峰""玉屏峰背面""凤凰柏""云谷寺""异萝松""江丽田之墓""福固寺""九龙瀑布""神仙洞""芙蓉岭芙蓉洞""油潭、油缸""松谷庵""仙人观榜""洋湖庵""三尊大佛""陈絜矩草堂门前东望翠微峰""翠微寺""吊桥庵""汤岭关""鸣弦泉""虎头岩""石人峰"等，因图片较模糊，未收入本书，仅"慈光寺山门"置于正文"建置·慈光寺"下。原书目录编入本书目录。

黄山指南

黄海散人著

武進蔣維喬題

蒋维乔（1873—1958），江苏常州（武进）人，中国近代教育家、哲学家、佛学家，著有《中国近三百年哲学史》等。

康熙御題

黃海仙都

缘 起

余裹粮橐①笔,出入黄山,穷轩辕②之仙境、考浮丘之轶事者,于今三年,仅而有就。为重修《黄山志》一书,宏搜博引,别类分门。曰"山水",则竟委穷源,条分缕析;曰"物产",则奇珍异品,注释详疏;曰"形胜",则峰岩洞石、湖海池泉、源溪台岭,巨细靡遗而古迹附焉;曰"建置",则寺院禅林、庵堂坛观、精舍亭蓬,存废具载而桥、塔附焉;曰"人物",则硕士巨公、名僧仙道,其高风逸韵,足以增色林泉,故网罗而状其行谊焉;曰"艺文",则诗歌游记、论跋赞铭,其古调宏篇,罔不作声金石,悉博采而编其次第焉。至若灵异,则载其地并注其时,俾可征之有信;寺产,则记其额并详其号,庶几久而不湮。又且延绘事专家,临山描写,绘成全山平面、侧面总图各一幅;并择风景之尤者,分画一百四图,每图采前人名句与景洽合者,题于图隙。非特卧游③者得见本山面目,即登临者,先置黄岳真形于掌上,则出入烟雾不至为云海所迷。此外,如入山路线标明道里,古今词翰尽列姓名以及历朝之颁赐、群公所赠输,要皆与山有关,均不忍任其湮没。自知沧海遗珠终所不免,日与戚友孙君婺生雠校。朝斯夕斯,既切而复磋之,既琢而复磨之。意多一度之研求,或减一分之讹舛。而海内同志,纷纷遗书催促,爰先将形胜与建置中之存在者,并附游客须知,入山路景、本山异产、道里风俗俱列其后,冠各图于简端,刺原委于卷首,汇成上、下两卷,命之曰《黄山指南》。俾游者携作南针,沿途按索,不愈于导者所信口传讹哉!若欲得窥全豹,则须俟山志完全告成。付梓之期,定当不远。聊以此告慰同志,因书其缘起如此。

中华民国十八年④,岁在己巳,谷雨后三日,黄海散人陈少峰识。

---

① 橐(tuó):用口袋装着。
② 轩辕:黄帝轩辕氏。
③ 卧游:指通过欣赏山水画,看游记、图经等替代实地旅游。
④ 民国十八年:1929年。

凡　　例

一、皖南黄山为吾国第一名胜处。此万山之中，恒以指导无人，欲游者每感不便而裹足。因思海外名山必有专书记载一切，以为游客之导，此《黄山指南》之所以作也。

二、拙修《黄山志》，编辑三年，共计一千余页。现虽脱稿，因距清康熙间所修之旧志[①]中隔二百四十余年，不但全山胜迹陈废靡常，即二百四十年中之人物、艺文搜集恐有挂漏，故延待数月，广加采访，以期克臻完美。兹先将《黄山指南》一书公诸当世。

三、黄山各名胜图志书用绘画，指南用摄影，何也？因有诸名胜形如台面，非绘不能曲折尽致。兹《黄山指南》用摄者，以易于传神耳。至全山平面图，皆本年实地测绘者。

四、不佞学识浅隘，率尔操觚[②]，弥自惭愧，讹舛之处，知所难免。阅者倘能就所闻见，贻书指教，得以随时增订，则幸甚矣。

[①] 旧志：当指康熙六年(1667)释弘眉《黄山志》，其修编距当时260余年；另有乾隆三十六年(1771)张佩芳《黄山志》，其修编距当时约158年。

[②] 操觚(gū)：指写作。

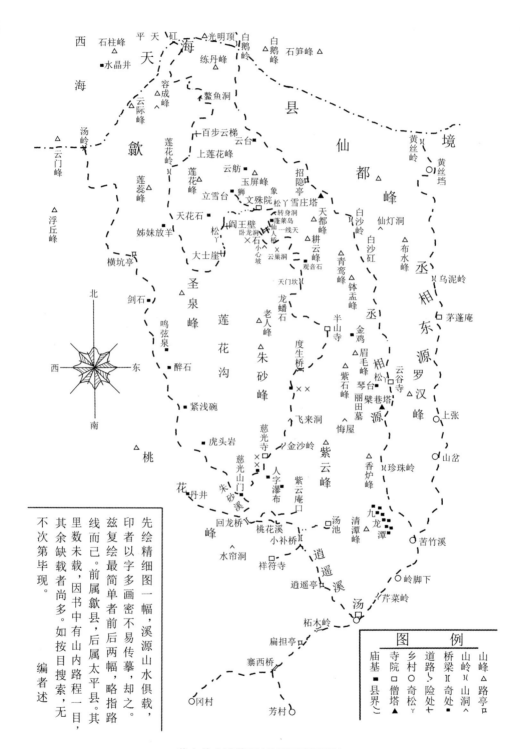

先绘精细图一幅，溪源山水俱载，印者以字多画密不易传摹，却之。兹复绘最简单者前后两幅，略指路线而已。前属歙县，后属太平县。其里数未载，因书中有山内路程一目，其余缺载者尚多。如按目搜索，无不次第毕现。

编者述

黄山前山路线图（依照原图重绘）

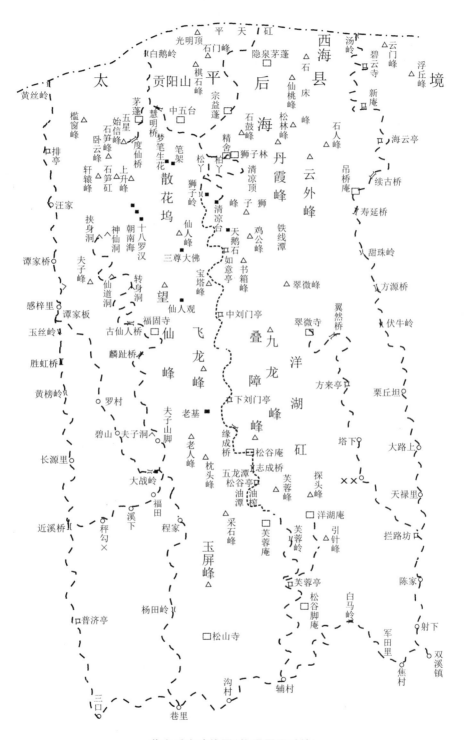

黄山后山路线图（依照原图重绘）

上　卷

（一）黄　山　历　史

黄山旧名"黟山"，当宣、歙二郡界，高三千七百余丈。东南属徽州之歙县，广、袤各七十里；西北属宣州之太平县，地跨二邑。古称地跨休①、歙、太三邑，亘五百里，以四方山脚俱有浮丘、容成仙迹包括在内。今以本山计。唐天宝六年②六月十七日，勅改"黄山"。按《周书异记·神仙传》③云，昔轩辕黄帝问道于广成子，受胎息④于容成子，吐纳而谷神不死，获灵丹于浮丘公，遂思超溟渤，游蓬莱。乃告浮丘公曰："愿抠衣躬侍修炼。"浮丘公曰："凡择贤而师，学必精奥；栖隐胜地，业则易成；炼金成丹，必假于山水。山秀水正，则其药乃灵。唯江南黟山，据得其中，云凝碧汉，气冠群山，神仙止焉。地无荤辛，境绝腥腐；古木灵药，三冬不凋；名花异果，四季皆有。山高木茂，可为炭以成药；迸泉直泻，状如飞布。下有灵泉，香美清温，冬夏无变。若能斋心洁己，沐浴其中，饮之灌肠，万病皆愈矣。"黄帝遂命驾，与容成子、浮丘公同游此山，得道上升。其山三十六峰、三十六源、二十四溪、八岩、十二洞；其余诸峰，高二三百仞。幡幢⑤林立，石室、台沟、泉潭、顶、级、井、池、石、岔、湖、矼、梯、坞，不可悉数者犹多。按《郡国志》⑥云，天目山高一万八千丈而低于黄

---

① 休：指休宁县。
② 唐天宝六年：747年。
③ 《周书异记·神仙传》：已失传。
④ 胎息：闭息，一种修炼法。
⑤ 幡幢（fānzhuàng）：旌旗。
⑥ 《郡国志》：史书中的地理志。

山者,何也?以天目近连浙江①,天台俯瞰沧海,地势倾下。今宣、歙之平地已与二山齐,况此山有摩天戛日之高,则浙东西宣、歙以及江宁等郡之山,并是此山支脉。诸峰积石,迥如削成,烟岚无际,雷雨在下,霞城洞室,乳窦瀑布,无峰不有。万籁俱寂之时,往往闻峰上仙乐之声。林洞之下,岩峦之上,奇踪异状,不可模(摸)②写。诚神仙之窟宅也!

(二)形　　胜

大峰　凡三十六峰

炼丹峰　近光明顶,高八百仞。相传浮丘公炼丹于顶,经八甲子始成。黄帝服七粒,不借云霭升空游戏。石室内丹灶尚存,峰前有晒药台。又有炼丹台在文殊院后玉屏峰之上,古称"炼丹台下紫玉屏"即指此也。

天都峰　在文殊院之东,西对莲花峰,东连钵盂峰,为群仙所都。高九百仞,健骨竦③桀④,卓立天表。峰顶忽平如掌,中有石室嵌立,可容百人坐列,炉、鼎、屏、床、几、臼、杵、弈均属天然石品。傍有甘泉,滵⑤溢似玉膏。石之上络以千年寿藤,绿天无色;下结五色苔藓,厚二三尺许,软如绵茵,拥碧没身,疑卧诸天佛座上也。俯瞰空中灵气排荡,都成风雨;迢迢万山尽窜伏烟莽中,乍有乍无,吴越山川直齐州九点⑥耳。傍有犀牛峰,一名"耕云峰",绝巅有"松鼠跳天都"之景焉。

青鸾峰　为天都之辅,高八百五十仞。状如青鸾蹲侍,从仙洞对之,俨若大臣端笏而立,又若天女靓妆觐帝,真奇观也!峰顶有石如羽士趺坐,谓之仙人打坐。

钵盂峰　在天都峰之东,高八百五十仞,峰腰与天都相连。如在慈光、云谷两寺观之,状如覆钵。峰顶有两潭相并,中有虬松间之。

紫石峰　高六百仞,在钵盂峰之下。与紫云峰中隔虾蟆,如青蛙之伏花丛,栩栩生动。峰石纯紫如玉。

紫云峰　在紫石峰下,高八百九十仞。上为虾蟆峰,下为紫云岩。峰上时有紫云笼之,云恒聚而偶不聚,云偶散而恒不散。峰曰"紫云",言恒也,非峰之似云也,非色之为紫也。

---

① 浙江:指钱塘江。
② 原文为"摸",当为"模"之误。原文错字用楷体表示并括注在后面,以下均同。
③ 竦:同"耸"。
④ 桀:古通"杰"。
⑤ 滵(mì):水流急速貌。
⑥ 齐州九点:俯看九州岛,小如烟点。齐州:指中国。

清潭峰　在逍遥亭对面，高八百仞，即汤口入山首当之峰也。峰上有清潭，流水倾泻，高百丈。下有布水源、锦鱼溪。溪中尝有锦鳞鱼游泳。

桃花峰　上连云门峰，下至祥符寺，高八百仞。昔有桃花千树，相传黄帝所栽。夏初始盛开，谢时落红满溪，故溪、源皆由桃花而得名。近则寥若晨星矣。

云门峰　一名"剪刀峰"。在汤岭之西，高八百八十仞。门向南北开辟，汤岭属东，故虽近，不得见峰之巅歧为两峰。双峰巉削，相距不远，云气常从中梭穿过。在山，视云为无心之物；在人，视云为出入之门。"云门"标义，庶几灼然乎。

浮丘峰　又名"轿顶峰"，俗呼"箬帽尖"。在山之西，峰高七百仞，东与云门峰只隔一源。峰顶有浮丘公仙迹，下有浮丘观故址。峰北太平县浮丘坦，距山七十里，乃浮丘公常游之所。

云际峰　与云门峰对峙争雄，高八百五十仞，在汤岭之东、容成峰之西。浓云浊浪，障蔽千山，独兹峰一尖，遥标云外，矫矫孑孑，不在欲浮欲沉之中。

圣泉峰　在莲蕊峰下，高七百七十仞。上下大，中小，状如腰鼓。绝顶有汤池，于邻峰观之，势甚腾沸，从东南迤逦而下，流入汤泉源、白云溪。按《周书异记》，浮丘公谓黄帝曰"黟山中峰之顶有汤池，水味甘美，可以炼丹煮石"，盖指此。

朱砂峰　在慈光寺后山，高九百仞。峰北至龙蟠坡，纯骨无肤，宛若削成。山色如朱砂，石泐①中间生苍松丹翠交纤，亭午②日光映之，采色③绚目。是山也，而彝鼎④之矣；是石也，而锦绮之矣。

莲花峰　在文殊院之西，东对天都，高九百仞。石蕊中尊千叶，簇簇如瓣，环峙诸山，皆及肩而止，无敢争高者。而径尤窈窕，游人缘茎而升，穿孔而出，纡回盘曲，计循四洞始达峰巅。绝壑悬崖，下临无地，右望江水甚广，左望海气甚黑。

容成峰　一名"容溪峰"。高九百仞，左连鳌鱼峰，右近云际峰。峰形如钟，俗呼"钟峰"。相传容成子常游息于此。峰南歙县容溪距山七十里，有容成台古迹，乃容成子趺坐之所。

石人峰　高七百仞，在容成峰之西，近白云庵。峰形虽小，势极险峻。绝顶有石，如人振衣屹立。

石柱峰　在天海西阜。峰上连平天矼，高七百九十仞，亭亭独上，刺日撑霄，其形俨如天干。

松林峰　在平天矼西北，高七百仞，北连丹霞峰。山顶多产苍松，无它树。按《松史》记，曰："松百木长也，而守宫阙。其材小者椽，大者栋，千年则子黄，味似粟。

---

① 泐(lè)：石头依纹理裂开。
② 亭午：中午。
③ 采色：颜色绚丽。
④ 彝鼎：古代祭祀礼器。

分其气于他处生芩,其脂一名曰'肪'。"黄山松以石为母,以铁为干,以针为须,以苔为鳞,以矬、以瘦、以偃。盖为古虽松,不可以常松测。

石床峰 在天海极西之峰,北连云外。高八百五十仞,上有石床横陈,如白玉琢成。其平如砥,行、住、坐皆宜,不止卧得也。又有紫石床三,碧石枕三,相传为容成、浮丘二子侍帝①寝息之所。下有石室,深十余丈,俗呼"观音崖"。上有西海观音打坐石。

云外峰 在丹霞峰之西,中隔西海,高九百仞,南连石床峰。峰之上多杜鹃花。云海铺时,众峰俱没,独此峰浮出云外。或云峰在山西尽境,游人多眷天都、莲花,往往遗此,因得遂其云外散逸,不受人间顾问,亦一义也。

丹霞峰 在松林峰之北,高八百九十仞,为狮子峰之西障。峰上有石人如置身烟波上,俗呼"达摩渡江"。峰壁悉赭色,若红云之丽天。上亦有石室。

石门峰 山之中峰,高八百八十仞,上为光明顶,下为棋石峰。两壁夹峙如门,如倚门东望,何异登天堂而视下界。溪出门下,若水关焉。

棋石峰 在白鹅岭之南,高八百仞,南连石门峰,北连贡阳山,东为石门源,西为平天矼。至狮子峰道路,俗传浮丘公与黄帝对弈之所,境最幽奇。

狮子峰 为后海锁钥,高五百仞,面对贡阳山。首大于趾,庞然雄踞,有拉虎吞貔之势。峰腰筑庙,为正顶清凉寺。峰之东傍为清凉台,即古之法台也。

仙人峰 在散花坞,高八百六十仞。相传浮丘公与黄帝游此岛,间遇仙幻石,状如人,有坐有立,冠服俨然。峰下石壁高五百余仞,巉削无阶,猿鼯②丧其捷巧。峰之南胫曰"关公挡曹",上则气概雄威,下则形状狼狈。

上升峰 高八百仞,东为石笋峰,西为始信峰。峰由溪矗立,形若宝塔,旁无所依,下无所借,渣滓淘尽,只存劲骨。昔有阮翁于此上升,故名。峰常为云所拥,浮浮沉沉无定形,远望势若上举,故曰"上升"也。峰上往往闻钧天之奏,似远而近,似近而远。听之者曰:"天乐来矣,天乐来矣!"山中人质称之,则曰"阮峰"。

仙都峰 在丞相东源之上,高八百仞。按《神仙补阙传》③,黟山北峰是神仙游处,时有彤云拥护,白鹤飞翔,即指此也。

轩辕峰 在望仙峰之东,高八百九十仞,南为仙都峰,下距神仙洞十里。峰顶有石室,有石座,有石几,相传黄帝受胎息于容成之所。或曰:"斥帝讳以名峰——其人草野,其失不学矣。"虽然此特泥古者之言耳。方今外国固有因其人之名而名其地者,何尝非一国元首乎?是以轩辕名峰,不得斥为草野矣。

望仙峰 在山之北。峰高八百五十仞,北连五老峰,为太平县治祖山。按《周

---

① 帝:黄帝轩辕氏。
② 鼯(wú):鼯鼠。
③ 《神仙补阙传》:道教旧籍。

书异记》，黄帝、容成、浮丘于汤池见珠函玉壶，持归中峰石室，饮甘露琼浆，披霞衣，簪宝冠，蹑珠履，光辉山谷。须臾，黄帝乘飞龙前引，彩幢珠盖，三仙飘然从峰顶上升。山下人望之，闻彩云中有弦歌声，故其峰左右二处，称"望仙""弦歌"二乡焉。

布水峰　　在轩辕峰之东，高七百八十仞。布水飘曳如练，高出云端。天晴云卷峰隐，万峰中孰从辨睹，于是知布水峰之奇，奇以云。

叠障峰　　在松谷庵后，高八百仞。层霞累玉，如猛风吹纹，聚皱成叠，如扆^①如屏，望之若元后当宁而立^②。

翠微峰　　在云外峰之西，高八百五十仞。岚碧到地，松青到天，上下一色。凡山椒皆以翠微名，兹以名峰者，椒从同，峰从独。

九龙峰　　近芙蓉峰，高八百仞。一峰也，曷言为九龙记？见也，视之则峰，察之则龙，合而言之则九龙。山通体一峦耳，缠虬蜿蜒，于九龙知山之灵，于飞龙悟山之动。从三海门可窥峰下石禀、石田，盖依稀见之。

芙蓉峰　　在芙蓉岭之南，高七百五十仞，东连磨盘峰，西为探头峰。辅村视为笔架者，即此峰也。巃嵷^③峭拔，青天削出，芙蓉惟此峰足当之。

飞龙峰　　在芙蓉岭之东，高八百七十仞。峰之形如龙，其腾翥^④则飞，曰"飞龙"，拟似耳。山川出云，乌知块然、凝然者之不为龙欤？

采石峰　　近飞龙峰，高六百仞。下多色石如玉，阴暗之夜即见，相传有羽士^⑤尝煮食之。布水自峰飞下，雨后溯湃^⑥如雷。

小峰　　凡三十六峰

鳌鱼峰　　在鳌鱼洞上。形如巨鳌，若在平天矼南眺，即俗所谓"鳌鱼佗（它）金龟"^⑦是也。

莲蕊峰　　在莲花峰南。宛如菡萏含苞，奇峭不可登。上有石如艇，呼为"采莲船"，又称"洪船出海"。旁有鸡形，背蕊面花，曰"金鸡采玉莲"，均各秀丽奇妙。

牛鼻峰　　在莲花峰下。齞^⑧而刺天。

玉屏峰　　有二：一在文殊院，一在松山寺。文殊院则拥护其后，松山寺则嶂列于前。峭然壁立，状若植屏。

耕云峰　　一名"犀牛峰"。傍天都峰而立。巅有石鼠，伸颈竖尾，有跃跃欲上天

---

① 扆（yǐ）：大屏风。
② 元后：皇帝。当宁而立：临朝听政。
③ 巃嵷（lóngsǒng）：峻拔高耸。
④ 翥（zhù）：向上飞。
⑤ 羽士：道士。
⑥ 溯湃：同"澎湃"。
⑦ "鳌鱼佗金龟"也作"鳌鱼驮金龟"。
⑧ 齞（yào）：仰鼻之意。

都之势,俗呼"松鼠跳天都"即此峰之顶。

  老人峰 有四:一在天都峰下,有五石如人,肩摩踵接,面向天都,曰"五老上天都",前有石人伛偻扶筇①,若为乡导者,即老人峰也;一在紧浅碗对山;一在望仙峰下;又朱砂峰北有长矮两石,长石如人,亦称"老人峰"。

  虾蟆峰 在紫云、紫石两峰岕②中。如蟾欲跳,栩栩生动。

  眉毛峰 在丞相源右山,上连钵盂峰。弱柳新月,峰象似之。

  佛掌峰 在天都峰背左。由白鹅岭下丞相源,遥眺有五石嵯峨、宛如伸指者,即此峰也。

  香炉峰 在丞相源云谷寺下。矗然鼎立,宛案间之宝鸭焉。

  青蛙峰 在石门源挺出一石,巅类蟾蜍,青翠可挹③。

  合掌峰 在石门源近皮蓬间。状如膜拜。

  面壁峰 一名"板壁"。在白鹅岭东下,面向壁行,又名"白鹅峰"。峰以岭得名。

  石笋峰 在上升峰东。瑶篸④森秀,逼肖笋形。下有矼如峰名。

  始信峰 在石笋矼、散花坞之西南。三面临壑,背北面南,从绝壑凸起,与东南一峰中隔丈许。阔三尺,下临无地。架石为梁,可至峰腰。左垂翳一松,借枝扶手,度桥即入石圻⑤,窄仅容身。过前去十数步,攀级而上,即至峰顶,顶平如掌。明季,僧一乘筑室于此,名曰"定空"。江节愍⑥书"寒江子独坐"五字于扉。清初,汪名士洪度易为"始信草堂",偕弟隐此。乾隆末季,江丽田先生访此,鼓琴。近称"琴台"是也。黄太史习远、韩太史廷秀、崔公使国因、傅督学增湘先后皆有题句。峰峦奇秀,无逾于此。按始信者,谓从丞相源至此而始信其奇也。

  石鼓峰 在狮子峰西南。上为西海口,下为铁线潭。峰形圆矮如鼓;又谓峰有石鼓,击之,其声渊渊。

  薄刀锋 在光明顶下。形如厨刀竖立。

  驼背峰 在狮子峰北。

  观音峰 在散花坞中。宛如大士飘海,立于莲花之上。

  鸡公峰 在狮子岭北下。有振冠展翼、申颈欲啼之态。

  书箱峰 与药箱厨相连。近上刘门亭观之,则箱屉备具,状若抽动。

  宝塔峰 在中刘门亭之上,由松谷庵至狮子峰须绕此峰而上。浮屠矗立,天然

---

① 筇(qióng):竹制手杖。
② 岕(jiè):两山之间。
③ 挹(yì):舀。
④ 篸:通"簪"。
⑤ 石圻:也作"石碕",曲折的石岸。
⑥ 江节愍:即江天一(1602—1645),歙县江村人,明末抗清将领,号"寒江子"。

之舍利也。

　　轿顶峰　　有二：浮丘峰俗呼"轿顶"；此轿顶在松谷道中，即下刘门亭对面。

　　五老峰　　在望仙峰下。

　　槛窗峰　　在寨门源上。峰畔有窦如窗，可透隔山天光。

　　夫子峰　　在神仙洞之北，一名"夫子尖"。南连神仙洞，北连大战岭，东为碧山胡家，西为夫子山脚。峰下有洞大小七八处，西边大洞高丈余，圆如半月，广约二丈，可聚百人。峰东有太白书院故址。

　　卧云峰　　常为云罩，隐现叆叇①之间。

　　枕头峰　　在松谷庵对面。山外游人枕之或见。羲皇②入梦乎？

　　一品峰　　近望仙峰。状如"品"字。

　　道人峰　　又名"道人尖"。由玉屏峰中松山寺出，过绕村岭而起，下列大寺冈。

　　醉翁峰　　在玉屏峰西。峰下为沟村，旧名"黄泥尖"。醉翁至此，宜其意不在酒也。侍御崔涯有诗。

　　引针峰　　在芙蓉峰下。黛锁翠环，犹黄山肤廓。峰顶碎石能引针。

　　磨盘峰　　与芙蓉峰相连。东高为磨盘；西低为芙蓉，又为探头峰。辅村南望，状如笔架者即此处也。俗称有磨盘精藏此，岂其然乎？

　　罗汉峰　　在丞相源、云谷寺之左。峰多奇松，状若罗汉。

　　笔峰　　在散花坞。一石挺出，平空耸立。下圆上锐，其状如笔。松贯顶生覆，垂而绕之，又名"梦笔生花"。西有一峰，五石错出，状如笔架。何天造地设如此之巧合耶！

　　探头峰　　在芙蓉峰之西。头角峥嵘。

源　　凡三十六源

　　炼丹源　　在炼丹峰丹台之下。炼丹水出焉，饮之令人寿。

　　香谷源　　在天都峰下。时闻异香馥郁，不辨蘅、薇、兰、蕙之属。

　　采药源　　在青鸾峰下。山涯水浒，药草生焉。相传为黄帝采药处。

　　汤泉源　　在紫石峰下。源水流入汤泉溪。

　　丞相源　　在钵盂峰下，一名"掷钵源"，深三十余里。相传为宋丞相营茇裘处。或云陶学士石刻尚存。源之左坞，俗呼"丞相东源"。

　　桃花源　　在桃花峰下。从源溯而上，石潭如釜，为药铫。上一潭，丰首锐体，为药瓢；又巨石东流如矢，望瓢中的，即药溪。

　　朱砂源　　在朱砂峰下。源深莫测，惟闻水声潺潺然。汪荣和曾穷其源，不

---

①　叆叇（àidài）：形容浓云蔽日。
②　羲皇：上古传说中的帝王伏羲氏。

能至。

　　香林源　在狮子峰下。源中嘉树林立,时发芬烈之气。山中古木,屑之皆香,殆不啻栴檀①者。

　　莲花源　在莲花峰下。水流入莲花沟,下白云溪。

　　白鹿源　在石人峰下。昔有鹿,毛白胜雪,猎之莫能获。

　　乳水源　在云际峰下。味甘如乳。下有布水流入白云溪。

　　阴坑源　在叠嶂峰下。终古不见日景,凉风肃肃凌人;炎酷时,有三秋气候。

　　五云源　在浮丘峰下。相传浮丘公于此,时乘五色云游戏。

　　紫烟源　在容成峰下。常有紫烟笼罩。相传容成子常游息源中,故多遗迹,如百步云梯、鳌鱼洞诸名胜俱在源上。

　　紫芝源　在轩辕峰下。按《周书异记》,黄帝曾于源中采紫芝服食。今尚有之？

　　浮丘源　在仙人峰下。峭壁崭崭②,上有杻,下有芩。按杻叶似杏而尖,材可为弓弩;芩则甘草,或云似地黄。

　　阮公源　在上升峰下,近始信峰。

　　布水源　在清潭峰下。水从此喷出,奔射如布。枕流漱石之客至此,苦喧不苦寂矣。

　　翠微源　在翠微峰下。僻涧高悬,水清而碧。

　　仙都源　在仙都峰下。

　　龙须源　在望仙峰下。源中产龙须草,长者可织席。

　　九龙源　在九龙峰下。险同玭③室,虽朗晨霁午,常有山雨欲来之势。

　　甘泉源　在圣泉峰下。淙淙然如奏笙筑④,酌之,泉味甘美。侧生灵草,茸茸然如铺绣绮。

　　石门源　在棋石峰下。石岬如门,一径坦坦,为鸾车鹤驭往来出入之所,上接青霄重关天险。水从门下出,因以名之。

　　棋石源　亦在棋石峰下。采药人往往闻棋声,持柯⑤者庶几一遇之。

　　石壁源　在石柱峰下。中有石壁峭立,石液盈盈,四时不竭。

　　云门源　在云门峰下。云水苍茫,惟闻潺湲之声。

　　百药源　在布水峰西下。异草奇花遍上源上。曰"百药"者,举成数也。采药者惟择其辨者采之耳。

---

① 栴(zhān)檀:檀香。
② 崭崭:高峻貌。
③ 玭(pín):蚌。
④ 筑:古代弦乐器。
⑤ 持柯:做媒。

石室源　　在石床峰下。室深十余丈，檐溜屋漏，其声丁东①。寄语死心学道者，无为青山白云所待。

　　红术源　　在丹霞峰下。遍源生红术，阴阳结气，服之长生。

　　杏花源　　在云外峰下。春雨夕阳，日边云际，景源似之。若长安道上，则仙尘异路矣。

　　黄连源　　在松林峰下。源中多产黄连。

　　柏木源　　在紫云峰下。源中多古柏，嫩绿撑天，浓阴覆地，丞相祠堂不足拟之。人行柏中，子落丁丁然。近源人家为室、为器、为薪皆柏也，而柏不减其多，岂玉衡②之精独钟此地耶？

　　白马源　　在芙蓉峰下。相传黄帝常乘白马游行于此。源南有马蹄石。

　　百花源　　在飞龙峰下。奇葩异萼，多为群芳谱所未载。昔人咏野花诗有"食客三千皆失姓，古诗十九不知名"二语，可为此源写照。

　　白龙源　　在采石峰下。有瀑自上飞下，如素虹吸海，其声砰礴，远闻源外。

溪　　凡二十四溪

　　洗药溪　　在炼丹峰下。药臼、石杵俨然尚存。又丹井上之桃花溪，山僧亦称"洗药溪"，姑并载之。

　　香泉溪　　在天都峰下东沟中。沟合流之处谓之"香泉"。白石齿齿，搏击有声；水香愈浮，石色愈丽。

　　汤泉溪　　在紫石峰下。按《歙州图经》，黟山③东峰下香泉溪中有汤泉。

　　桃花溪　　在桃花峰下。世传桃花为黄帝所植，花谢时片片飘落溪中，如霞光电彩。下注汤溪，上泄莲花、朱砂、白云、阴坑诸水。雨涨则浪泛涛奔，晴久则粉渟脂蓄。不知武陵源④中视此当何如也？

　　朱砂溪　　在朱砂峰下。水东流合桃花溪，入汤泉溪。

　　白云溪　　在云际峰下。水东流入桃花溪。

　　浮丘溪　　在浮丘峰下，俗名"浮溪"。溪中寥廓无际，硐⑤穿两山之腹。古有老梅纠结石罅间，约十里，春夏之交始花。梅之大，如巨桃，惟无敢入采之者，落壅溪中，听其溃烂而已。溪水东南流，六十八里与曹溪合，出容溪，下徽州府河西桥。

　　曹公溪　　在黄山之东腋，左皂荚岭，右双岭。曹公乃三国时人，于此仙去，因以名之。今俗呼"曹溪"。

---

① 丁东：同"叮咚"。
② 玉衡：车辕头的横木。
③ 黟山：黄山。
④ 武陵源：即桃花源，典出东晋南朝陶渊明《桃花源记》。
⑤ 硐：古同"洞"。

容成溪　源出容成峰下，俗名"容溪"。溪去峰七十里，上有容成台。行人过此，临流吊古，有超然尘世之思。

紫云溪　在轩辕峰下。常有紫云空浮水面不散。旧传有酿酒道士在此仙去。

阮公溪　在山之西。古无名称，因阮公常由上升峰至此游息，遂得名。近黟县界二十里，在浮丘峰西。

逍遥溪　一名"锦鱼溪"。在清潭峰下，有三源合流。溪下多潭，上多洞。洞色或白，或绿，或紫；潭形或曲，或方，或圆。就石置足为涂①，雀跃蝠旋，狼顾猿接，不一状。溪中水，石障之，择罅罄②折参伍③而后去。初，溪口尚有人家，因畏虎，远徙，以故寂无人迹焉。闻有探源至七八里者，日暮路迷，群坐石上，见数处火光烛天，大恐，攀援逾山十余里，乃达石笋矼。

青牛溪　在翠微峰下。昔人于此逐青牛，入水不见。按《汉书》及《玄中记》④，乃青牛千年树精。

弦歌溪　在望仙峰下。溪中时有步虚声，与溪声相应，多有闻之者。

九龙溪　在九龙峰下。溪流曲折，如神龙之夭矫。

石门溪　在石门峰下。其水流入丞相东源。

云门溪　在云门峰下。溪水从二峰中流，东南下白云溪，东北下吊桥河，西北下浮容河、泥鳅矼。

甘泉溪　亦在云门峰东北，近吊桥。水极清冽，掬而饮之，甚甘。

红泉溪　在布水峰下。溪水泛红色。按谢灵运⑤赋"讯丹砂于红泉"⑥，似有红泉处，即产丹砂。

丹霞溪　在丹霞峰下。时有落霞随水流出。

榆花溪　在紫云峰下。溪多榆，故名。水流入汤泉溪口，每当春季辄见青蚨⑦叠叠，随波而下。

飞泉溪　泉出高原，激迸于石，散为大珠小珠，飞洒入溪，溪光因泉而碎。人立其上，摇摇闪闪，不得澄观。

松林溪　在松林峰下。凡峰麓多溪，溪从乎峰也。松林峰巉不可登，则峰之松杳不可扪。惟欲听松涛者，莫善于此溪。

白龙溪　溪水明莹，若贮冰壶；山光树影，咸摄入水中。是溪之能也，沉于上，

---

① 涂：同"途"。
② 罄：同"磬"，空。
③ 参伍：同"三五"，指变化不定的数。
④ 《玄中记》：古代博物志怪小说，东晋郭璞编撰。
⑤ 谢灵运(385—433)：南北朝诗人，上虞人。
⑥ 讯丹砂于红泉：出自谢灵运《山居赋》。
⑦ 青蚨：古书中记载的一种虫。

不见于下,谓之浊,沉于上,毕见于下,谓之清。清岂溪之能哉?

洞 凡三十四洞,内古洞十二

水帘洞 在桃花峰腰嵌、汤寺右崖上。深三丈,高二寻,广七尺而俭。石色黑白相杂,莹洁如玉。登山三里许,乱石曲折,峭壁横立,水缕缕如帘。右转径穷,石梯天成。攀梯里许,抵洞。洞尽,有子洞如龛,若彼堂此奥。洞外一水下注,冬夏不竭。出洞左折,悬岩乳垂。摩壁行十余步,复有二小洞,中隔如堵墙,为餐霞洞、三洞。正面天都诸峰,轩辕碑在洞右。

打鼓洞 在中沟西岸。路下击之有鼓声。

朱砂洞 在朱砂峰下。洞如仰盂,泉盈时,有丹砂涌出。

飞来洞 在中沟西岸、慈光寺往文殊院道中。洞石四无依附,宛若天外来者。

云巢洞 在小心坡下,释称"真如关"。洞名为曹太史铅所镵①。

普贤洞 昔为普贤所居,在文殊院仙人桥下。洞上清泉下泻,洞前石笋上篸②,石磨、石臼、研碏③、刀砧,一一具备。

卧龙洞 在蒲团石上。昔有古松横生洞上,如龙之偃卧也。

一线洞天 原名"一线天",在仙人桥上。两壁羋立,中开仄径,光线注射,直上云霄。

转身洞 有二:一在文殊院下,一在神仙洞下。文殊院之转身洞俗称"罗汉洞",又名"文殊洞"。其洞螺旋而上,深黑且湿,似"转身"之名较为切当。

莲花洞 在莲花峰下。洞方广三丈许,洞右一峡耸出洞巅。级而升前,一峰突立如植圭,正当洞门顶,如二指形,名曰"掬月岩"。旁一树对峰朝拱,如翼卫然。又峰上四洞,螺旋蚓曲,即达峰巅,亦称"莲花茎洞"。

鳌鱼洞 在鳌鱼峰胫。高岩峻壁,中开三角窦,宛如凿成。穿洞口而上,若久秘帐中。揭之而出,西折登巅,则天空地阔,一望无涯,所称"天海"者是也。

鳌吰洞 在西海门下。上有钓鱼石,下有螃蟹石。洞口高不及三尺,愈进愈高,能藏数十人。在西海采药者往往裹粮住此,避秦者何必桃源也?

容成洞 在容成峰下。相传容成子所栖,上升之后,奥府④犹存,宝篆丹书,无敢扣读。

锦霞洞 在狮子峰下。时有锦霞密布,日光穿射,辄成异彩。

狼豹洞 在石门峰下。一名"苍豹",宋时有苍豹栖此。按泰山多赤豹,幽都之

---

① 镵(chán):凿。
② 篸(zān):插。
③ 碏:坑道。
④ 奥府:幽深洞府。

山有玄豹,屠州①有黑豹、白豹。古未闻有苍豹者,有之,自此洞始。

仙灯洞　又名"仙僧洞"。在仙都峰下,与钵盂峰东西相向,中隔丞相源,距云谷寺四里。洞长形,高九尺,宽三尺,深二丈五尺有奇。洞畔有圆池,广袤尺余。池水甘冷,四时不涸。洞口竹木、茶柯皆山僧所植。方外居此成道者,代不乏人。阴暗之夜,洞口有灯,朗朗如星月,人呼为"圣灯"。

夫子洞　在夫子峰下。高丈余,圆如半月,广约三丈。光明轩敞,颇可回翔。洞中东隅,有一小洞,高二丈余,宽仅尺许。

黄丝洞　在黄丝垯②屋后,一名"石屋"。宽三丈,深半之,幽雅有致。

吊棺洞　在谭家桥下。虽由人力而成,亦千年古迹也。详载《太平县志》。

仙道洞　在神仙洞下道旁。昔有道士在此胎息,羽化登仙。

挟身洞　在神仙洞右旁。上连下分,裂缝数寸。游人过此,衣擦壁,索索有声。

神仙洞　即仙人洞。内祀观世音,又名"观音崖"。在轩辕峰胫,距福固寺五里。额镌"简默洞天"四字,相传容成子所题。洞宽八尺,深五丈;前高六尺,后高二丈。观音座后有池,石液盈盈,名为"流杯"。求子女者以手探池中,各摸石一枚,长者兆男,圆者兆女,辄有奇验。右隅有小窦,不能入,阴风透出,冬温夏凉。右壁上斜穿大窦,圆如满月,透泄天光,不啻濯魄冰壶。下设木梯,得遵数级,再扪石登足窠,蚁行丈余,始达窦口。窦外尚突石如阶,可依窦口立身遥望,九华、大通均在西北落照间也。

半边洞　又名"半边石屋"。在芙蓉岭北下、路西旁,距岭四里。广约八尺,颇堪容膝,栖真者常居之。

芙蓉洞　在芙蓉岭上。洞额"请观"二字,乃康熙念年③间太平县知县陈九陛题。

百花洞　在飞龙峰下。洞前多异草。宋石应孙有诗。

九龙洞　在九龙峰下。洞因峰名,有穴无路,惟猿猱始得而至焉。

弦歌洞　在望仙峰下。洞中尝闻弦歌之声。

翠微洞　又名"麻衣洞",在翠微峰下。为隐士念一旧居,今无人矣。

天星　有二:一在汤岭北下,干坑桥西冈;一在松谷庵上"仙人观榜"东壁。皆一壁中空,炯如天星与眼相射,可透隔山天光。

德圆洞　在栗溪坦往伏牛岭途中,上山二里处。光绪初,僧德圆卓锡于此,三易寒暑。山民以"洞师"呼之,因以名其洞。

驾鹤洞　在石人峰下。相传为浮丘公驾鹤处。

---

① 屠州:今甘肃西。
② 垯(dǎng):地名用字。
③ 康熙念年:即康熙二十年,1861年。念:"廿"的大写。

藏云洞　在云际峰下。远望洞口常蔽嗳薆中，游者至此多迷惘，不得入。

狮子洞　近慈光寺东沟之普同塔。巨脑虬尾，形如狮蹲，故名。

仙人洞　在冈村，近大溪桥。深广八尺，击之作钟鼓声。或以火炮轰之，渊渊然半日不绝。

岩　凡二十三（三十二）岩，内古岩八

紫云岩　在紫云峰下，即紫云庵大殿后。岩名为程部郎振甲所镌。

佛掌岩　从慈光寺普同塔进里许，有石指三四簇出岩端，俨若如来举金色臂舒光明拳。云间顾诹（shì）题曰"佛掌"。普贤洞旁一岩亦称"佛掌"。

朱砂岩　在朱砂峰半壁。内产丹砂，径断壁悬，人不能到。按《神仙补阙传》，浮丘公、黄帝同取砂炼丹，即在此也。

华盖岩　岩前可望朱砂洞。岩观洞，洞亦观岩。岩之奇，较逊于洞，故洞常为岩所观。

观音岩　在老人峰道中。石鳖暗古朴，与朱砂洞遥对，顾名思义，不可得。岂《法华经》偈云，诸佛灭度已……乃至童子戏，聚沙为佛塔……皆已成佛道。兹岩即谓之大士化身也，亦宜。又，石床峰南胝有岩，亦曰"观音"。

月胁岩　在赵州庵左畔。

掬月岩　在莲花洞上。耸峙凌空，有树如盖。

猿猴岩　在石门峰下。峰傍时有群猿，交股连臂，下饮于涧；或攀藤木，嗥啸不常。人从树下行，不相惶怖则已，稍取木石击之，辄遭其侮；御以火药，或举火烧、烟熏之，始逸去。岩乃其窟穴，故名。

法水岩　在大悲顶。

石榴岩　在松林峰下。岩上榴树甚奇古，数十年一实，子如花色，其味甘于常榴。

将隐岩　在狮子林。从绝顶南下，见岩前二石，如寒山、拾得①欲避闾丘②之顶礼，将入石缝而未开合时。黄太史习远以"将隐"名之。

烂柯岩　从狮子峰前遥见。岩上二石，如二人对弈，石枰方正，弈子楚楚，惜旁无观弈者。名曰"烂柯"，似未得当，欲以"对弈"易之。

阮公岩　在上升峰下。相传阮公修炼处。

龙须岩　在望仙峰下。黄帝乘龙从峰顶上升，群臣攀龙髯堕地，化成龙须草，岩上今犹生之。

毛人岩　在轩辕峰下。昔有樵夫堕岩，食黄精得不死，日久遍体生毛。后有故

---

① 寒山、拾得：唐代高僧。

② 闾丘：人名。

人遇之岩下，与言凿凿，招之归，不顾，攀岩而去。

和云岩　在望仙峰东之尽处，距太平县南乡感梓里五里。岩高五百仞，上名"火龙尖"，遥望长江如练。稍下，石崖横亘数十丈，常作丹碧色。岚中有梵宇精舍，傍有虎垄、龙潭，旱时祷雨甚验。

庆云岩　在夫子峰下，与天马山相遥峙。松竹环翠，山径纡曲。

九龙岩　在九龙峰下。峭壁颓岩，欲堕不堕，欲仆不仆。前临深涧，不可丈尺，仰瞩俯视，令人心魄俱冷。

石乳岩　在叠障峰下。岩中多石乳，凝膏下垂，饵之可以延年，俗呼为"滴水岩"。

白龙岩　在采石峰下。石色纯白，横亘如龙。

虎头岩　怪石昂首，蹲道如虎，在白云溪旁左。又名"山君岩"，似不如"虎头"为质实。

转身岩　在文殊院西下。

大士岩　近转身岩。岩上有"大士岩"三字，波磔①苍古，不知为何人所书。

石室　凡五室

天都、炼丹、轩辕、丹霞、石床五峰皆有石室，惟天都最奇。

《图经》云，轩辕峰下有石室，即黄帝游息之所。曾有樵翁入室中，见一道士酿酒，为设一杯。翁曰："天性不饮。"至夜，又弹琴说之。翁乞寓宿，道士不许，送出洞口，忽堕岩下，变为毛人。今室中石鼎、石砧、锉药刀痕犹存，即黄帝遗迹焉。

台　凡九台

郑公钓台　在小补桥上溪中。郑公名"师山"，元至正间隐居祥符寺，常垂钓于此。

炼丹台　从炼丹峰下行数百武②，石皆紫色，平舒旷衍，可容万人。自右稍降，俯深壑，乃炼丹源也。群峰咸从源中崛起，仰视天都、莲花诸峰，如浮屠对峙。台前一小峰，名"紫玉屏"，肖然端拱，宛如几案间物——钟鼎。余峰视此，皆侧立矣。黄山，峰多以峭削胜，台独平旷可喜。（晒药台载炼丹峰。）

文殊台　在文殊院前。相传文殊跏趺③成道处，昔院久湮没。僧普门梦文殊现身，端坐石台，后至此处，正与梦境符合，因于台后重建院宇，故又名"梦像台"。

立雪台　在文殊院右。台畔有石如鹤。

清凉台　原名"诵法台"，又曰"法台石"。在狮子峰，由狮子岭西折而上。台方正平削，纵横丈许。台侧一松，破石而出，名"破石松"。枝干虽枯，尚能扶手。民国

---

① 波磔(zhé)：笔画。
② 武：古代以六尺为步，半步为武。
③ 跏趺：打坐。

九年①,傅总长增湘②题诗于上。台之北境,晴空寥阔,一览无余。

  望仙台 在狮子峰清凉顶后冈上。登台望太平,望仙乡,全收眼底。

  琴台 一在始信峰定空室,一在丞相源龙凤庵。皆乾隆末季江丽田鼓琴之所。

  钓月台 在丞相源龙凤庵。台侧上劖③有"月岁读书处"数字,剥蚀多不可辨。

  容成台 在容成溪近黄山谷口处。

沟 凡五沟

  莲花沟 在莲花峰下。其水出虎头桥,入白云溪。

  桃花沟 在桃花峰山上,通桃花溪。雨后澎湃,如白练高挂。

  八沟 由云门峰至桃花峰,古划八沟。每沟秀异,若经鬼斧。

  东沟 在天都峰傍南下。至罗汉级与中沟合流而下回龙桥。

  中沟 在天门坎南下,由慈光寺赴文殊院必沿此沟而上。沟与溪无异,姑从旧称。

泉 凡十六(十五)泉

  百丈泉 在汤口至汤泉之适中处,距两端各四里许。幽篁古杉,迤逦蓊薿④。

  飞雨泉 从汤寺遥望,山间如散珠溅玉,飘潇空际。

  法眼泉 在慈光寺。可供千钵。有片石当之,若交睫者,曰"阖石"。是则"法眼"殆常合而不欲一开欤!

  朱砂泉 在朱砂峰下。相传轩辕尝取此泉水以炼丹。

  胜水泉 在莲花峰胝。微有泉脉,僧惟安疏泉成池;吴趋⑤朱鹭⑥取经胜莲义,题以"胜水千秋泉"。泉甚清澈。

  丹泉 在炼丹峰仙石桥畔。水无定形,无定色,亦无定名。在佛为法,在仙为丹。饮之者,果能知味,谓泉可,谓丹可,即谓一滴水具四大海,亦可。

  澡瓶泉 在石门峰半壁。有石瓶,状如杓柄,中有流泉出焉。

  三昧泉 近天海庵。其水清且涟漪。

  天眼泉 在狮子峰。小泉滴沥,虽亢沴⑦,不竭,其味甘。

  秋泉 在石笋矼左壑右台下。天成二小池,可留水三四斗,不事甃⑧治。佘书升于立秋日游此,见之,因名"秋泉"。

---

① 民国九年:1920年。
② 傅增湘(1872—1949):字沅叔,江安人,进士,藏书家,曾任北洋政府教育总长。
③ 劖(chán):凿。
④ 蓊薿(wěngyì):草木茂盛。
⑤ 吴趋:吴地。
⑥ 朱鹭:朱白民(1553—1632),吴县(苏州)人,明代名士,尝独游黄山,晚年归禅,著有《名山游草》。
⑦ 沴(lì):水流受阻而不畅。
⑧ 甃(zhòu):以砖砌井。

锡杖泉　在钵盂峰下。刘宋时,有一僧来,建新罗庵,以锡卓得水。又传,云谷寺供堂前之灵锡泉,昔为东国神僧卓锡涌出。

　　瀑布泉　在云门峰下。石林云起,匹练长垂。游人望树头百尺,大声出其间者,瀑布泉也。立其下,耳为之震,语不得闻。

　　落星泉　从停雪石入谷,行半里,有泉潨①然,势如游龙,水光四射。注石而成坎者三,盈科②复下,冲激而成坎者五,即今之鸣弦涧。涧著而泉隐,人知有涧而不知有泉也,特表出之。

　　鸣弦泉　由虎头岩上行,二里许,至鸣弦桥。桥上有石若舸,壁崖横叠,长三丈,高五丈,状如琴,中空,丰左杀右。泉从绝壑拂琴上,袅袅有声。冬寒结冰时,琉璃满壁,俗呼"珍珠挂门帘"是也。琴石上有"鸣弦泉"三大字,又"洗杯泉"三小字,皆李青莲③遗笔也。

　　圣水泉　自汤寺溯洄桃花溪,一里可至。又二里,为鸣弦泉。

潭　凡二十一(二十)潭

　　百丈潭　在清潭峰下。峰上有布水源,渗潴(zhū)于此,故名。潭急泻疾趋,光芒四射,分映修林。

　　清潭　亦在清潭峰下,百丈潭上。峰水下泻,须经此而入百丈潭。

　　逍遥溪诸潭　盈溪皆石,石隙皆潭。行止不一色,行者银铺,止者黛蓄。凭高望之,若众星丽天,闪烁不定;惟棺材、白沙、孩儿、锅底四潭尤为肖妙。

　　桃花潭　在桃花峰下。花放水流,别有天地。以视泾川道上,逊此幽邃多矣!

　　白龙潭　在慈光寺山门前桃花溪中。相传黄帝取潭水炼丹,感白龙见,因名。水深,作碧黝色,得日如琼,得空如晶,澄澈可畏。方广数丈,深不可测。数石累叠,高二丈有奇。水光摇荡,岌岌欲堕,而终古激撞,卒不崩溃,亦一奇也。水从叠石乘高而下,一石仰承,对潭之鹄凌空喷射,见水不见石。药铫(挑)水亦由此流入朱砂溪。松谷庵前亦有白龙潭,注五龙潭内。

　　九龙潭　丞相源道中可望。百丈飞泉直若岩下,下注深潭,潭叠为九,或方或圆,殆类凿成。水色澄虚,彻底深碧。

　　方夜④云:"逍遥溪、丞相源以涧胜。游者至丞相源,见山稍平衍,辄不得意而去。即丞相源一涧已不能穷,何论他涧。九龙潭在丞相源下,苦竹溪上。涧落为瀑,瀑落为潭,潭复落为瀑,九叠也,故名"九龙"。平时涧枯水缓,则潭色澄碧,如悬片玉,远观不畅;雨过则水急潭深,盘旋飞挂,真白龙矣。通山烟雨俱若为潭所摄。

---

①　潨(cóng):水声。
②　盈科:水满坑坎。
③　李青莲:即唐代诗人李白。
④　方夜:字干符,清代歙县人,生卒不详,著有《黄山小游记》。

又云,黄山千仞成峰,落即成涧,故山中无涧不峰,无峰不涧。余行涧中,常不循峰径,扪巘履壁而上,上则无不齿其巅。曳杖而下,随涧而落,无不穷其变。遇潭、遇溜折陡绝,则取径乱林,栈而度涧。稍平,复落涧行。涧石磊落,水湍急相遇,则鸣激而过。深即成潭,折即成瀑,奇变不竭,几与此山争胜。"

石井潭　在新罗源口。若巨石凿成者,阔三丈,水深无底。新罗源近九龙潭。

石门潭　在乌泥岭下。潭最弘阔。

洪潭　在谭家桥小河口。汤泉水至此结潭,与箬岭水合,宛如大泽,故曰"洪"。

湾石潭　在感梓里水口龙门山脚,距和云岩五里。

朱家潭　在迓溪桥下,近黄豪岭,为仙源名潭。

滴翠潭　在神仙洞下麟趾桥上。承轩辕峰、神仙洞诸水汇此,深不可测,色清且翠,鲜妍欲滴。

汪波潭　在芙蓉岭黄龙出海下。渊淳泓澄,鉴人须发。

五龙潭　在松谷溪中。缘涧而上者二:左乌龙潭,右白龙潭。左窟形如方印,其色黝,题曰"墅泽"。或谓水流涧中,铿然有声,宜名"漱玉"。右则在路傍,形狭长,如拖绅,名曰"流翠",又呼为"玉检";合洞而源益巨。上为黄龙潭,曰"珠渊"。下为青龙潭,曰"攒玉",曰"空青",又曰"澄碧"。巨石亘其后,水潺潺出石罅中,下注于潭,以绠①约之深,倍寻②其中,青翠可摘,璀璨夺目。水味酷似杨子③中泠泉,或谓过之。最下为油潭,其色绿也。乌龙潭之北岸,石凹如锅,曰"炒子锅"。油潭之路南,壁崖横叠,曰"油榨";岸北有石如瓮,曰"油缸"。溪中有四足鱼,时游水面,或曰"龙种",或谓为龙变化,未知孰是。方夜云:"入松谷看青龙潭,坐石上望潭,无语可赞,无色可似"。人多与黄龙潭并称,黄龙潭虽不及青龙潭,然逆石而上,沿而下,大亚于青龙而澄碧,与青龙无异者不可什伯④计。天下水色至此极矣,当无复有出其上者。余辈性耽水石,志欲搜揽宇内,至此则一潭若可了一生也。游者信耳,至松谷呼导者引至两潭上,一观即策杖言归,以此多不知松谷潭富。

乌龙潭　潭上有石挺而覆之,上镌"应梦龙潭"四字,系康熙六十年⑤江南大旱,山民梦此潭有龙,故往取水,雨即立至,因题此四字,并绘刻乌龙将军像暨联于上。

钵盂潭　在钵盂峰顶。两潭相并,中间古松。潭水澄碧,若有龙居。须上天都峰观之则楚楚。

---

① 绠(gěng):用于汲水的绳子。
② 寻:八尺,古代长度单位。
③ 杨子:杨子渡,古津渡,在今江苏邗江。
④ 什伯:同"什百",十倍或百倍。
⑤ 康熙六十年:1721年。

铁线潭　在石鼓峰后。千巘①幽窈,神龙宫之。岁旱投铁扰龙眠,霖雨立应。一云"赤线潭",即黄帝探玄珠处。

　　鱼鳞潭　在吊桥下,近双河口。潭中尝有鱼鳞浮出,色金黄,大如杯,光泽耀目,或谓"龙鳞"。后山民在此祷雨,辄验若然,则名为"龙鳞潭"也,亦宜。

　　三坝潭　在吊桥东去十五里之海棠坝上。水从天海、西海而下,至此分往三潭:曰"头坝",曰"二坝",曰"三坝"。深幽静邃,与铁线潭相伯仲,亦藏龙之所。久旱求雨于此,无不应者。

　　绿水潭　在吊桥。色翠绿,深三丈。

　　云门溪诸潭　不曰"云门潭",而曰"云门溪诸潭",以溪中不一潭也。其地僻,其境幽,其径险。山岚树色倒影潭中,颇饶幽趣,但观之者宜风定时、雨晴时、雪霁时。

顶　二

　　光明顶　为黄山之中,天都、莲花之亚。状若覆钵,旁无依附,秋水银河,长空一色,名实相符。

　　吴庸侯云:"狮子之西为石鼓峰,石鼓之后为铁线潭;又西二里许,为慈憨庵,则三海门在焉。"海门之奇,仿佛石笋而直劈万仞。西向为飞来石,至平天矼为海子。平天矼者,前、后海所从分也。矼之绝顶高阜,曰"光明顶"。秋空澄霁,凡日月出没,霞彩孤飞,长天一色。及夫积雾新晴,朝曦高映,山云布护,涌雪堆绨②,横波叠浪。俄而青螺点点,矗立银涛之上,是名"铺海"。

　　大悲顶　在莲花峰之北,鳌鱼洞之东,与平天矼、光明顶并峙争雄。顶亦光明磊落,惜无级可登。顶之西南山麓有大悲院故址。至天海东望,顶居莲花之背,大有瞻仰"大悲"之概。

级　一

　　罗汉级　在回龙桥东,上与桃花峰、水帘洞相对峙。石壁巢嶭③欹挺,岩腹高百丈。左右清流淙淙,走壁而下,俗呼"人字瀑布"。其水自天都峰中、东两沟合泻,经此而下回龙桥,入桃花溪;中凿石级曰"罗汉级"。明前黄山山径未开,歙游者多取道于此。

井　凡四井

　　丹井　在桃花溪南岸、白龙潭对面洗药溪中。其口如镜,阔三尺。内有石如卵,光彩夺目。其纯白者,不啻圭玉,游人每以无意得之。井水甘美,昔黄帝汲此水以炼丹,故名。汪侍郎道昆题"丹井"二字。

---

① 巘(yǎn):大山上之小山。
② 绨(chī):细葛布。
③ 巢嶭(yèniè):高耸。

水晶井　在天海西隅石壁中，距大悲院五里。由西而下，循河穿林，无路可陟。圆如满月，井口宽一尺七寸，深四丈许。自口至底，如琉璃宫中，纯是水晶。井旁有翠柏一株，状作覆盖，游玩者可借此扶之以下。内有蛾眉月痕，不知何时所凿。荆山璞玉，终必显于世界。

香砂井　在莲花峰绝顶。形如罐，深尺许。以手摸砂，默而嗅①之，则有香。若先言砂有香气，嗅以试之，则否。儒者格物，每以理推之，此又何理欤？

龙眼井　在狮子岭下，小平天矼山上。窅然以深，未有敢探其底者。

池　凡四池

月池　在莲花峰绝顶下一层。石平如掌，内有池圆若月，产放光香砂，倏有倏无，时隐时现。下为天然池，水常不涸，浣之可愈目眚。昔僧普门疏之而成，题曰"胜水"。后有僧诛茅，嵌石壁中，住静三年，饮食浴漱皆汲此池水。

袈裟池　在翠微寺内。相传唐僧麻衣浣袈裟处。池水长清不浊。乾隆己酉②夏，暴雨蛟发，山水泥涌，弥漫寺内，与池水平，而池水澄清如故。

流杯池　在神仙洞观音座后。

汤池　原名"汤泉"，在紫云峰下。长丈许，阔半之，深六尺。池脉通朱砂峰，久旱不涸，其下细石皆若丹砂。泉从砂中出，累累如溅珠，沸若燔汤。有冷泉一缕，从水面上尺许石壁中出，以适均其温凉。近用热水表探之，冬夏均四十八度③。左畔水中一窍，流由此出，以指探之，渐出渐冷。虽日浴千人而清洁无纤垢。池上天然片石，覆地之半。嘉靖中，歙南某凿石砌亭，以成今式。《大清一统志》载，汤泉在歙县西北、黄山第四峰下，为朱砂泉，浴之可以疗疾。汪师孟云："东坡所记，汤泉、秦州骆谷、渝州陈氏山居、秦君所赋东城及匡庐、汝水、尉氏骊山、惠州汤泉，共有八矣。"今徽之黄山、闽中剑蒲，又有二焉。各处皆作硫磺气，惟黄山有朱砂汤泉。故朱彦游汤泉诗有"嵩阳若与黄山并，犹欠灵砂一道泉"之句。

附录　刘侗云，考汤泉，或曰赤道经之。王褒《汤泉铭》曰："白矾上彻，丹砂下沉。"或曰："下有硫磺，以为之根，其臭，硫也，而味正淡。"西洋熊三拔《水法》曰："汤泉，硫之华。疾寒服硫，不若服汤泉。"其实，由地气熇④冱⑤，温凉之征变，故壤为之硫，泉为之汤，岂根硫也？西国有山焉，七十余泉皆汤。国王试得其性、味、气各所主治，各标厥泉以教国人。不独硫焉，苏门答剌国境布那姑儿山产皆硫磺，不闻其泉汤也。又，水火者，阴阳之袭精。阴得质而阳得气，为泉为汤；阳得质而阴得气，

---

① 嗅：古同"嗅"。
② 乾隆己酉：1789 年。
③ 度：摄氏度。
④ 熇（xiāo）：炎热。
⑤ 冱（hù）：冻结。

为焰为凉。然而水性非热,火性非凉,汤泉以贮器还凉,萧丘之凉焰以燃物还热。唐刘悚(sù)曰:"江宁县寺有晋长明灯,岁久火色变青而不热。"质存气易,此可征矣。

周体观云,按汤泉可考者,《广志》载,一在新丰,一在广平;《吴郡录》载,一在始兴山,一在零陵,一在宜阳南乡;《荆州记》载,一在耒阳;《博物志》载,一在不周云川;《名胜志》载,一在滦州;《一统志》载,一在赤城,一在蔚州,一在盂县北,一在商城南;一在汝州,武后常临幸;《汝州志》载,一在历山,一在七峰山,一在汉水南;《郡国志》载,一在宜春南,一在银山县,一在溧水西南,昭明太子曾浴此;《续征记》载,一在东莱郡,一在武功太乙山,一在录水源,一在洒池;东坡诗记载,天下温泉以骊山为最。若分宁、临川、崇仁、安宁、宁州、白岩①、德胜关、浪穹、宜良、邓川、庐陵、京山、新田、三泊②,凡数十处,而安宁为最。黄山、拓州亦有之,闽中尤多,皆作硫气。人有疥者,浴之辄愈;竹木浸一宿则不蠹。盖硫磺(黄)能杀虫故也。唯安宁清澈无硫气。有人见泉水赤如血,浮砂片乃知温泉所在,必白矾、丹砂、硫磺(黄)为之根,乃蒸为暖耳。《水经注》载,一在渔阳郡北;《九域志》载,一在遵化县之福泉山下。汤泉最著骊山,最洁香溪,最热遵化。

吴鹤孚云,汤泉,考已载者,不详。按《浔阳记》,鸡笼山下数十处,累石若砌,水深尺余,朝夕溢出,时刻不爽;朔望尤大,号为"潮泉"。《零陵志》:零陵县出汤泉,界石分流,其阴寒,其阳温。《丹阳记》:丹阳乘县汤山有三温泉。《述征记》:东莱郡温泉恒沸,鸟堕辄烂。《庐山记》:主簿山胡郎庙南数里,有温泉。《安成记》:宜阳南乡出温泉。《梁州记》:汉南温泉热可熟卵,未至泉二十里,便见白气贯天。《荆州记》:新阳县出温泉。《宜都山川记》:银山温泉注大溪,夏才暖,冬则大热。《始兴记》:灵泉源出温泉,有细赤鱼出游,莫能获。《幽明录》:艾县辅山,其泉半冷半温,二水同壑,冷可清暑,温可攘寒。又按《一统志》,滇中温泉非一,惟安宁州碧玉泉最胜。访之亲历者:水中一大石,石中一穴,相传碧玉座此。其泉内外皆温,可鉴毛发。古称蓝田玉暖,是玉之生处泉亦温也。黄山芳洌,惟碧玉泉差可与并,则黔泉岂不甲天下哉!

宋元符三年③正月,休宁金居德、太平牛振兄弟三人来浴,凌晨水变赤,如流丹,惊相视,不敢发言。顷之,地势倾动,波沸涌,声如雷,屋舍皆震。驰告,寺人曰:"是必朱砂发现也。"急以瓦器二十余贮而藏之。山下民闻,争来吸饮。至二月,砂复发,差减于前。久之,视新器中者,泉香甘清而砂沉;旧器皆臭壤。明成化中,泉

---

① 白岩:顺治《招远县志》作"白崖"。
② 三泊:古县名,元至元十三年(1276)置,治所在那龙城(今安宁市西南二十二里县街),清康熙八年(1669)废入昆阳州。
③ 宋元符三年:1100年。

忽变赤,流三日。人无知者,惟一僧浴之,寿逾百岁。万历乙卯①,朱砂又复涌出,遍溪皆赤,芳冽异常,饮者宿疾咸愈。崇祯间,有患疯癣者入浴,亦愈。歙人曹弥大读书汤寺,见一人须苍黄,日濯池中,百日变黑如漆。此彰彰于人耳目者,因并记之。

汤池,旧志载在泉类,今人皆呼为"汤池"。其形亦池式,故移入池类,以符名实也。

石 凡七十二石

回澜石 在桃花溪中。泉奔触石,石不胜水,则为颓波,为狂澜。巨石砥之,其行也纡徐磬折②,趋下之性,为波转涡回矣。石之为功于溪也,大矣哉!"回澜石"三大字,江中丞柬(东)之③所题。

藏舟石 亦在桃花溪中。首尾如舟,藏兹深壑,若武陵渔人舍而登岸者。

呼龙石 在白龙潭侧。石上劚"呼龙石"三大字。

弹琴石 原在水帘洞中,今舁(yú)置桃源庵。方广厚薄如琴砖,因听泉久,击之能发丝桐声。

麟石 在虎头岩下,距丹井仅数武。纤小有致。

朱砂石 在朱砂峰下。

莺谷石 在金沙岭下。俗呼"碰头石"。

赵州茶庵前巨石 在文殊院道中。石踞山巅,当庵之顶。明崇祯甲戌④七月,山水暴涨,石随流止此。

龙蟠石 即龙蟠坡,又名"打鼓墩",在横云路西南。

观音石 俗称"观音洒净"。前有小矮石,又名"童子拜观音",在天都峰麓。法相(像)庄严,前后左右视之,皆不二形。昔有松生于肘,如持杨枝。在云巢洞口下东视,尤为楚楚。

蒲团石 在小心坡上,卧龙洞下。石平坦如蒲团,正对天都峰,可趺坐十数人。游者至此,辄跏⑤以息足。

鹦哥石 在一线天。色隐碧而形如鸟。

飞鱼石 距一线天不远。鼓鬣排空,宛然生动。

凤凰石 文殊院前。可望凤凰鸣矣于彼高冈,轩辕之世或已见来仪之瑞耶。

狮石 在文殊院左。狮性不暂住,兹傍台而蹲,当是其踞地。然近视肖,远视

---

① 万历乙卯:1615年。
② 磬折:曲折。
③ 江柬之:人名。
④ 明崇祯甲戌:1634年。
⑤ 跏:跏趺坐。

不肖,固知法王自具神通。

  象石 石形长如象伸鼻,亦佛门中具大力者。在文殊院右。

  浣火石 一名"放光石",在莲花沟上。碎之入火,彩霞星射;熏衣,衣之可治痘疹。山僧尝以此石赠香客。

  兔耳石 俗呼"兔儿石",近文殊院右,登莲花岭道中也。左右皆绝壑。石畔可望白岳,远餐秀色,如指掌列眉。

  猫石 在莲花洞。洞前奇峰嶙峋,如束竹管,边合中罅,当峰稍亚。有石笋,笋端石如猫踞,两耳直竖,尾背具全。

  船石 在莲蕊峰顶,桅樯毕具。原名"轩辕船",一名"采莲船",又名"渡云船",俗呼"洪船出海"。

  龟鱼石 距莲花峰十步许。石窄而险,毵毵①松桧生石上。深岩四绝,犹弱水也,鲜有驾栈而度之者。

  容成朝轩辕石 在莲花峰西下。上下两石如冠带临朝,俗呼"容成朝轩辕"。面目缕析。

  慈航石 石状如船,此亦筏喻之义。在大悲顶左。

  法袋石 在大悲顶右。石如弥勒所荷囊,于空虚中横裹未来三千。大千世界,缄口不开,中果有耶?果无耶?疑杀天下禅和子②。

  飞来石 在海门飞来峰上。现称"仙桃峰"。石高二丈,与下石绝不相属,似是天外飞来。又颖林庵前石峰如柱,段段层垒,缝合极密。至顶,两石立如筊③,似合实分。复一石寄一筊上,亦如飞来者。视之,若摇摇未定,风掣欲去。又,翠微寺西峰堂侧一小石,亦名"飞来石"。又,白云溪路东亦有之。

  飞云石 在海门。如栖片云而承之以灵掌,又若悬空而复刓④其半。其势甚危。

  杵臼石 在炼丹峰下洗药溪中。相传黄帝用以捣药者。普贤洞下亦有之。

  双龟石 在石门峰。两山相通,山半壁有大石横架其上,两畔相对,各有一大石,状如龟形,长数丈,可通人行。

  猿猴石 在双龟石左侧。动静各肖其形。

  海船石 在石鼓峰后。壑张若海,云涌如波。石其船,若之宝筏乎?

  扰龙石 由散花坞鸟道历二阜,巨石耸立。石顶有扰龙松。

  八公石 在石笋矼。赋形逼似。

---

① 毵毵(sān):散乱貌。
② 禅和子:参禅之人。
③ 筊(jiǎo):笋。
④ 刓(wán):削。

立佛石 亦在石笋矼。从颖林庵右隅瞻望,慈容如紫金范就。立身峰巅,低眉接引,众生得不普度耶?

波斯进宝石 在颖林庵后。石贴峰壁,宛如波斯人凹目高鼻,手贡奇珍,皆肖。第①名称不雅驯耳。

净瓶石 石形如瓶,在皮蓬前。

鹅鼻石 在三汊复兴桥西山上,近丞相东源。石高如鹅首。

打鼓石 在黄丝岭北脚。击之作木革声。

怪石嵯峨 在槛窗峰寨门源长岭上。路西有狮子石,被雷击去下唇。又有猫儿石。路东有老鼠石,近排亭下,距谭家桥七里。

龙吟石 在龙吟寺旁,从新兴寺可至。按龙吟之声若物戛铜器,为雨征。击此石而声似之,辄得雨。

狮子石 在和云岩下清潭湾河中,形如狮子搏球。石中一潭,圆似凿空,水碧如油。相传吕纯阳过此,坐是饮酒赋诗。石上刊有字迹,斑剥不可辨认,惟炉灶犹存。邑宰刘元凯有云,"爱水心偏远,观山眼更青",即咏此也。

引针石 在引针峰。峰头碎石能引针,故名。

马蹄石 在芙蓉峰下。石上马蹄迹二三十,深者尺,浅者二三寸,如马蹄之印泥中。相传为黄帝马行迹。

座盘石 在芙蓉岭东山。径舒而平。

莺石 在松谷道中。松籁寂静时,如闻喤嚶。

天榜石 一名"天牌石",直黄如榜。在松谷庵以上,中刘门亭对面。籀②篆数十,策策勒勒,非波非磔③,奇古不可辨识。旁有石如衣冠丈夫,俗呼"仙人观榜"。罗太守汝芳架阁道观,览译得一"仙"字,雷即击其字去。石东则皆绝壁。壁半一穴,中空,类半窥,可透隔山天光云影,俗呼"天眼"。岂五丁开凿时,有意为黄山点睛耶?

探水石 近翠微峰。久旱将欲雨,石觉,探出几尺。山民见之则欢呼,三日内必沛然下雨,屡试辄验。

马头石 在青牛溪上。如天衢神骏,昂首而鸣。

笠人石 在汤岭上。状如人戴笠而立。西来大意,我欲往而问之。

剑石 由鸣弦泉谷折而径,有巨石倚岩,中裂如切,若青萍④所劈者。

---

① 第:仅,只。
② 籀(zhòu):大篆。
③ 磔(zhé):汉字笔画"捺"。
④ 青萍:宝剑名。

醉石　在鸣弦泉左侧。弁而逸,若不胜杯棬①者。昔李青莲游此,绕石醉呼。

停雪石　在醉石傍。泉淙淙从石壁下。下有石,阳白而阴黝,如停雪。

芍石　在珠湖山下。汪侍郎道昆题"石依林薄"四字。

药铫药瓢石　在虎头岩下白云溪中。

扁担石　近逍遥亭。状如扁担。

香炉石　在逍遥亭下。

棋盘石　在吊桥庵下寿延桥上。路西一石,方如几。相传有仙人戏弈于此。今太平陈居士兆轩设路灯于其上。

达摹②祖师石　在丹霞峰冈上。

紧浅碗石　距虎头岩里许,上汤岭路东石壁中。凹如浅碗,山上一缕之水流入此碗而下,四时不涸。游客至此,饮之以止渴。

金鸡石　在半山土地东冈上。有石如鸡独立,翼鼓颈伸,西对云门峰,又名"金鸡叫门帘"。

横云石　在三观岭南胆半山土地上。文殊院至此,一石横卧,似阻绝不可通者。常有云绕之,故孙太史晋劂"横云"二字于上。

姊妹放羊石　在莲蕊峰下坳处。前隔数武,有石如羊,后有二石,似二人并肩而立,状如驱羊。

仙人对弈石　在白鹅峰侧。中如方几,东西两石人靠几而立,状若对弈。如在始信峰巅望之,尤为清楚。

开门石　由苦竹溪上丞相源必入之门。两石夹立,仅容身过。

油榨石　在松谷庵下油潭塝路上。壁崖横叠,有石如床。因油潭而得名。

仙人晒宝石　在松谷庵后冈上。有石如几,上有小石,状如元宝。旁有"风雨晦"三字,不知何时所镌也。

童子拜观音石　在松谷庵老基之上。有两石对峙,大者若合掌跏趺,小者若鞠躬下拜。又宝塔峰上一石趺坐,谓之"观音打坐"。

十八罗汉朝南海　即石笋峰。石笋林立,瑶篸森秀,远睇状如罗汉,前拥后挤,有争先恐后之态,又称"五百罗汉朝南海"。

天鹅孵蛋石　在狮子峰北下四里许、上刘门亭上。西岗一石,状如鸡伏。

猴子石　有四:散花坞中者名"猴子瓣③桃",狮子峰北者名"猴子过山",白沙矼、文殊院两处则皆呼为"猴子峰"。猿拱猱升,形状均肖。

海棠坝　在西海,近三坝潭。由白云庵上天海,乃必由之路。坝为横石,状如

---

① 杯棬(juàn):木制饮器。
② 达摹:现在一般作"达摩"。
③ 瓣(gé):两手合抱。

关栏。因海棠花丛生于此石之旁,故名。

指象石　又名"指象处"。在西海,距海棠坝十里。奇松异石,罗列杂陈。东有一石,如人举手向西指之;西有一石,如象昂首,向东望之。

五星石　一名"天宫赐福",在始信峰坳中。如在清凉顶东眺之,宛疑身入剧场也。

岕（垄）　凡二岕

峰岕　在翠微峰旁。岕内广袤五百余丈,东、南、北三方皆陡削,惟西口有关隘。咸丰间,粤寇盘踞山麓,山民赖此岕以藏身者千人。西下五里,有河里寨。南去五里,有石步岕。皆避乱之所。山民扼塞拒守,为犄角势,寇莫敢犯。

石步岕　近西海。在伏牛岭山顶盘折而上,距岭十里,岕口有石,名曰"鼻孔梁",只容一足。岕内平积数十亩,有小径可通峰岕。咸丰兵燹时,太平西乡人民多藏于此,倚石为寨,粤寇屡攻不得破,伤亡颇众。

湖　凡二湖

阳湖　又名"洋湖",在狮子峰西北芙蓉峰下。方广五里,潴水成湖。涨时一片汪洋,故又曰"洋湖"。有庵状如莲花,宛在中央。又有社公坟,古传十八社,今无考焉。

阴湖　在座盘石下,即芙蓉岭东山坞中,与阳湖对峙。一在芙蓉岭左,一在芙蓉岭右,俱能栽种。

矼　凡矼七

平天矼　在天海。为黄山之中部,如屋之正梁焉。横长一百三十丈,丰广三丈,平如几。矼之东阜为光明顶,矼之西阜为石柱峰,矼之南为前海,矼之北为后海,其西则曰"西海"。势若飞虹,横架天表,遥睇长江如匹练、九华如螺髻也。又,狮子岭北下,路平如掌,袤可十数弓,俗称"小平天矼"。

白沙矼　在丞相源后,即云谷寺来龙矼之上段,为白沙岭。砂滑而溜,踏之不慎,辄蹶而扑。

石笋矼　在石笋峰北下。平如掌,有颖林庵故址。四顾,奇松怪石,的未曾有。黄山奇绝,无逾此者。

汪晋穀云,石笋矼百万千矛,森列错刺,如常山蛇势。矼西望有立佛,东望有贡宝番,附于矼胁有游仙。皆裁石肖形,无毫发遗恨。佛宜冠,冠之;番宜弁,弁之。仙宜剑,剑之;宜佩,佩之;宜髻,髻之;宜巾,巾之。造化狡狯一至于此,大奇,大奇!

姚文蔚云,由石笋峰下石笋碕(hóng),峭笋插汉。其峰各有形似,若诸天散圣觌[①]面参请,若垂绅正笏东西班立,若奇花美女争妍角妙,朝暮倒影,彼此相亲。竟

---

① 觌(dí):相见。

二十里，水口收之。数折而至松谷庵。黄山奇绝无逾此矣！地属太平，从新安来者鲜有至焉。

方士翊云，望石笋矼诸峰，片片疑削，乃若秀拔千寻，奇姿万叠，恍如朝霞布彩，虽置丹青于其侧，何所举似。

汪大海云，从始信峰转至石笋矼，其峰石之怪，罄天地所有物象靡不备具，伫望久之，目眩神摇。不信人间有此异境也。

邹匡明云，寻石笋矼，见诸峰亭亭屹立，有惊起者，有独拔者，有横裂者，有直折者，有崩欲压者，有危欲坠者，左右无支峰、无赘阜，而石骨中皆有怪松倒植横生、葱蒨相纠。

跑马矼　在夫子峰下大战岭旁。下有黄帝坑，古称黄帝尝游此跑马。

洋湖矼　在洋湖旁。汪洋千顷，以矼为障。

九龙矼　在九龙峰下。矼中多岩洞，莫能名之。尝有方外人居此修真，以黄精充食。

泥鳅矼　在云门峰北下。形若泥鳅，欲探云门。

梯　凡二梯

长梯短梯　在汤岭南下六里。路峻峭，状若长短梯，故名。即鸣弦泉、横坑庵之间。

百步云梯　在莲花峰西胭。凿石为级，护以石栏。北达鳌鱼洞，南通莲花岭，东上莲花峰。梯欲二百余级，曰"百步"者，举成数也。

坞　凡二坞

散花坞　在始信峰、狮子岭之间。诸峰环布若城郭。坞中苍松怪石，古木奇葩，应有尽有。如梦笔生花、扰龙松、扰龙石诸名胜俱在于此。

吴光胤云，今人家园圃中得拳石丈许，色鲜质丽者，若获拱璧。此则万千罗列，令人应接不暇。短者径寸，长者千尺。或峰顶若锥，大石覆其上，宽广数倍，黏附依稀，恒有落势，皆不可以理度者，乃至拟貌肖形，则昔游人已不胜举，似安得强生拟议为"散花坞"。去狮子林不远，自北而西入谷，宛然门户。四面诸峰布列高峙，若城郭下临深壑。古松怪石穿插成行，上下参差，千态万状。黄山之胜不待言，而一片幽奇秀郁之致，造化独钟于此。方若绳谓："不到散花坞，不知天下有奇石。"迪庵谓："一步一叫绝，今则一步十叫绝。"两人足当此山知己。

寨门坞　在槛窗峰下。又名"寨门源"。源口近长岭，昔为轩辕扎寨之地。怪石垒垒，遍布坞中。

海　凡三海

天海　又名"前海"，在鳌鱼峰、平天矼之间。天空地阔，一望无涯。

后海　在平天矼之北，以狮子峰为锁钥。又，光明顶之北与后海相连，亦谓"后海"。因光明顶在平矼东阜,前、后海以矼分之。文殊院立雪台观后海即光明顶之北,石门源是也。石笋、仙都诸峰为后海北障,由此推之,白鹅、棋石两峰正为后海中峰。

西海　在平天矼之西。东为丹霞峰,西为云外峰,南为西海门,北为松谷庵后河。广袤二十余里。

黄山以云铺海为最奇绝。三海中均常出云,时而白云坟起,乍伏乍昂,若断若续;时而黑云数片,依远荡漾,若岛屿在银海中与坡上下,远近松涛仿佛潮声澎湃。文殊院前、清凉台下皆有之,而游者则可遇而不可求矣。

黄山又称"黄海",其奇处尤在云,或黄昏黎明,或晴天之夜,云来顷刻,弥漫无际。上视青天,无纤毫之障;下视诸壑,有浓絮之铺。若大海然,故谓之"黄海"。

闵麟嗣云,按山川原无定名,惟人所名。五岳四渎,载在经传而不敢易。黄山称"黄海",以山中云涛奇幻异于天下名山。潘公之恒创为此名,相传已久。太傅姚文蔚谓,登光明顶,则诸峰罗列似儿孙。远视万山层叠,渺茫无际,顷之,白云自山麓上腾,弥漫渐布。近者兜罗,远则黄金,盱衡旷视,直与天接。山顶浮翠,若岛屿在银海中与波涛上下。奇观哉! 其名"海子"不虚耳云云。参①以三原韩中翰诗及诸名人游记,即未目击亦信立名之确,固不必苟求何典也。篇中引吴时宪论"三天子都即黄山"。愚窃谓探源者必异于悬揣,惟汪循《率山纪游》为可据,安得起九京②而请质之?

口　凡二口

黄山谷口　在王干腋出咸通寺之右,于王干为出谷矣。今为容溪外途。中有亭,内嵌"黄山谷口"四字,字甚苍劲。路为徽郡孔道,距祥符寺八十里。容溪至汤口沿途村落虽各有名称,而统号之为"黄山源",久载口碑。可见黄山东南以此为谷口。

西海口　在丹霞峰南头东角仙桃峰下石鼓峰上。黄山多石壁,惟此口平衍有土,广袤十余丈,野草丛生。有水浸之,四时不涸,蹈之愈陷,下若虚空者。此口在后海、西海之间,俗云"西海口",通西海良然。

山　凡二山

贡阳山　在狮子林对面。翠拥螺环,宛然屏嶂。四顾皆石壁,惟此山有土质,杂树千章,团阴结翠。黄山此处又别有风味。

肖黄山　在黄山北境三折岭内,为臧里程姓之后山。东距太平县二十里,南距黄山芙蓉岭三十里。云根嵌空幽秀,仿佛黟山。中有奇峰怪石及喷玉泉、牧龙池诸

---

① 参:考证事物。
② 九京:墓地。

胜境。

关 凡二关

汤岭关 在山之西坳、汤岭头上东西陡峭之壁。南北岭路,磴高级危,各十里,势若登天。岭头隙地用石砌成关隘。清咸丰己未①,张中丞芾驻徽所建,以御粤寇。一人当关,千夫莫敌,惟此足以当之。

乌泥关 在山之东边乌泥岭上。上、下连筑两关。上关额为"天都保障",下关颜曰"乌泥"。为明崇祯间唐太守良懿所建,清咸丰间张中丞芾所修。

坑 凡二坑

黄帝坑 在夫子峰下,近大战岭跑马矼。山民相传为轩辕氏曾在此汲水洗药,后人即以"黄帝"名其坑。

大圣坑 亦峻峭,在翠微峰之下。内有石屋,祀大圣菩萨,并有翠云庵故址。

坡 凡二坡

小心坡 在蒲团石下"观止"二字上。左绝涧,右峻壁,路仅容足,侧身始过,咸称最险之处。后人凿级,护以石栏。古称"小心坡",今谓"石栏杆"。

龙蟠坡 即龙蟠石。见"石下"。

碑 一

轩辕碑 在桃花峰水帘洞右。为轩辕氏上升后,山人立碑祀之。四千余年之碑石,足称古物,故前志列入"古迹",亦宜。

岛 一

蓬莱之岛 在文殊院转身洞之下、一线天之上路东。三四危峰尖锐矗立,又有小松环峰而生,"奇松怪石"四字可为此处咏之。每于月夜遥瞩之,如岛屿耸出海中,有非飞仙莫渡之概。

岭 凡四十四岭

双岭 在歙县西乡,距冈村十里。明太祖破伪汉时驻跸于此。上有御泉庵,逾左至歙县孔道,逾右至休宁孔道。

大岭 又名"高岭"。岭上有观音庙。南达冈村,北达小岭下。

小岭 在大岭北,相距二里,中隔小岭下陈村。由冈村至汤口十五里,先越大岭,后过小岭。岭属歙县西乡。

山口岭 岭上有汪公庙,在歙县西乡。东达洽舍,西至山口,从徽州府上黄山岭,为必由之路。

甜珠岭 由谼②中沿溪至水晶庵,再进至岭。逾岭,经金竹坑达巡检司。

---

① 咸丰己未:1859 年。
② 谼(hóng):大的山谷;深沟。

石砧岭　过岭,再度一岭,即至芳村。

柘木岭　即查木岭,在汤口右二里。岭上下蔷薇夹道丛生,开时灿若黄金。岭南一里有扁担亭,亭外二里为寨西,旧设有黄山寨巡司署。过寨西桥,有二径,一随河五里至芳村,取道抵歙治,一南折,二里至小岭,三里至大岭,五里至冈村,取道抵休宁。山中出入两县,此为通衢。

芹菜岭　又名"金丝岭",俗呼"泾川岭"。或云泾县人所修,故称之。在歙县汤口河东,从岭至苦竹溪五里,西上九龙潭、丞相源,北出三汊、乌泥关。

金砂岭　由慈光寺登观音堂,陟岭眺天都。顶有石台,凭虚背扆①,一屏方正,耸拔意轩,后朝群仙处。

三观岭　在老人峰背,即天门坎。普门曰:"东望文殊院观文殊,是曰'智观';西北望大悲顶观观世音,是曰'悲观';又西望普贤殿观普贤,是曰'愿观'"。遂名为"三观"。

象眼岭　在天都麓。相传仙人骑象登天都峰,舍象于麓,仙去象化为岭。语属荒唐,不足征信。

莲花岭　在莲花沟上,即莲花、莲蕊两峰之间。东眺天都如图画。岭半有洞,亦谓"莲花洞"。越岭过石罅而度百步云梯、文殊院,达天海,须由此而往。

栴(zhān)檀岭　从光明顶至炼丹台道中,形若檀炉高恃。百仞、石笋二峰,大者不可登,小者累累。数石片布置如户,每方献异呈奇,松蟠其上,若张翠盖焉。

白鹅岭　在狮子峰东坳,往丞相源须度此岭。唐温处士伯雪隐此,李青莲有诗赠之。岭东称为"白鹅峰"。

白砂岭　在白砂矼上,由白鹅岭达丞相源道中。沙软而滑,履之如积雪。

珍珠岭　在丞相源至苦竹溪道中。

盘云岭　欹侧巃嵷②,游者盘磴而上,如入云中。岭上有洞可栖,三十六峰尽列洞前。

乌泥岭　在丞相东源下,南达歙县,北达太平。宋蒋果与金人马吉战,拒守岭上。明末寇常丛聚于此。岭上有关,距三汊三里。黄山诸岭俱巉峭,兹岭平衍,迂回缨带。峦阜旁有石门潭可游。

黄丝岭　在黄丝境下首。岭头为歙、太分界处,竖有界碑。

长岭　在黄丝岭下,下距谭家桥七里。岭上有排亭,亭旁有怪石嵯峨。岭长里许,平衍无甚级,为徽宁要道。行人绎络,过者每不知为岭。

栈堪岭　在箬岭脚。岭上有步月亭。属太平县道,一图上箬岭,先过此岭。

---

① 扆(yǐ):宫殿内门和窗之间。
② 巃嵷(lóngzǒng):山势高峻貌。

箬岭　即篛岭,在黄山之东。高四百八十仞,多箬竹。南通歙县,北达太平。隋末越国公所开,东凿一道至旌德。岭极高峻,接壤黄山八里冈。上有骑龙庵,昔僧文斋坐脱处。

银丝岭　岭头有汪公庙,岭北有胜虹桥,岭南为感梓里,与黄榜岭一望间。

黄榜岭　在望仙峰东野,属太平县南乡,为徽宁孔道。南有胜虹桥,北有黄榜桥,故岭上社庙有联云:"半岭通佳气,双桥落彩虹。"

黄毫岭　岭头有石洞,设庵施茶,以济行人。岭下河中有潭,曰"朱家潭"。潭水渟泓,深不可测。南达迄溪桥,至黄榜岭十里;北达三口镇,至官庄岭十五里。

官庄岭　在轩皇山下,为三口北障。岭上有亭、有庙,距太平城南七里。

杨树岭　在望仙峰东下,属太平南乡。由谭家桥至神仙洞须越此岭,由罗村碧山胡家过大战岭,南折绕夫子山脚而上。

大战岭　在夫子峰下,东为罗村,西为夫子山脚。岭旁有跑马冈、黄帝坑诸名胜。

尚书岭　在望仙峰东北,越岭可至尚书里。高百余仞。相传隋末尚书胡裕隐此。

大鳌岭　近尚书岭。高十五丈,形若巨鳌。

三折岭　为黄山北障,在太平县西乡。高峻曲折,上有寺曰"大觉",下有潭曰"香潭"。佟督学法海在此望黄山,有诗七绝,脍炙人口。岭南五里至甘棠。

悦岭　在太平之西,距甘棠里许,通焦村孔道。

兴岭　在黄山之北,距太平县甘棠八里。逾岭而南,黄山三十六峰,峰峰入望。

中虎岭　在辅村东北,距芙蓉岭十里。上有洞。岭下有秀水亭,亭旁石壁中出水,故名。由太平县沟村逾岭,达辅村,至松谷脚庵右,过洋湖庵,直度芙蓉岭,至松谷庵。

鹤舞岭　为辅村北障,距芙蓉岭十二里,与中虎岭、白茅岭为三角形。通太平县甘棠大桥要道。

白茅岭　在引针峰北,东距辅村、西距焦村各十五里。又名"菜坑"。地少树,多白茅白苇。

芙蓉岭　在芙蓉峰下。岭头有洞,名"芙蓉洞"。由松谷庵至岭三里,岭腋有芙蓉庵。下岭,七里至辅村竟成桥,分为三路:左度白茅岭至焦村;右上虎岭,历沟村、饶村、黄昏洞、柏槭山,二十里至太平县;中出随河,逾鹤舞岭,至太平县甘棠大桥(硚)。

狮子岭　在狮子峰清凉台下,北达松谷庵。岭路倾圮,近为黟县汪居士蟾清所修。

娘岭　在黄山西北。岭长十五里。岭头为石埭①、太平两县交界之所。岭路失修,近为陈少舟、陈兆轩、陈丽春、方志臣暨焦石鸣、焦远帆、焦秉臣诸君慨捐平治,行人便利。岭头有庵,四季烹茶。左有汪公庙,右有企岭亭。亭为陈居士少舟独建。

白沙岭　在白茅岭西北。由引针峰蜿蜒而下,初结白茅岭,次结白沙岭。岭上有洞,岭胭有庵、有亭。太平县东、西两乡以此岭为界。岭路曾为陈少舟所筑。北由新村至兴岭,南由章村至焦村,皆十里。西有小径可达娘岭。

棠梨岭　在新岭西,近龙山庵。山脉西由羊栈岭而来,东往结新岭,再东结浮丘峰、云门峰。岭之阳属黟县,岭之阴属太平,亦徽宁要路也。陡峻崎岖,绵延十五里。乾隆三十五年②,太平林兆朋、焦发等募金平治;又于岭半募建万福庵,召僧煮茗,以济行人。岭下林姓又醵③金为路,会义社二:其一社则于夏秋刈草,一社则于隆冬扫雪。

新岭　在浮丘峰西、棠梨岭东。昔为草蔓,尝被水阻,近得太平焦茂才、松林等连建四桥,庶免病涉。岭南属休宁里仁、东坑等处,岭北属太平田坂里、密坑等处。

伏牛岭　在吊桥庵西下五里。岭头有亭,亭后逾山可达石步岔。越岭,西下五里至栗溪坦,又五里至椒村陈家,再二三里至焦村与双溪镇。由太平县焦村上黄山,先度伏牛岭,再蹑双峭岭,后过汤岭。

汤岭　在云门峰东坳。岭上有关,南达紫云庵,北达吊桥庵,皆十里上下。道路昔为太平陈居士珊瑞所修,近为其五世孙少舟复承祖志又修之。

（三）建　　置

寺院庵堂　凡二十五处

祥符寺　在桃花峰下。唐开元天宝间志满禅师创始。大中五年④,徽州刺史李敬方感白龙见,建龙堂于汤池之西。天祐二年⑤,歙、婺、衢、睦观察使陶雅建庵,号"汤院"。南唐保大二年⑥,敕改"灵泉院",有碑纪事。宋大中祥符元年⑦十月,敕

---

① 石埭(dài):石台古名。
② 乾隆三十五年:1770 年。
③ 醵(jù):集资。
④ 大中五年:831 年。
⑤ 天祐二年:905 年。
⑥ 南唐保大二年:944 年。
⑦ 宋大中祥符元年:1008 年。

改今名;元丰甲子①,寺僧立太重建。明正统丙寅②,僧全宁修之。嘉靖癸未③,僧旸(yáng)谷再修之。万历辛巳④,泾县知县李邦华捐俸又修之。歙县左训导田艺蘅有记:寺前群峰耸秀,温水生香,古木千章,风动谷鸣,清溪激越,有若响答,真入山之奥区也。清乾隆五年⑤六月初三,天雨三昼夜,寺前桃花溪青白二龙相斗,洪水暴涨,弥漫山巅。寺宇飘没,诸僧淹毙,仅存一小沙弥。寺基久成墟邱,开植茶叶。后歙县汤口居民于汤泉溪塝上募建数楹,仍榜书"祥符古寺",亦聊以存意焉耳。

轩辕宫　在紫石峰下。或云祥符寺故址,今汤池壁间镌有"轩辕行宫"四字。明状元罗洪先有诗题此。

紫云庵　在紫云峰下。清乾隆七年⑥,慈光寺住持印闻和尚,号"悟千",退居结茅于此,故名"茅蓬"。近汤池,以便游人驻足,屡次建筑殿宇,俱为慈光寺僧阻止。直至甲申⑦冬月,得尚书曹文植、部郎程振甲力,始克成功。额曰"紫云禅林"。咸丰己未⑧九月,大殿被燹,诸佛像移供客堂。同治十二年⑨十月,住持锦云受星岩道纯上人法,开堂放戒;又乞上海来游之僧代募文殊法身,溯江而上,经由太平县送此,即今座中之巍巍菩萨也。光绪三年⑩建右边寮房,五年重建大殿,十六年至二十一年又建前楼及各余屋,俱僧性海所经营。前楼犹一庵面部,一厅三房,窗虚轩朗,俯临溪壑,仰对雄峰。拂檐则翠竹莲花,穿窗则清风明月。前有桃花源、水帘洞,后有罗汉级、紫云峰。推窗寂坐,情怡神旷,栩栩欲仙,倏然飘立,不知身之何寄也。黟县王司马家瑞颜曰"第一洞天",信然。门首"黄山一茅蓬"五字乃悟千题,示其徒野云以志。僧家得把茅盖头为足之意。现在五字即歙绅蒋龙章换书。此庵近为慈光寺住持脱尘兼理。

慈光寺　在朱砂峰下,旧名"朱砂庵"。明嘉靖间,玄阳道人居此,额曰"步云亭"。万历丙午⑪,僧普门入山,玄阳之徒福阳以庵畀⑫之,普门改名"法海禅院"。旋入都感宸眷⑬,神宗勅赐藏经六百七十八函,慈圣皇太后颁内帑为剃发,并赐银

① 元丰甲子:1084年。
② 明正统丙寅:1446年。
③ 嘉靖癸未:1523年。
④ 万历辛巳:1581年。
⑤ 清乾隆五年:1740年。
⑥ 清乾隆七年:1742年。
⑦ 甲申:乾隆甲申年,1764年。
⑧ 咸丰己未:1859年。
⑨ 同治十二年:1873年。
⑩ 光绪三年:1877年。
⑪ 万历丙午:1606年。
⑫ 畀(bì):给予。
⑬ 宸眷:帝王的恩宠。

慈光寺山门

帑为开山建寺，又赐紫衣佛冠、彩缎百匹。辛亥①秋，钦点慈光寺额降勒护持，又赐七层四面毗卢渗金佛像。像七层，层四尊，凡二十有八尊。高四尺，有莲花座。座有七准提居叶，中一叶一佛。佛以万计，皆慈圣及南宫所施造也。随勒送奉大悲金佛十二尊，青宫赐大悲金佛两尊。清康熙丙午②，歙县黄太学僕始捐建大殿，并修藏经阁及余屋一百余间，阅四载落成，共费四万余金。金碧辉煌，为徽宁梵宇之冠。康熙辛巳③，中洲和尚又募二万金重修之。圣祖仁皇帝亲洒宸翰，御书"黄海仙都"四字赐悬佛殿。天章璀璨，光侔日月。后于乾隆二年④三月初一，寺遭回禄⑤，藏经被焚，御匾及七层四面佛得救无恙。住持悟千募化（花）万人缘未果，次年即将毗卢一殿缩小修竣。因经费支绌，中殿未建。咸丰间，土匪掠寺，并将七层四面佛用火焚化瓜分。今文殊所坐之台，即七层四面佛之塔底也。自焚掠后，寺宇颓圮，景物萧瑟。僧人素月、性海及明心辈，承衰守敝，次第修补。民国纪元⑥，雪岭住持添造功德堂，重葺门楼殿，并塑罗汉诸天八十余尊。自咸丰后，宗风始为一振。现系雪岭之高足脱尘住此，又建大悲阁五间，克承师绪有足多焉。

程从伸云，寺藏佛牙，赐自禁掖，约重五锾，色若车渠而光润滑腻过之。见者咸疑，世人安得有此牙审如是，则口当如箕。然佛身不可以情量测，史册载，防风氏其骨专车，推其牙，应复如是。大抵人身大小视其劫数，中古之人已不逮上古。河况叔季襄闻之藏用先生云，此是辟支佛牙伪者，乃外国貘齿，非真牙。

半山寺　在中沟左塝，恃半山土地而筑。民国甲子⑦夏，江宁观音庵僧明光参游至此，结茅住焉。后建三间佛殿，易茅以白铁盖之。原名"无量庵"，乙丑⑧秋，休

---

① 辛亥：即万历辛亥年，1611年。
② 康熙丙午：1666年。
③ 康熙辛巳：1701年。
④ 乾隆二年：1737年。
⑤ 回禄：指火灾。
⑥ 民国纪元：1912年。
⑦ 民国甲子：1924年。
⑧ 乙丑：即民国乙丑年，1925年。

宁县知事韩焘改题"半山寺"。寺基虽窄，足以栖息游踪。

文殊院 在天都、莲花两峰间。后拥玉屏峰，前拱文殊台。左狮右象，势若守门。登台趺坐，烟云无际。院久湮没。明万历间，僧普门攀陟至此，与曩在代州梦文殊端坐石台之景适合。此境遂辟径构屋，悬文殊像，额为"文殊院"。崇祯子丑间，不戒于火。戊寅岁①，休宁汪居士之龙重建，榜以"到者方知"四字，为歙县汪孝廉沐日所题。联曰"孤云卧此中，万山拜其下"，释道据所书。院右有凭虚阁，可望后海诸峰，与院俱毁。院旋复而阁仍就湮。清咸丰末，院又遭兵燹，文殊避劫到宁波，示梦陈居士瑞利。瑞利三世信佛，乐善好施，因供像于家，敬奉极虔。至光绪初，依梦中所示，毂②资来山，适普陀山慧泰、庆三二僧挂瓢守此余烬。瑞利即鸠工庀材，于丁亥③冬月告竣。由僧德圆接住，即现在之老人也。文殊神像由上海装塑而来，俨然活佛。院记为明太学潘之恒撰。

大悲院 在光明顶平天矼之山腋。光明顶踞四山之中，古称"大悲顶"。明万历间，僧普门感邀宸眷，因供奉皇太子赐大悲观世音像，故名。院遭粤乱，久没无闻。今慧林和尚参游至此，剪除荆棘，募捐重新。无如携款过江苏，适江浙战争之际，被匪所劫，以致中止。昔有金刚般若钟，计重五千四十八斤，汪居士景和所铸，遍觅不得，已如黄鹤矣。

隐泉茅蓬 在光明顶东（西）下。僧惟开于民国癸亥④来山，编草索绹，自筑茅屋四间，越两月告成。次年，悟证由太平城山观至此，结为同参。惟开遂将蓬畀之，云游而去。

狮子林 在后海狮子峰下。明万历间，五台僧一乘结茅于此，旋扩为庵。清顺治初，释灵闻继居林中，能诗文，著有《黄山纪胜集》。康熙二十年⑤，太平县知县陈九陛偕乡绅谭经远、李梦奎暨竹林会七子，酿金重葺，祀观音，故又名"观音庵"。为一邑香火，并捐俸置望仙乡水田二十一亩四分，以斋住僧。乾隆中元，僧慈舟屡修之。嘉庆二十五年⑥，崔居士必位等又修之。咸、同兵燹，殿宇摧折。光绪五年⑦，谭南邨、李叙五皆竹林会之贤裔也，募款重建。邹钟俊、胡肇棋两邑宰先后撰记，嵌于林中。民国壬戌⑧，右墙倾圮，陈居士仁梅捐金易石砌之。明年，前墙岌岌将颓，李居士法周尽易以石，崭然一新，林额壁联为法周所书。前邑令刘元凯、陈九陛、黄

---

① 戊寅岁，即崇祯戊寅年，1638年。
② 毂（gū）：车。
③ 丁亥：光绪丁亥年，1887年。
④ 民国癸亥：1923年。
⑤ 康熙二十年：1681年。
⑥ 嘉庆二十五年：1820年。
⑦ 光绪五年：1879年。
⑧ 民国壬戌：1922年。

家杰俱有楹联。现宏定之徒惟清住此,由法周护理。

狮林精舍 在狮子峰下,与狮子林为比邻。傍墙而筑,如一室焉。光绪乙未①,太平崔太史国因所建。国因少时读书于狮子林,筮仕后,出使秘、日、美,回国捐俸千金,以酬旧愿,委谭外翰南邨董其事。颜曰"狮林精舍",为国因亲书。按明人王之杰游记云,独此据胜地,称"精舍",是精舍之名由来旧矣,其为国因重建无疑。舍之上堂设龛祀地藏,乃江宁李居士法周(号莲华)诵拜妙法莲华经处所。居士于此十年,持诵无虚日。

清凉顶 一名"正顶清凉寺",为卧云楼旧址,在狮子峰南胆狮子林上。民国己未②,峨眉僧法空由普陀参游到此,感黄山之胜,誓愿建寺以开丛林,得太平劝学所长陈之澍暨乡绅谭复泰,汉商项竹坪、王森甫,沪商汪兰庭、汪蟾清诸护法募捐巨款,以成梵宇。供佛于楼,石室翻经,庄岩(严)清净。查五台称"大清凉",此处称"清凉顶"。两山皆为文殊显圣之地,将来檀信辐集,并驾齐驱,香火之盛岂有限量哉!

中五台庵 在贡阳山下。左为狮子峰,右为始信峰,前为散花坞;又梦笔生花、天然笔架诸峰罗列为案。黄山秀异莫过于此。黟僧宗教,伐木剪棘,开辟新基,创建兰若,殊为难得。护法者,据云以芜商朱晋侯为最。

云谷寺 原名"掷钵禅院",在丞相源钵盂峰下。源有歙县岩镇汪图南书院。明万历己酉③,寓安寄公携笠至此,乞地于汪,不数月而成梵刹。潘太学之恒题曰"一钵",汤太史宾尹易为"掷钵"。晨昏课诵,悉禀云栖。管库各有所司,截然不紊。无易和尚更扩增之,僧成滨能继其志。"云谷"二字乃崇祯间歙县令傅岩所题,因遂名为"云谷寺"。寺有藏经阁,极为严整。徽州郡司马聂炜撰碑纪其事。清康熙至道光时,迭设戒坛羯磨④。后生咸丰流寇,佛宇摧残,肇龙伽邪,拆(折)东补西,安陋就简。宣统辛亥⑤,忽遭回禄。李居士法周,从旁捐筑数椽以为游人息足。寺由隆光接住,募化十年,仅竖大殿数柱,风雨飘摇,讵能长此终古,是所望诸护法者。近易僧宝山住此。

福固寺 在轩辕峰神仙洞下。唐天宝六年⑥,目轮和尚至此,开山建轩辕古刹。后经咸、同兵燹,改复古寺。光绪戊戌⑦,鄂僧能学得袭相续师衣钵,重修大殿。太平胡太史继瑗为书寺额,易以"福固"二字。寺右关帝殿额,乃太平周茂才开

---

① 光绪乙未:1895 年。
② 民国己未:1919 年。
③ 万历己酉:1609 年。
④ 羯磨:佛教用语,意为"作法办事"。
⑤ 宣统辛亥:1911 年。
⑥ 唐天宝六年:747 年。
⑦ 光绪戊戌:1898 年。

基所书。近为满光所居。

松山寺 原名"花山寺",在望仙乡玉屏峰下。宋绍兴十三年①赐额,户籍太平县望仙乡一甲,自庵自主。清康熙十五年②,大殿重建,官邑侯纯心赠"大雄宝殿"四字于扉。康熙间住持智昺、乾隆间住持万竸皆为黄山僧会司。自宋迄清,历经四朝,代出高僧法嗣。故吕廉访正音、王太守国柱、朱观察之翰、潘督部锡恩暨歙、太两县长官四十余人皆赠有匾,可为黄山诸寺之冠。其书法劲苍雄秀,无美不备。咸丰间,寺毁于寇,匾得无殃。僧明轩卓锡重来,力新佛宇。今为明轩后裔接住,日渐凋零,不无今昔之感也。

松谷脚庵 乃松谷别筑。上距松谷七里,下距辅村三里。近虽重修,亦不过补苴罅漏而已。近为九华山心坚和尚所驻室。

洋湖庵 在芙蓉峰下。湖广约十顷,为黄山之西北部。吴中秘养春初为羽士申清虚而建。四山状如莲花泛绕,扩拓布置,能开绝大道场。遭咸丰兵燹,夷为墟邱。光绪中叶,陈金海与某僧重辟,未久仍废。近有两僧团瓢于此,茅屋数椽,游人尚堪憩息。

芙蓉庵 在芙蓉岭东腋,距松谷庵三里。庵为太平沟村谭姓香火,茅茨不剪,朴陋殊无可观,冒名芙蓉,不免冤煞城主。惟庵外栽桃千树,花时娇艳可人,聊堪为凌波仙子解嘲耳。

松谷庵 原名"松谷草堂",又名"松谷禅林",在叠障峰下。宋末,张尹甫先生避元乱隐此,称为"真人"。初居松山寺,后驻老庵,再迁此。"松谷"其别号也,因以名堂。太平沟村李姓之祖,与友甚笃,故为之造塔建宇,奉为香火。明宣德间,李德庄重建梵宇,金貌绀象,照耀人天,宣、歙、池、太鼎礼云集,遂以名庵。庵额为宁国府知府罗汝芳所书,又题"东土云山"四字。堂后"褅黄"二字,为汤祭酒宾尹笔。尹甫塔在座后。天启丁卯③,太平县学谕陶琪作张松谷师遗草引,安徽巡抚骆骎曾撰庵记。咸丰兵燹,俱为灰烬。光绪间,李姓集资重建,左增观音堂,堂左为东古寺。民国六年④,天台顶住持兴云,雅乐清静,退居于此。

东古寺 在松谷庵隔壁,前临志成桥。康熙间勅建为十方丛林,嘉庆二十一年⑤,重新大开期场,演扬戒法。后遭咸同兵火,寺宇如墟。寺前有石池潴水,内刻"嘉庆二十一年,东古寺剙"十字,不署姓名,莫明其故。今李姓集资,共谋恢复古制,由松谷庵住持兴云董其事,已于民国壬戌⑥开始经营矣。

---

① 宋绍兴十三年:1143 年。
② 清康熙十五年:1676 年。
③ 天启丁卯:1627 年。
④ 民国六年:1917 年。
⑤ 嘉庆二十一年:1816 年。
⑥ 民国壬戌:1922 年。

翠微寺　在翠微峰下。唐中和二年①，麻衣禅师自巴西来，卓锡于此，募洪氏山田建麻衣道场，得其麻缕可以疗疾，有"飞锡泉"遗迹。南唐保太（大）五年②勅赐寺额，明洪武辛未③立为丛林。历代以来，迭有废兴。至嘉靖间，得佛悟等重修。万历戊戌④，洪水冲毁，寺僧本仕修之。弘光乙酉⑤，僧心空从新重建，尚书汪泽民、中丞骆骏曾、孝廉邵朴元俱撰有记，汤祭酒宾尹题食堂曰"隐翠"。清康熙戊辰⑥，僧超纲大加修葺，并纂寺志，一时名士高僧咸集于此。至咸丰初，香火犹盛，间能开期。自被赭寇盘踞，寺毁为烬。迨同治五年⑦，僧本微来山结茅，遍扣山下洪村社诸居民，助款捐工建筑左室，而大殿仍付缺如。民国五年⑧四月，金陵二郎庙邵道人飞杖至此，殿宇一新，暂改观名，使其徒宛道人在此修持，计居十年，恪守玄规，能耐劳苦。寺前及上坞腴田二十四亩，自种自食。窃愿云水高人不自望崖而返。近换宗教兼住，则寺之方兴，正未有艾也。

　　潘之恒云，客问翠微何以称胜，余曰："由万峰得一峰则孤胜，由百境会一境则幽胜。翠微之在黄山，犹云中鹤，渊中龙，咸借珠光自耀。"又客语余曰："黄海诸峰与翠微，不可以大小尊卑论矣。在翠微则黄海诸峰伏而不见，见黄海诸峰则翠微亦隐。大小尊卑之若相摄而不相乘，相避而不相凌也。固如是哉！可谓善言山之概矣！汤太史题食堂曰'隐翠'，其亦有会心乎？"

　　钓桥庵　在汤岭北十里许，介两桥之间。明某道人所建，旋毁于兵。清康熙初年，僧神立复造，厥后兴替无常，半修半圮。咸丰间，岭南横坑庵、岭北航海庵俱被兵火。其间山径险涩，四十里无人烟。行旅经此，不惟寂寞，尤恐意外之危。庵下陈姓捐资重修，输田施茶，奈庵室狭小，不堪栖息游人。陈居士仁梅于光绪庚子⑨筑亭翼之，民国癸亥⑩更偕族人吉祥捐金三百余，增建数椽，重为修饰，内为经堂，外为茶室。邢邑侯鸣盛为之作记，镌珉⑪前由。常州玄妙观韩道人兰圃退居于此，后云游而去。今归脱尘和尚派僧接住。

　　继竺庵　在苦竹溪。俗呼"丞相源脚庵"，乃云谷寺之下院也。昔年僧人务农，庵中多置农器。虽庵如农家，服男稼禾三百廛，输将本寺，作供十方。咸、同兵燹

---

① 唐中和二年：882年。
② 南唐保太（大）五年：947年。
③ 洪武辛未：1391年。
④ 万历戊戌：1598年。
⑤ 弘光乙酉：1645年。
⑥ 康熙戊辰：1688年。
⑦ 同治五年：1866年。
⑧ 民国五年：1916年。
⑨ 光绪庚子：1900年。
⑩ 民国癸亥：1923年。
⑪ 珉：似玉美石。

后,山僧寥落,此庵为当地所有。民国甲子①,僧宗教将此庵收为狮子峰中五台之别筑,修整供佛。如游人在此憩息,亦颇为雅。

始信茅蓬 距始信峰里许,在狮子峰往始信峰路侧。民国乙丑②秋,九华僧心坚退居于此,刈草代(伐)木,经营伊始,庵名尚未确定。现由其徒本宣住此。

城山观 在翠微峰下。宋司户焦源建为黄山堂,堂面山临流。解元焦颐重葺,扁③曰"城山书院",两子魁文武榜。后人有诗云:"山川可隐神仙迹,草木犹馨文武名。"今改为观祠,玉虚真人每年三月上巳赛会其上。

亭 凡二十二亭

扁担亭 在查木领南,距汤口二里许。徽属六县入山俱由此亭。

百零亭 在芹莱岭中。因岭上至此有级百零,故名。上至汤口二里,下至苦竹溪三里。此为丞相源、桃花溪往来之邮。

逍遥亭 在逍遥溪塝上,前对清潭峰,距汤池四里。溪中诸潭,最为清雅。

听涛亭 原名"得心亭",在慈光寺山门内,距寺里许。北土一山,空天积翠,慈光寺也。亭高踞坡头,化城④未真,梵天犹俗人。人急须步进此中,尚非安身立命之乡。亭早坍塌,民国六年⑤,慈光寺僧雪岭重建,改今名。亭书一联云:"过此成仙侣,回来无俗人。"

同仁亭 在丁巳社同仁桥上。首为乌泥岭往来憩息之所,傍山而筑。

排亭 在槛窗峰下长岭上。太平胡用建,捐田十亩,煮茶济众。民国八年⑥,胡敦睦堂重建。

问余亭 在碧山胡家,近夫子峰。唐李白访尚书胡晖至此问路,后人筑亭于此,即名"问余"。

南阳亭 一名"义姓亭",在夫子山脚,上距福固寺五里。游神仙洞可先小憩于此。

庆云亭 在松山寺后。老瓦培李庆之妻承夫志以建之,李涯为之记。

秀水亭 在虎岭中。亭旁石壁四季出水,久旱不涸。原名"出水亭",后改今名。水味甘美,清冷异常。亭为松山寺至松谷庵必由之径。

芙蓉亭 在芙蓉岭下。由太平辅村北上黄山者,须缘亭而往。尚书汪泽民为之记。

---

① 民国甲子:1924年。
② 民国乙丑:1925年。
③ 扁:同"匾"。
④ 化城:幻境。
⑤ 民国六年:1917年。
⑥ 民国八年:1919年。

松谷亭　在松谷道中。嘉庆十八年[1]被蛟水冲没，二十四年僧钻坚募资重建。亭在乌龙潭上、志成桥下。至此可望松谷庵。

下刘门亭　在松谷道中。高峦浚壑，布置天然。下距松谷庵五里。光绪间崔忠元重修。

中刘门亭　在下刘门亭之上，相隔五里许。憩时可眺"仙人观榜"之景。

上刘门亭　一名"如意亭"。乾隆丙寅[2]刘景洲所建，嘉庆辛酉[3]景洲之子苞萌克承父志，换石重新以垂永久。有碑纪其事。

复兴亭　在翠微寺道中。汪尚书泽民题"翼然"二字于上。民国壬戌[4]重修，宛道人换书"方来亭"三字。

半仙亭　在伏牛岭头，上达吊桥庵，下通栗溪坦，皆五里。初为下马山焦某所建，光绪初陈仁铨重修。

海云亭　在吊桥上二里半，前对天海，为山所隔。常见白云坟起，故名。

新庵亭　在汤岭北下五里。亭傍新庵而筑。今新庵已圮，亭名仍旧呼之。

碧云亭　在汤岭北下。亭系岭腰，视之即在目前，口称二里半，实不足一里。下岭者于此多毋须息焉。

横坑亭　在汤岭南下五里，近横坑庵。庵乃咸丰兵燹时所毁。汤岭南下至茅蓬庵，计十里，中途无亭。游人遇雨何堪受此，故太平好善者醵金建之。

招隐亭　在丞相源白沙岭上，狮子峰往云谷寺必由之处。李居士法周重建。

桥　凡三十七桥

回龙桥　在罗汉级下天都峰东沟中。沟雨水皆由此而下桃花溪。东往茅蓬庵，西达慈光寺。

小补桥　原名"卧龙桥"，一名"汤院桥"。古刹、香泉分丽两浒，过此可寻桃源诸胜。乾隆间被水冲没，道光四年[5]，旌人方锦贤偕友褰裳而过，即发愿醵金重建，阅五月而竣。因寻幽探胜者必由此桥，以小补游山之兴，因名之曰"小补"。朱德芳为之记。

锁溪桥　在紫云庵往汤口道中。有二三小坑，雨后亦成溪涧。黟县汪居士蟾清、歙县程居士霖生修路至此，连筑三桥，委僧性海督其事，以锁溪口而利游人，故名。

折桂桥　在汤口村中。

---

[1] 嘉庆十八年：1813年。
[2] 乾隆丙寅：1746年。
[3] 嘉庆辛酉：1801年。
[4] 民国壬戌：1922年。
[5] 道光四年：1824年。

汤口桥　　三洞,宏治乙(己)酉①程姓所建。天都老人为之铭,俗称"龙门桥"。

仙源桥　　俗称"辗桥""头卷桥",在金丝岭下苦竹溪上。从汤口来者,逾金丝岭,过此桥,至脚庵,上丞相源。桥畔数家,萧然有流水孤村之致。

披云桥　　在慈光寺大殿前。康熙丁亥②,海阳信官程岳鼎造。

度生桥　　在中沟,距半山寺二里。民国甲子③春,陈吉祥修此路,并破二石以筑之。桥成之际,适虾蟆先跳而过,故名。

仙人桥　　在文殊院一线天下,有石磴可憩。仰视天都,犹在霄汉;俯察深壑邃谷,如流九渊。

断凡桥　　桥架绝壑,上下临不测。盖普门栈山寻梦处也。

慧明桥　　在狮子林往始信峰途中。青松环绕,清幽独绝。民国乙丑④,太平王居士森甫造。

度仙桥　　又名"仙人桥",在始信峰胫。中驾一石,横于两崖,状若飞虹。桥畔有松,根长北嶙,干依南峤,横迤如栏,曰"接引松"。

缘成桥　　在松谷庵上一里许。民国壬戌⑤,黟县汪居士蟾清捐筑,李居士莲华监造。

志成桥　　在松谷庵前。民国壬戌秋,谭居士芝屏出千金,与僧兴云监造。陈广文之澍,以谭居士笃信佛教,曾蒙佛锡以"志佛"嘉名。桥以济人成佛之志,故以"志成"名其桥,并为之记。

益寿桥　　在芙蓉岭南下第二桥。李澄侯为病求松谷神,至此阻水,望空遥祷而返。未几即愈,筑此桥以偿愿,故名。

陈公桥　　在芙蓉岭南下第一桥。康熙二十六年⑥,邑侯陈九陛捐资筑成。后人以"陈公桥"呼之。

芙蓉桥　　在芙蓉岭北,距芙蓉岭三里许。

二龙桥　　在松谷庵脚下。一河两桥,北桥乃明成化间所造,南桥系民国甲子⑦江宁李居士莲华募建。

成德桥　　在辅村团家河。庠生任重建。任重父丧,庐墓承志造桥。陈邑令奖曰:"笃孝醇行。"

竟成桥　　在太平南乡之辅村,距芙蓉岭十里。原系架木为梁,名"周家桥"。乾

---

① 弘治乙(己)酉:1489年。
② 康熙丁亥:1707年。
③ 民国甲子:1924年。
④ 民国乙丑:1925年。
⑤ 民国壬戌:1922年。
⑥ 康熙二十六年:1687年。
⑦ 民国甲子:1924年。

隆初年,辅村李厚改建石桥,有星士相之,云此桥须逾十八年建石桥,方为永久。厚为善心,切亟不及待。甫竣工而黄山蛟水勃发,为洪流冲毁。至光绪辛丑①,任学邦又以木桥常被水患为虑,复建平石桥五洞,以竟成乡先哲之志,故名。崔太史锦中为之记。

大成桥　在辅村水口。乾隆间合村醵资,李曜手建。光绪中叶,穆梧冈重修。民国初复修之。

麟趾桥　在福固寺前。僧人呼为"吕公桥",又称"状元桥",为宋吕侍郎溱所建。年湮无考,不知确否。

福缘桥　在轩辕峰下,尚书里福缘庵下首。

重兴桥　在福固寺东角上。神仙洞必由之桥,昔造未竟。民国癸丑②僧能学募建完竣。桥东有平石桥,乃巷里陈姓所造。

虎头桥　在虎头岩上,距紫云庵一里许。涧激石狞,大助於菟③之势。文殊台、莲花沟诸水俱从此而下。

陈家桥　与虎头桥相近。汤岭南水经此而入桃花溪。

鸣弦桥　在汤岭南路鸣弦泉下。

横坑桥　又名"太平桥",在汤岭南下香溪上流。距紫云庵五里,近横坑庵,故名"太平"。西乡陈姓所建。溪中一大石,界水分流,为溪砥柱。北望仙石桥,梁洞历历。其桥下之水,由百步云梯而下。

云门桥　在汤岭南下、云门峰东。水由此而入白云溪,故名。

白云桥　在汤岭南下。流入白云溪,故名。

新庵桥　在汤岭关北,距关五里。

乾坑桥　在汤岭北下、云门峰北。水出此而下续古桥。

青云桥　在汤岭北。

续古桥　在钓(钩)桥庵左。焦秀献建。

寿延桥　在钓(钩)桥庵右。弘(宏)治八年④,太平西乡陈员孙、男胜安等建。

方源桥　在伏牛岭南下里许。

翼然桥　在翠微寺前。

坊　一

黄山胜境坊　在苦竹溪。两江总督高晋于乾隆三十二年奉上谕,拟亲躬来游,故赶先建四柱石坊一座,上镌"黄山胜境"四字,以为黄山接驾之门。

---

① 光绪辛丑:1901年。
② 民国癸丑:1913年。
③ 於菟:虎的别称。
④ 弘(宏)治八年:1495年。

塔 凡八塔

志满禅师塔　在祥符寺后龙唐。大历丁未[1]南游至此,露宿云岭,山虫绕卫,枯坐数月,不知饥渴。往来者以佛名之,故更名"佛岭",于汤泉结茅而止。

麻衣祖师塔　在翠微寺山脚。四面五级,高耸三丈,系唐中和三年[2]麻衣祖师所建,故名。

松谷真人塔　在松谷庵内,与夫人同塔。高五层。自宋至今犹威灵赫濯。

普门和尚塔　在慈光寺大殿右胁。有塔铭,顾太史鼎臣撰。

寓安大师塔　在丞相源。有塔铭,憨山老人撰。

断山老人塔　在慈光寺大殿东胁。有塔铭,吴探花孔嘉撰。

星朗和尚塔　在慈光寺山门。有墓志铭,汪探花廷玙撰。

檗(bò)庵大师塔　在云谷寺山门外路下右边,壬山丙向。檗庵名正志(志正)[3],即嘉鱼县光禄熊开元也。

墓　一

江丽田先生墓　在丞相源、龙凤庵间,癸山丁向。丽田乃清乾隆时隐居此山,鼓琴自娱。

---

[1]　大历丁未:767年。
[2]　唐中和三年:883年。
[3]　正志(志正):熊开元法号。

下　卷

（一）异产　凡四十一种

按黄山绵亘，古称五百里，峰高谷邃，岩峻潭深，物产一类，蕴蓄必富。予编山志，计箸四百种。兹仅采其稍异者载之，要窥全豹，请阅《黄山志·物产类》。

神鸦　黄山有二鸦，形似乌而稍大，平日飞绕峰顶。各寺院有贵客至，则先期向僧叠鸣，见即预备菜蔬以俟之，屡试屡验。清顺治间，断山老人为慈光寺方丈时，命名为"传书""传信"，呼其名即就掌取食。客游山，鸦背行而先，若引导者。

山乐鸟　栖止山中，其鸣如乐，故名。山乐背苍腹黄，毛色美丽，八九成群。山中时见，而莲花沟一带尤多。鸣声清越如笙箫，有节奏，有疾徐，春至则雊①。或曰"频伽"，或曰"鹦鹉"，误矣。武昌崇阳县岩头寺畔亦有之，每日五更必鸣，其声清，飞翔不出数里外，惟岁止见一双，与此少异耳。唐张燕公有时乐鸟诗，疑即指此。《酉阳杂俎》亦载之。

画眉　身小如鹰，色苍绿腹，淡黄眼角，有白毛如眉，故名。雄者鸣声清越，性喜斗。处处山林有之，而黄山所产者尤勇健绝伦。好事者以媒取之，不啻连城之璧。

竹鸡　状如小鸡，无尾，色褐，嘴短，多斑、赤文。其性好啼，见俦必斗。蜀人呼为"鸡头鹘"，南山呼为"泥滑滑"，因其声也。蓄之能制白蚁，谚云："数声泥滑滑，白蚁化为泥。"环山竹林中多有之，惟啼声较他处所产为延长。

黄鹂　体黄，羽及尾有黑色相间，皂眉、尖嘴、青脚。仲春即鸣，椹熟时尤甚，其

---

①　雊（gòu）：野鸡叫。

音圆滑如织机声,乃应节趋时之鸟也。《诗经》曰"黄鸟",《尔雅》曰"鵹(lí)黄",《月令》曰"仓庚"。黄山春夏间常闻之,入冬遂不见。是《说文》①所谓"冬月藏蛰,入田以泥自裹"之说,信不诬矣。

  白猿 形状似猴,有须。前二足长,有长尾,其臂通与猴异,能以手相接缒崖而下。《暖姝由笔》曰:"南丰猿小如拳,曾在良筹寨见之。"《樚(lù)与斋》言:"粤东见石猿如拳,旧说猴小猿大,似不足信。"《山海经》载:"常庭之山多白猿。"黄山则仅见其一,常在莲花峰腰,或独游诸峰之顶,不与众猿为伍。踞石如雪,普门呼为"雪翁"。出没不常,见之者少,山僧称为"神猿"。其他猿每结群而至,数之必九十九。近年黟孝廉胡思迈曾遇之。又有一玄者,身大须长,不畏人,时往来天都峰下。

  白鹿 马身羊尾,头侧长,脚高而行速。牡者有角,夏至则解。殷仰堪云:"鹿以白色为正。"《述异记》云:"鹿千岁为苍,又五百岁为白,又五百岁为玄,故又名'仙兽'。"旧志及古人游记咸称曾见之石人峰下,然则昔之见为白者,今不几为玄乎?今之见为白,再数百年不又为玄乎?若常鹿则黄山甚多,黄质白斑,牝者无角,小者无斑,山民呼为"马鹿",药肆所称"仙鹿"是也。

  白额虎 状如猫,大如牛;黄质黑章,锯牙钩爪,须健而尖;舌大如掌,生倒刺;项短鼻齆②。夜行一目放光,一目看物。声吼如雷,风从而生,百兽震恐。《格物论》称为"山兽之君",宜矣!黄山自昔有白额虎,因额有白毛,故名之,非别一种也。相传常在慈光寺普门僧座前听法,僧圆寂后,间日犹来,皆以夜,足迹如碗;又掷钵院僧寓安尝夜行遇之,径前摩虎头嘱之,虎戢尾受戒,不动不吼,人咸异之。今丞相源一带常见足迹,从不伤人,殆受戒之说为不虚矣。

  山羊 似羚,色青或黑,但角无挂痕。《尔雅》所谓"羱(yuán)羊"也。一种大角盘桓,一种角细有节。善斗,能陟峻坂,狷捷异常。常见之于九龙矼,苏名流黄炎培曾在莲花峰西亦遇之。其皮厚,其肉肥,其血能治倾跌诸症。山民苦茅藏雪中,布网捕之,挺击至死,击愈多则血愈盛。

  猴 状似人;眼如愁胡而颊陷有嗛③,可藏食物;腹无脾,以行消食;尻(尻)无毛而尾短;手足如人,亦能竖行;声嗝嗝若欸④,好拭面如沐,故曰"沐猴"。后人讹沐为母,又讹母为弥,失矣。黄山之猴皆成群,或数十,或百余,藏居西海,每至秋间,环山寻食,不畏人,人亦不敢击之。按猴类甚多,曰"豦(jù)",曰"玃(jué)",曰"狖(yòu)",曰"猱",曰"果然",曰"蒙颂",状相似而略殊。山僧皆以"猴"呼之。

  龙 鳞虫之长。王符言其形有九似,头似驼,角似鹿,眼似兔,耳似牛,项似蛇,

---

 ① 《说文》:《说文解字》。
 ② 齆(wèng):鼻孔堵塞而发音不清。
 ③ 嗛(qiǎn):颊囊。
 ④ 欸(ài):胃里气体从嘴里出来并发出声音。

腹似蜃,鳞似鲤,爪似鹰,掌似虎是也。能大能小,忽升忽潜,呵气成云,腾空致雨。小说载,龙性粗猛,畏铁及菵草。祈雨者投以铁,或用菵激之,立验。黄山诸深潭皆有之,而铁线潭、三埧①潭尤确为龙潜之所。宣、歙二州祈雨者,每当赤日青空时,以器窃取潭水,则疾雨随之。云雨中,恒见其张牙舞爪,势极可怖,必倾水而后已,宜其为神物矣!

  白龟 形如龟,大如银币;背甲如白金,底甲如象牙;眼赤,头、尾皆白色。置之水中,有光泽。近年有二人曾于山涧中各得其一,博物家无有能名之者,诸书亦均无可考。惟《錄异记》云:"唐玄宗时,方士献径寸小龟,金色可爱,置碗中,能辟蛇虺(huǐ)之毒。"与此形色略同,大抵皆龟之异者也。

  锦鳞鱼 生逍遥溪乱石间。形长体圆,细鳞玄色,斑点花纹,聚族潗潗②。碧波中,比之朱鬣金鳞更为艳秀。山僧因其文采斑错,呼为"锦鳞鱼"。殆即文鱼之类欤?

  石蜜 蜜蜂之巢于岩石者,黄山诸崖多有之。采花酿蜜,色白如雪,而味胜桶峰,故一名"岩蜜",亦名"白蜜"。苏恭谓以牛乳、沙糖制者,亦名"石蜜"。此既系蜂酿,宜去"石"字。寇宗奭(shì)亦谓"石"字为"白"字之讹。盖新蜜稀而黄,陈蜜白而沙也。换《本草纲目》云,石蜜生诸山石中,色白如膏。是蜜应以山蜂酿于崖石者为佳。苏氏不考而欲去"石"字,寇氏又不知真蜜白沙,而伪蜜稀黄,但以新陈立说,并误矣。

  朱砂 即丹砂。苏恭言,丹砂大略可分两种:一土砂,一石砂。黄山所产皆石砂也。山中在在有之,而以朱砂峰至汤池已屡次发现。其大块者如鸡子,小者如石榴子。状若芙蓉头、箭镞连床者,紫黯若铁色;而光明莹澈,碎之崭岩、作墙壁形识者,谓不逊,辰州所产。

  黄炎培云,黄山以产朱砂著名。朱砂在化学上名汞硫,蒸汞硫于空气内得汞。其用可制寒暑表、风雨表,涂于玻璃可制镜以照影,能于矿物中吸出贵重金类;又供精制金银之用,于化学上颇占重要位置。闻墨西哥首寻得汞者,乃一仆人于山顶折一小树之枝,见根下有水流出,验之即汞。余于黄山尝倚枯松,偶折其枝,中尽赤色之朱砂,其根亦然。考黄山之得名,以黄帝尝炼丹于此,今尚存炼丹台故迹。虽事荒唐,然山之富于汞养可想。紫云峰下温泉,志称其含砂质,实则朱砂内固含硫也。惜此汞硫无人采以供世用耳。

  香砂 出天都峰顶小池,夜放光;莲花峰月池中亦有之。气味清香,仿佛莲桂。然不能常见,有时举手即得,一时遍求不得,盖神物也。

---

① 埧(jù):堤塘。
② 潗(jí)潗:聚集貌。

引针石　出引针峰下,色黯黑。类吸铁石,能引针使南指,然有时又偏(徧)东而不定南。按铁受太阳之气而生,亦石产焉。可五十年而成慈石,又二百年而成铁。殆气类相感,系吸铁石之一种欤?

浣火石　形若五色砂石团结而成者,出莲花涧。碎而爇①之,有声有光,如金在镕,五色散射,如佛顶圆光,故《日华録》名"菩萨石"。丹炉家煅制,作五金三黄匮②,若种痘疹,欲出不出,以此熏裹衣,衣之立发,可保无虞。此石特不多得,置水中则色白如雪。一名"天花石",又名"放光石"。或曰含有硫质,理或然欤?

水晶石　出天海西隅石壁井中。晶石环山,间有晶井。近年发现晶,向日照之,光莹五色,澈若泉清。凌侍御駉(jiōng)勇于山涧中拾得一枚。慈光寺僧云:"近年有一游客于仙桥下得之,清明而莹,置水中不见。"按《山海经》谓之"水玉",系水中之精,故又名"水精"。

紫芝　瑞草也。生轩辕峰下,为九茎,为三秀。其色紫,亦有青、赤、黄、白、黑诸色。《别録》云:"青生泰山,赤生衡山,黄生嵩山,白生华山,黑生常山,紫生高夏山。"陶弘景谓郡县无"高夏",当是山名。虽未敢臆断为黄山,然紫芝实为黄山特产。若今俗用之,紫芝系朽木株上所生,与此迥异。《神农经》云:"山川、云雨、四时、五行、阴阳、昼夜之精,凝生神芝。"葛洪《抱朴子》云:"飞节芝生千岁老松上,皮中有脂,状如飞形,服之长生。黄蘖芝生千岁古蘖根下,有细根如缕,服之神仙。"黄山多老松、古蘖,宜其生此瑞草也。今轩辕峰下有紫芝源,寻之,间有获者。

红术　生丹霞峰下红术源。其茎、叶、花皆如白术坚结,细腻亦相同,但作赤色。术有两种:白者叶大有毛而作桠根,甜而少膏;红者叶细无桠根,小苦而多膏。

黄精　二月始生;一枝多叶,叶状似竹而短,两两相对;茎梗柔软,颇似桃枝,本黄末赤。四月开青白花,状如小豆子,白如黍粒;亦有无子者,根如嫩姜,色黄。山僧八月采之,九蒸九晒,色黑味甘。《瑞草经》名为"黄芝",《五符经》名为"戊己芝",陶弘景名为"仙人余粮",陈嘉谟《蒙荃》③名为"野生姜"。按张华《博物志》云,昔黄帝问于天姥曰:"天地所生,有食之令人不死者乎?"天姥曰:"太阳之草名'黄精',黄山所产最佳,食之可以长生。"即此。

万年松　草本;生天都、莲花诸峰悬崖上。长三四寸,叶似书带草,略厚;凌冬不凋。连根拔取,虽干枯后栽之,苍翠如新;复收历数十年栽之,亦如是,故俗名"还魂草"。按《拾遗记》,所谓石松,又名"玉柏"者是也。

龙须草　生龙须源暨望仙诸峰下。丛生,状如凫茈④,长可三四尺,无枝无叶,

---

① 爇(ruò):火烧。
② 匮:古同"柜"。
③ 《蒙荃》:即《本草蒙荃》,明代陈嘉谟撰。
④ 凫茈:荸荠。

色绿干黄;柔软而劲,可以织席。《图经》称,黄帝乘龙上升,群臣拔龙须,堕地所化。崔豹《古今注》亦云,然语殊妄诞。按此草织席最良,名"西王母席",岂又王母骑虎,亦堕其须乎?《述异记》称,周穆王养八骏处,有草名"龙刍",殆即此欤?

三七叶 似菊艾,茎有赤棱。生狮子峰、铁线潭一带。采根暴干,色黄黑,略似白芨。长者如地黄,有节,味微甘而苦。或言其叶左三右四,恐不尽然。俗呼"金不换",盖言贵重难得也。治金疮、折伤有神效,李时珍《纲目》称,此药近出南中诸山,军人用为金疮要药,有奇功,即此。

菖蒲 生山中水石上,不著沙泥。叶似韭,有剑脊;根如匙柄。春间抽茎,开细黄花,成穗。应劭《风俗通》云"菖蒲花食之长年",昔人言菖蒲无花,误矣。《日华》①曰:"石涧所生坚小,一寸九节者出宣州黄山,为菖蒲中上品。"

山韭 生丞相源涧畔。形色类韭,长三尺许;根白,叶如灯心苗。俗称"黄山出仙韭",即指此也。按《尔雅》云"藿,山韭也"。许慎《说文》云:"韯(xiān),山韭也。"金雅孜②《北征录》称"云台戎地多野韭,甚长,人皆采食",殆即此也。又吕忱《字林》称,水韭,野生水涯;叶如韭而细长,可食。观此则野韭有山、水二种,似不得专以"山韭"名之。

黄杨木 枝叶攒簇上耸,似初生槐芽而青厚,不花不实不凋,性最难长。俗说岁长一寸,遇闰则退,古所谓黄杨厄闰是也。其木坚腻,作梳剜印最良。《酉阳杂俎》云:"世种黄杨以其无火也。"黄山西海中产有一种,矮而翠,山僧呼为"珍珠黄杨";四叶攒簇而不上耸,色黄绿,中嵌碎粒;枝繁而脆,尤不易长。殆黄杨之一种欤?

竹 黄山在在有之,而紫云庵前高而且大。种类甚繁,即山僧亦不能尽别。大抵皆地中苞笋,各以时出,旬日解箨③而成竹也。茎有节,节有枝;枝有节,节有叶。叶必三之,枝必两之。根下之枝,一为雄,二为雌。雌生笋,其根硬,喜行东南;六十年一花,花结实。其竹则枯,曰"箹竹";实曰"箂(fú)"。有箘(jīn)竹、淡竹、苦竹、甘竹、苗竹、簜(dàng)竹、筱竹等名,其用甚溥。戴凯之《竹谱》云:"植物之中有名曰'竹';不刚不柔,非草非木;小异实虚,大同节目。"是竹确有实心一种,桃花源亦有之,坚实犀锐,可为武器。

异萝松 在丞相源云谷寺。前后两株,同干异叶。乃翠柏与苍松、黄杨木合体,施于高枝,并不着土。嫩绿深蓝,浓阴满院。盖数千年物也。

麒麟松 在狮子林左。形如世俗所绘之麒麟,苍翠可玩。

凤凰柏 在狮子林后。世所谓祥麟威凤者,想不过尔尔。

---

① 《日华》:当指《日华子诸家本草》,五代时期本草书。
② 金雅孜:当为"金幼孜"。
③ 箨(tuò):竹笋的皮。

奇松　松江南诸山皆有，而不及黄山者佳好。黄山松皆生石崖缝中，不著寸土。入山愈深，则松愈古，形状亦愈奇，有矫如龙、盘如虬、昂如鹤、立如人、偃如雨盖、卧如扶栏者，不一而足。其最著名者，如文殊院之迎客松，始信峰之接引松，平天矼之棋枰松，莲花峰下之倒挂松，清凉台傍之破石松，莲花岭上之连理松，鳌鱼洞上之雨盖松，大士崖之蒲团松，散花坞之扰龙松、梦笔生花松，皆千年外物，以形锡名。以故黄山无处不石，无石不松，无松不奇，环山皆有，山僧不惜工资，取之以赠游客。

云雾茶　生黄山。眉毛峰为最，桃花峰、汤池塝次之，吊桥、丞相源与松谷庵、芙蓉岭相伯仲。黄山之茶常有云雾罩之，故名。味极清香，一经水泡，云雾满布。如有食滞，饮之立见消除。惟眉毛峰崖悬径险，草木繁密，鸷兽时出，云雾尤为常蔽，故人罕到。夏初发芽，长三四寸，断之有白绵如杜仲。仅数十株，味更香美，不易得也。查毛文锡《茶谱》，云蒙山有五顶，皆产茶，其中顶名"上清峰"。昔有僧久病冷，一老人谓曰："上清峰顶之茶，若获一两，可祛宿疾，二两百病消除，三两能固肌骨，四两即成地仙矣。"僧如述获数两，服之未尽而瘳①。按此，当与黄山眉毛峰之云雾茶并为茶中特品。彼雅州之蒙顶石花露芽、建宁之北苑龙凤团、蜀川之神泉兽目、硖（xiá）州之碧涧明月，志其地点，并锡嘉名，虽皆称为上品，对黄山之茶当拜下风矣。

黄连　苗似茶，丛生。三月抽茎，高尺许；叶似甘菊；四月开花，花细成穗，淡白微黄；六月结子，似芹根，若连珠而色黄，故名。黄山所产凌冬不凋。《本草》称，生宣州者名"宣连"，寒而不滞，入药最良。陶弘景亦谓黄连以宣州九节、坚重、相击有声者为上，歙州次之。黄山为宣、歙中坚，灵气所钟，所产自系上品矣。

云雾草　或生松上，或生峭壁，出观音岩、石人峰为最。状如乱丝，其色翠绿，寄生不粘寸土。惟饱云雾，寒味微辣，能治疫疬，泡水洗目疾尤效。山僧采取阴干以赠游客。

青笋　亦竹笋之一类。黄山竹类甚多，故笋类亦多，桃花峰汤池塝所产味尤腴美。四月始生，较他笋稍迟。色青，故名。为馔中珍品，山僧取之焙干，置咸淡两种以赠游客。

石衣　生悬崖绝壁高处，乃受阴阳雨露之气，渐渍石上，年久则生藓衣。翠碧，望若流烟。干者背黝黑，面白，山民用以作羹，为山蔬第一珍品。《本草纲目》谓天台、四明皆有，惟宣州黄山者最佳，但非山居人不能取。有专操此业者，向深崖危壑、人迹莫能攀跻之处，法用藤兜绳绠②，趫③捷如猱取之。味甘气清，食之，男子益

---

① 瘳（chōu）：病愈。
② 绠（gěng）：大绳索。
③ 趫（qiáo）：敏捷。

精增髓,女子洁子宫,易受胎。旧志载,昔有取者,觉奇寒陡逼,谛视,见神龙方睡,鳞角俨然,爪尾蟠抱,颔珠大如拳,光彩不可逼视,亦一奇也。俗呼为"石耳"。按石耳一名灵芝,状如地耳,山中亦有之,品味殊逊。

野白术　一茎直上,高二三尺。其叶长尖,偏有针刺纹;花如小蓟,或黄或白;伏后结子,秋而苗枯;根似姜,旁有细根。肤理细腻、切之间有朱砂点者,其功力较他山所产不啻蓓蓰①,但甚难得。山僧每购种术,栽诸山中,数年后取之,其功力不及天生者之宏大,然犹佳于他产野术也。近年安徽倪督嗣冲、黄省长家杰暨诸当道,屡委员来山采办。《本草纲目》称,野术产于潜县鹤山者为第一,颇不易得,价论八换。若準以黄山天生野白术,犹不止此,则其功力可知矣。

香蕈　生古树上或树阴处,乃温气薰蒸而成,芳香味美俱绝。采之,芼②之至腴,能治溲浊不禁之疾。他山产者柄高而香不及。又有鸡足蕈,形色与此略同,乃毒气所感而生,食当慎之。近有浙江人在山下斫杂树以人力生者,亦称"香菰"。气味颇佳,毫无毒质,实素菜中之珍品,故山僧购之以赠游人。

木莲果　树高数仞,凌冬不凋;身如青杨,皮薄有白纹,其心内黄,故又名"黄心";叶深绿如桂而厚大无脊。四月初始花,二旬即谢;花如莲花,其瓣九出,色白缕紫,浓香馥郁。其实朱色,状似猪心;实含苞内,苞开实出,若珊瑚新琢。昔只慈光寺一株,今紫云庵前亦有。秋间山僧采其果实馈赠游客,意甚珍重,惟能治心腹诸疾。按《白乐天集》云,木莲生巴峡山谷间,呼为"广心",即此也。又一种名"石连",花时弥漫山谷,盈目皆香雪,但瓣五出,又不实耳。

(二) 游 客 须 知

1. 黄山方位以光明顶为中央,以文殊院、半山寺、慈光寺、紫云庵、桃花峰为南部,以狮子峰、松谷庵、芙蓉岭、松山寺为北部,以丞相源、云谷寺、九龙潭、苦竹溪为东部,以钓桥庵、翠微寺、城山观为西部;神仙洞、福固寺在黄山之东北,洋湖矼、洋湖庵在黄山之西北,云门峰、浮丘峰在黄山之西南,清潭峰、汤口在黄山之东南。此黄山方位之大略也。

2. 入山游览,先阅是书路程,次阅入山沿路风景。游客所需之物为《黄山指南》、棉夹衣服、日记簿、罗盘针、铅笔、手表、热水瓶、窥远镜、行杖、雨具、茶食干粮。

---

① 蓓蓰:亦作"倍蓰",谓数倍。
② 芼(mào):拔。

前一日预备完全,临行时再检点之,能携手提照相器沿途摄景尤佳。

3. 游山济胜之具,惟腰与脚。健步者可在入山初宿之庵中雇沙弥或劳工一人为导,并将上列各物令其肩之,日给酬资银币五角至一元。

4. 游客之不能徒步者,即在入山初宿之庵中雇劳工二人,乘兜子①而往,全日酬资以银币计,每人约五角至一元,按日计算。行李较多,另雇一人挑之,随兜而行,以便沿途取用。

5. 游山切忌赶速,世外桃源只能与知者道,欲探奥妙,尽可缓步徐行,悉得领略。如由南入山,第一日住紫云庵;第二日住慈光寺;第三日住半山寺;第四日住文殊院;第五日住狮子峰;第六日住松谷庵;第七日由松谷庵往芙蓉岭至北境一游,回歇松谷庵;第八日旋狮子峰;第九日下丞相源,住云谷寺;第十日观九龙瀑布,由苦竹溪越芹菜岭,过汤口,回紫云庵。沿途名胜已载,路景兹不再赘,仍有神仙洞、洋湖庵、翠微寺、钓桥庵诸处未游。如有暇,再作七日游。第一日,由紫云庵下汤口逾苦竹溪,过乌泥关,观布水峰,至排亭观槛窗峰以及怪石嵯峨诸景,歇谭家桥旅店;第二日,过感梓里、长源里,至屹溪桥,随河而上,绕碧山罗家,寻太白书院古迹,蹑问余亭胜境,越大战岭,望黄帝坑,上神仙洞,居福固寺;第三日,下夫子山脚,过巷里,逾松山寺。寺颇幽雅,内悬名人所书匾额五十余方。笔势雄伟,苍老秀拔,无体不有。当晚过虎岭,歇辅村旅店。第四日,上洋湖,住洋湖庵,流览湖景及九龙矼、芙蓉、引针诸峰;第五日,由洋湖矼至翠微寺;第六日,下山,绕军田里,过栗溪坦,上伏牛岭,住钓桥庵;第七日,逾汤岭,返紫云庵。前后游程,如天晴,十七日可毕。若每寺流连两宿,约须四十日。全山风景领略大半,所遗者惟西海、浮丘、丞相东源、石笋矼诸处而已。

6. 山下四处村落皆无轿行,游人乘轿须直抵山寺。乡间虽有散轿可雇,然价格甚昂。近年黄山僧人皆讲究优待游客,俱办兜子,即以庵中雇用之劳工抬之。山径已渐修整,游客不能徒步者,皆可以入室登堂矣。

7. 山中无饭店,游人遇寺投宿。山僧招待较昔殷勤,盘飧六八皆属素馔,尚堪适口。房伙任游人酌给,并不计较。

8. 黄山汤池,温凉适宜,真天然之澡室。游人至山,须先一浴以脱尘垢而入仙山。

9. 游山宜三月起,至九月止,惟霉天多雨须预防之。凡平地越热,游山越宜。春冬不宜者有三:一忌雨雪连绵不能上山,二忌寒冰滑溜不能举趾,三忌山风彻骨不能抵御。夏秋游山虽宜,宜备三多:一多带棉衣,二多备食料,三多结同伴。棉衣防风雨而御寒,食料防延期而充饥,结伴防铺海而失迷。以上三忌三宜,游人须注

---

① 兜子:兜轿。

意焉。

10. "游山莫怨雨,遇寺便投宿。"此诗吟之颇有味。如遇雨,须俟天晴,步履为快,风景易观。雨固不宜,阴亦不宜。黄山天阴即有云雾弥漫,云雾退则峰峦毕具,云雾来则对面不见。如游人遇云雾,恐有失迷之患,不可不慎。

11. 在黄山避暑最相宜者,莫若紫云庵之前厅、慈光寺之东阁。窗虚轩朗,名胜罗列;又近汤池,便于洗澡。又汤岭大道由庵前经过,添购食物不费周章。

12. 在狮子林清凉顶避暑亦佳,且有一最怡情之事,清晨傍晚可登清凉台、始信峰诸处观云海。

13. 在松谷庵、福固寺避暑,清溪幽僻,各有其妙。

14. 文殊院不宜避暑,因屋小而天气太寒。

15. 翠微寺、钓桥庵亦不宜避暑,因为庵在山下,未能领略山中风味。

16. 云谷寺、半山寺、大悲院诸处避暑亦宜。

17. 黄山气候低寒,故植物萌苞亦迟。假如平地热度九十,而黄山之慈光、云谷、钓桥、松谷四处只八十,至文殊院、狮子峰又只六十五度;如风雨之下,尤为寒冷。山下杜鹃清明时节遂着花,山上则立夏尚含苞未放,可见气候之寒。

18. 黄山寺院往来不一径,惟山西之翠微寺、山东之神仙洞与他庵不通,势成独立,而往来亦由原道。

19. 昔年游客至山多不识路,须雇住庵之佣工或沙弥引之。孰知佣工、沙弥亦多系新来之人,游客随路乱问,引者即随口乱答,故数百年峰峦部位被若辈颠倒错乱殆尽,即文人游记亦多舛误,皆因以讹传讹,良可叹也!阅名人游记,文字虽佳,考据失实比比皆是。

20. 今日所著《黄山指南》,峰峦部位业经考定,游客携此而往,再邀一久住山中之僧同游,一经点掇,无不全山皆知。

(三)游客路程

黄山在歙县之西北,在太平县之西南。黄山四方部位以苦竹溪为东部,以汤口为南部,以栗溪坦为西部,以辅村为北部。东南属歙县,西北属太平县,此为黄山四方入山之村落也。山中平天矼即歙、太两县分界之所。由徽州府所属歙、休、婺、绩、祁、黟六县来游者,直至汤口入山,以紫云庵为憩息所。由宁国府所属宣、南、宁、泾、旌、太六县来游者,逾太平南乡,绕山东苦竹溪而至山南汤口入山,亦以紫云庵为憩息所。如至苦竹溪村中,西入黄山胜境坊,上丞相源,以云谷寺为憩息所;由太平县城区及南乡来游者亦同。由太平县甘棠及西南乡来游者,直至辅村入山,以松谷庵为憩息所。由太平县西乡来游者,绕山西汤岭而至山南慈光寺山门,亦以紫云庵为憩息所。由和悦洲、青阳、九华山、石埭县来游者有二路:一过穰溪河至甘棠,由北直入,越辅村,以松谷庵为憩息所;一过娘岭至焦村,绕山西而至山南,以紫云庵为憩息所。黄山游程,山外虽四方皆通,山内仅南(紫云庵)、北(松谷庵)、东(云谷寺)三径往返。黄山形胜,本以光明顶为中央,因顶下兰若荒未修筑,游客憩息之所暂定以狮子峰为中点,因狮子峰与光明顶相去只五里。北路自辅村经松谷庵,南路自汤口绕紫云庵、慈光寺、文殊院,东路自苦竹溪经云谷寺,而皆会于狮子峰。西路自栗溪坦,逾吊桥庵,过汤岭,至慈光寺山门,与南路合径而上。游览黄山名胜,或由南路而至北路、东路,或由北路而至东路、南路,或由东路而至南路、北路,各有奇妙,听游客自择。

惟山西之翠微寺、山东之神仙洞与山中道路不通,势成独立。方黄山路径未开,歙游者多取道罗汉级,蹑天梯而上。宣游者多取道白云庵,循指象处而下。昔日之山径危险可想而知。

山外路程

歙县由西路至黄山汤口,计一百一十里:

歙县(十里至)邓村,(十三里)至唐模,(七里至)潜口,(五里至)佛子岭,(五里至)杨干,(二里至)黄山谷口,(三里至)容溪,(五里至)上舍,(三里至)牛头口,(四里至)长潭,(三里至)下舍,(十里至)山口村,(五里至)石肩湾,(五里至)杨村,(五里至)胡村堭,(五里至)金竹坑,(五里至)东坑口,(五里至)芳村,(五里至)寨西桥,(五里至)汤口(潜口至汤口俗称"九口八十里")。

歙县由北路至黄山汤口,计一百三十一里:

歙县(十五里至)富朅(è),(十里至)丰口,(十五里至)许村,(五里至)竣岭,(十五里至)茅舍,(五里至)茶坦,(五里至)箬岭头(至此与旌德、太平两县会合),(三里至)乐得坐(即云济庵入太平县境),(七里至)八里冈,(三里至)骑龙庵,(八里至)箬岭脚,(五里至)文野街,(五里至)谭(潭)家桥,(三里至)桃岭汪家,(四里至)排亭,(三里至)黄丝堭(入歙县境),(五里至)乌泥关,(五里至)上张,(五里至)苦竹溪,(五里至)汤口。

休宁县由东路至黄山汤口,计一百一十里:

休宁县(五里至)万安街,(三里至)后村,(二里至)沽露岭,(三里至)上坞,(一里至)颍里,(五里至)庆霞,(三里至)琶村石桥,(三里至)乌坦(入歙县境),(五里至)潜口,(五里至)佛子岭,(五里至)杨干,(二里至)黄山谷口,(三里至)容溪,(五里至)上舍,(三里至)牛头口,(四里至)长潭,(三里至)下舍,(十里至)山口村,(五里至)石肩湾,(五里至)杨村,(五里至)胡村塄,(五里至)金竹坑,(五里至)东坑口,(五里至)芳村,(五里至)寨西桥,(五里至)汤口。

休宁县由西路至黄山汤口,计九十七里:

休宁县(四里至)邓庭,(三里至)观音阁,(五里至)琅斯,(五里至)新亭,(三里至)冷水亭,(五里至)迪祥胡,(五里至)鹤岭,(五里至)南塘,(五里至)蓝田,(五里至)裹子坑,(十五里至)儒村,(五里至)高桥,(一里至)王村头,(五里至)双岭脚,(二里至)双岭头(入歙县境),(八里至)上冈村,(一里至)冈村,(五里至)小岭下,(五里至)寨西桥,(五里至)汤口。

黟县至黄山汤口,计七十九里:

黟县(七里至)石山,(八里至)西递,(十里至)八都团口,(五里至)朱川,(五里至)虎岭头(入休宁县境),(七里至)儒村,(五里至)高桥,(一里至)王村头,(五里至)双岭脚,(二里至)双岭头(入歙县境),(八里至)上冈村,(一里至)冈村,(五里至)小岭脚,(五里至)寨西桥,(五里至)汤口。

祁门县至黄山汤口,计一百三十九里:

祁门县(十里至)华桥,(十里至)墙里,(十里至)柏溪,(十五里逾西武岭至)官路下(入黟县境),(五里至)古筑,(十里至)黟县城,(七里至)石山,(八里至)西递,(十里至)八都团口,(五里至)朱川,(五里至)虎岭头(入休宁县境),(七里至)儒村,(五里至)高桥,(一里至)王村头,(五里至)双岭脚,(二里至)双岭头(入歙县境),(八里至)上冈村,(一里至)冈村,(五里至)小岭下,(五里至)寨西桥,(五里至)汤口。

婺源县由东乡至黄山汤口,计三百零五里:

婺源县(十里至)十里铺,(十里至)鹤溪,(十里至)古箭,(十里至)古坑,(十里至)汪口,(十里至)湖山,(十里至)江湾,(二十里逾谭公岭至)米坦,(十里至)官亭,(十里逾羊门岭至)塔坑,塔岭(入休宁县境),(十里至)水碓(duì)湾,(十里逾新岭至)新岭脚,(十里至)山斗,(十五里至)五城,(五里至)龙湾,(七里至)霞阜,(八里至)雁塘,(十里至)高枧(jiǎn),(五里至)屯溪镇,(六里至)东关,(七里至)梅岭(入歙县境),(十五里至)长龄桥,(七里至)溪南,(五里至)潜口,(五里至)佛子岭,(五里至)杨干,(二里至)黄山谷口,(三里至)容溪,(五里至)上舍,(三里至)牛头口,(四里至)长潭,(三里至)下舍,(十里至)山口村,(五里至)石肩湾,(五里至)杨村,(五里至)胡村塄,(五里至)金竹坑,(五里至)东坑口,(五里至)芳村,(五里至)寨西桥,(五里至)汤口。

婺源县由北乡至黄山汤口,计三百十七里:

婺源县(十里至)武口,(十里至)乌坑,(十里至)前坦,(十里至)金竹,(十里至)沽坊,(十里至)清华,(十里至)花园,(十里至)沱口,(十里至)山坑,(十里至)十保,

(五里至)枫树湾,(五里至)浙岭脚,(七里至)浙岭头,(八里至)庄前,(五里至)梓坞,(十五里至)板桥石岭,(十里至)倪源,(十里至)花桥,(八里至)界首(入休宁县境),(十二里至)上溪口,(五里至)西亭,(十里至)东充店,(十五里至)渭桥,(十里至)蓝渡,(十里至)岩脚,(五里至)洞庭,(五里至)珊坑,(五里至)小溪,(十里至)蓝田,(五里至)裹子坑,(十五里至)儒村,(五里至)高桥,(一里至)王村头,(五里)双岭脚,(二里至)双岭头(入歙县境),(八里至)上冈村,(一里至)冈村,(五里至)小岭脚,(五里至)寨西桥,(五里至)汤口。

绩溪县至黄山汤口,计一百七十里:

绩溪县(十里至)雄路,(十里至)临溪,(五里至)界牌岭(入歙县境),(五里至)新管,(十里至)排头,(十里至)吴山铺,(十里至)歙县城,(十里至)郑村,(十三里至)唐模,(七里至)潜口,(五里至)佛子岭,(五里至)杨干,(二里至)黄山谷口,(三里至)容溪,(五里至)上舍,(三里至)牛头口,(四里至)长潭,(三里至)下舍,(十里至)山口村,(五里至)石肩湾,(五里至)杨村,(五里至)胡村垲,(五里至)金竹坑,(五里至)东坑口,(五里至)芳村,(五里至)寨西桥,(五里至)汤口。

(休宁)齐云山至黄山汤口,计九十四里:

齐云山(十里至)岩脚,(五里至)洞庭,(十五里至)小溪,(十里至)黟县八都,(五里至)朱川,(五里至)虎岭头,(七里至)儒村,(五里至)高桥,(一里至)王村头,(五里至)双岭脚,(二里至)双岭头,(八里至)上冈村,(一里至)冈村,(五里至)小岭下,(五里至)寨西桥,(五里至)汤口。

太平县由南乡至黄山苦竹溪及汤口,计七十里:

太平县(十里至)三口,(五里至)乐意亭,(五里至)普济茶亭,(二里至)迄溪桥,(三里至)长源里,(十里至)黄榜岭,(二里至)感梓里,(三里至)谭家桥,(三里至)桃岭汪家,(四里至)排亭,(三里至)黄丝垲(入歙县境),(五里至)乌泥关,(五里至)上张,(五里至)苦竹溪(溪村之西旁有石牌坊一座,为高制台所建,东入黄山之门户也),(五里至)汤口。

太平县由西南乡至黄山辅村,计二十里:

太平县(五里至)五里塔,(二里至)柏樾山,(二里至)黄昏洞,(二里至)饶村,(五里至)沟村,(四里至)辅村。

太平县甘棠至黄山辅村计二十里:

甘棠(五里至)张家埂,(五里至)耿家桥,(十里至)辅村关帝殿。

太平县甘棠至黄山栗溪坦,计三十八里:

甘棠(十里至)兴村,(八里至)白沙岭,(五里至)章村,(五里至)焦村,(三里至)陈家,(二里至)拦路坊(直行至栗溪坦,过桥往翠微寺),(五里至)栗溪坦。

太平县郭村至黄山栗溪坦,计三十八里:

郭村(五里至)贤川,(五里至)绥村,(三里至)打鼓岭,(五里至)九里坑,(十里至)双溪镇,(三里至)陈家,(二里至)拦路坊(直行至栗溪坦,过桥往翠微寺),(五里至)栗溪坦。

旌德县至黄山苦竹溪及汤口,计一百四十三里:

旌德县(五里至)信桥头,(五里至)跳仙桥,(二十里至)十五都,(十里至)东古内,(二十里至)管家桥,(三里至)深村,(七里至)庙首,(八里至)柏桥,(十里至)下洋,(十里至)下洪溪,(二里半至)雀岭头(入太平县境),(二里半至)留杯㟒,(五里至)西潭,(五里至)谭家桥,(三里至)桃岭汪家,(四里至)排亭,(三里至)黄丝境(入歙县境),(五里至)乌泥关,(五里至)上张,(五里至)苦竹溪,(五里至)汤口。

旌德县庙首蹑东西箬岭至黄山汤口,计一百十六里:

庙首(八里至)板桥,(七里至)白地,(十里至)高家亭,(十五里至)东箬岭天线洞(入歙县境),(十五里至)西箬岭头汪公庙,(三里入太平县境至)乐得坐,(七里至)八里冈,(三里至)骑龙庵,(八里至)箬岭脚,(五里至)文野街,(五里至)谭家桥,(三里至)桃岭汪家,(四里至)排亭,(三里至)黄丝境(入歙县境),(五里至)乌泥关,(五里至)上张,(五里至)苦竹溪,(五里至)汤口。

泾县至黄山苦竹溪及汤口,计一百八十四里:

泾县(七里至)七里图,(七里至)晏公堂,(十五里至)乌溪岭,(十里至)椰溪河,(五里至)马渡桥,(十里至)浙溪桥,(二十五里至)三溪镇(入旌德县境),(二十五里至)深村,(七里至)庙首,(八里至)板桥,(十里至)下洋,(十里至)下洪溪,(二里半至)雀岭头(入太平县境),(二里半至)留杯㟒,(五里至)西潭,(五里至)谭家桥,(三里至)桃岭汪家,(四里至)排亭,(三里至)黄丝境(入歙县境),(五里至)乌泥关,(五里至)上张,(五里至)苦竹溪,(五里至)汤口。

宣城、南陵、宁国三县至黄山须逾泾、旌、太三县。因泾、旌、太三县路程俱列于前,故未重赘。

石埭县由乌石陇至黄山栗溪坦,计七十里:

石埭县(十里至)回驴岭,(五里至)夏村,(五里至)乌石陇,(五里至)岭下杨家,(十里至)娘岭头(入太平县境),(十里至)汤家庄,(十里至)章村,(五里至)焦村,(三里至)陈家,(二里至)拦路坊(直行至栗溪坦,过桥往翠微寺),(五里至)栗溪坦。

石埭县由穰溪河至黄山辅村,计六十八里:

石埭县(三里至)临滩头(即舒溪河西岸。大河春夏有渡,秋冬有桥,入太平县境),(五里至)穰溪河,(七里至)迪仁桥,(八里至)浮邱坦,(五里至)黄叶岭,(五里至)湖深潭,(五里至)芙蓉坑,(三里至)三折岭,(七里至)甘棠,(五里至)张家埠,(五里至)耿家桥,(十里至)辅村。

(青阳)九华山至黄山(栗溪坦、辅村)计,一百五十里:

九华山地藏塔(三里至)洗手亭,(一里至)大岭头,(一里至)平田冈,(五里至)三天门,(三里至)转身洞,(五里至)分水岭,(五里至)二天门,(十里至)一天门,(十里至)南阳湾,(二十里至)陵阳镇,(十里至)崇觉寺,(五里至)琉璃岭(入石埭县境,下岭至石桥头,随河而下,由西南入黄山),(五里至)六松居,(五里至)李家梁,(五里至)回驴岭,(五里至)夏村,(五里至)乌石陇,(五里至)岭下杨家,(十里至)娘岭头,(十里至)汤家庄,(十里至)章村,(五里至)焦村,(三里至)陈家,(二里至)拦路坊(直行至栗溪坦,过桥往翠微寺),(五里至)栗溪坦。

琉璃岭(下岭越石桥,由北入黄山),(五里至)荫凉桥,(五里至)临滩头(逾舒溪河入太平县境(境县)),(五里至)穰溪河,(七里至)迪仁桥,(八里至)浮邱坦,(五里至)黄叶岭,(五里至)湖深潭,(五里至)芙蓉坑,(三里至)三折岭,(七里至)甘棠,(五里至)张家埂,(五里至)耿家桥,(十里至)辅村关帝殿。

(铜陵)和悦洲至黄山(栗溪坦、辅村),计一百九十里:

和悦洲过江至大通,(十里至)缸钵窑,(十里至)铜埠(入青阳县境),(十里至)横桥,(十里至)青阳县,(十五里至)柏家桥,(十里至)朱柏店,(七里至)兴隆里,(八里至)将军庙,(十里至)分水岭,(十里至)陵阳镇,(十里至)崇觉寺,(五里至)琉璃岭(入石埭县境,此与九华山至黄山同)。由琉璃岭逾西南入黄山至栗溪坦计七十五里,由琉璃岭逾北入黄山至辅村亦七十五里。

太平县至黄山夫子山脚义姓亭,计二十四里:

太平县(五里至)麻村,(五里至)高岭,(五里至)巷里汪家桥头,(三里至)杨田岭,(二里至)锡溪程家,(三里至)夫子山脚灰窑,(一里至)义姓亭。

山内路程

(歙县)汤口至狮子峰,计四十里:

汤口(四里至)逍遥亭,(四里至)紫云庵,(二里至)慈光寺,(二里至)莺谷石,(一里至)飞来洞,(一里至)栏杆石,(二里至)度生桥,(二里至)半山寺,(二里至)横云,(二里至)云巢洞,(一里至)蒲团石,(一里至)一线天,(一里至)文殊院,(五里至)莲花岭,(二里至)壁刻"上莲花峰"四字处(至此分途,右登足裹上三里许,则达莲花峰顶),(二里至)鳌鱼洞,(一里至)平天矼,(五里至)狮子峰。

(歙县)苦竹溪至狮子峰,计三十里:

苦竹溪(三里至)天绅亭,(七里至)云谷寺,(四里至)白沙矼,(五里至)玉屏河,(八里至)白鹅岭,(三里至)狮子峰。

(太平)辅村至狮子峰,计三十里:

辅村(三里至)松谷脚庵,(四里至)芙蓉岭,(三里至)松谷庵,(五里至)下刘门亭,(五里至)中刘门亭,(五里至)上刘门亭,(五里至)狮子峰。

(太平)栗溪坦至紫云庵,计三十里:

栗溪坦(五里至)伏牛岭头,(五里至)吊桥庵,(二里半至)海云亭,(二里半至)新庵亭,(三里半至)碧云亭,(一里半至)汤岭关,(五里至)横坑庵亭,(二里至)鸣弦泉,(一里至)紧浅碗,(一里至)虎头岩,(一里至)慈光寺山门,(直行至紫云庵,北行上慈光寺),(半里许至)紫云庵。

(太平)焦村陈家至翠微寺,计八里:

陈家,(二里至)拦路坊,(三里至)麻衣塔,(二里至)方来亭,(二里至)翠微寺。

(太平)锡溪程家至神仙洞,计十五里:

锡溪程家(三里至)夫子山脚灰窑,(一里至)义姓亭,(五里至)麟趾桥,(一里至)福固寺,(五里至)神仙洞。

(太平)松谷脚庵至洋湖里,计五里:

松谷脚庵(一里至)引针峰脚,(四里至)洋湖庵(由西南逾洋湖矼,约十里许可达翠微寺)。

(四)入山沿路风景

寨西桥至汤口五里

寨西桥在歙县西乡,距城百零五里。桥曰"双溪",寨西其地名也。桥之南通冈村,东通芳村,北往汤口,西为浮溪。溪水由此而下芳村。浮溪之上为阴湾大宕。宕东为云门峰,宕西为浮丘峰。云门峰与此桥相向,游客自山口岭而上,迎面一峰出自霄汉,若天阙双峙、云行其中者,即此峰也。峰为黄山闲关,距寨西桥二十里,秀削而绚丽,足以感动游兴。昔黄山源与太平焦村交通率由此溪而上,越浮溪冈,下灰碴山,逾双河口而至栗溪坦。今浮溪道中虽荆棘满布而石路犹存,不知从何时改走汤岭下桥北向。幽径萦回,山形耸秀。绕黄山司旧址,一里过汪公庙,二里至扁担亭。亭常施茶以济行人。又一里抵查木岭。岭无峻级,每游人至此,不疑其为岭也。岭头为南干正脉,过此而出。俗传明洪武初间,太后患背痈,医者束手,令有司踏山寻脉至此,见有新建之土地庙,毁之,痈即愈。然耶? 否耶? 姑妄听之。下岭则峦石晶莹、林木青碧。一里至汤口拦村,一河水绕前山而出。河水自黄山逍遥溪而下,故汤口有"河东""河西"之称。越桥而北为芹菜岭,一名"金丝岭"。岭北为苦竹溪,距此五里。由太平谭家桥入黄山之南部者,率由此岭至汤口合径。游客至此,即可随河而上,毋庸问津矣。

汤口至紫云庵八里

汤口者,乃汤泉溪口,在歙之北乡也。居民程姓,距城百一十里。缘溪而上,东有"铜钱山""猴子口""自然山",西有"倒破""外山坑""桐树坝",皆入山夹道之名称也。遥眺攒峰骈列,横出天表中。高者为紫石,下如笔架者为圣泉,南连矮而团立者为清潭。纡回盘曲四里至逍遥亭。亭下有扁担石、香炉石,前山有和尚冢。河为逍遥溪,一名"锦鱼溪",石液盈盈,时见文鳞游泳,水激石作声,砰砰然如在岩滩富濑。溪中有白砂、棺材、锅底、孩儿诸潭,均以形似得名,尚堪悦目。一路参天木叶,匝地籐阴,水色山光袭人衿袂。上行半里,越锁溪桥,东山水瀑如布,白练长垂,即布水源也。上为清潭峰,下为百丈潭,飞湍溃雪,溅沫成轮,源水鸣渗于此。再里许,迎面北山有大坳者,即汤岭关也,距此可十二里。关下桃花峰旁有石伛偻,如负人状,山僧呼为"张公背张婆"。再二里至嵁岩,峭立陡峻,四山蟠束,下为小补桥,即古之卧龙桥也。桥之北则汤池在焉。昔有二注,今仅存其一。泉出石根,瑟瑟如燔汤;又有冷泉一缕出壁间,以适均其温凉之度。桥之南则祥符寺存焉。寺湮于水后,人虽重构数椽,然无僧居之,已门可罗雀矣。桥后溪中有石如椅,乃郑公钓台也。溪水绕桃花峰而下,谓之"桃花溪"。桥下合汤泉出水,故名"汤泉溪"。拾级而上,石刻"游如斯始"四字。古木修篁中巍然高峙者则紫云庵焉。开窗眺望,面山临涧,杂树千章,团阴结翠。俯睊①青龙潭,清深可斛②,黛蓄膏淳。古人所谓桃源者,即由此而探也。

紫云庵至慈光寺二里

紫云庵,古一茅蓬也;今则栋宇巍然、竹苞松茂矣。山门仍颜"黄山一茅蓬"五字,示不忘本也。门外修竹千竿,高出檐际;木莲两本,左右挺立,花时芳气袭人。吴太史廷简谓为稀世之宝,非过誉也。庵上为紫云峰,后为紫云岩,有程部郎振甲书三字镌之岩上。西行百数武,庵后北山石壁嶪嶭③欹挺,岩腹高可百丈。左右清流淙淙,走壁而下,俗称"人字瀑布"即指此也。中凿石级,曰"罗汉级"。方黄山山径未开,歙游者多取道于此,昔日之山径危险可想而知。度回龙桥,其水自天都经此而入桃花溪,白石磷磷,横亘水底,冲湍摇荡,若龙起伏,能出云气,作雷雨。悬岩剞"龙潭"二大字,郑征君师山篆也。越桥而升,路为黄海山人所修。山人乃汪太守宗沂之隐号也。前为慈光寺山门旧址,即古之关帝殿也。前山为桃花峰,昔日武陵已如去年。人面峰下分里、中、外三蓬,各蓬皆有古刹,如汤寺,如桃源,如莲花,如

---

① 睊(jiàn):视。
② 斛(jū):当同"挶",意为用斗、勺等舀取。
③ 嶪嶭(yèniè):高耸。

净林,如青莲,星罗棋布,亦足以点缀溪山。粤乱遭燹成墟,今则满山荆棘矣。峰腔有石横嵌,一窦黝然,水从石渗出,缕缕如垂旒①,即水帘洞也。洞右有轩辕碑,洞上有丁公庵。虽庵倾碑裂,犹有古迹存焉。前溪深处曰"白龙潭",汹涌激冲,令人目眩心掉。旁有墨浪庵故址,对岸有丹井。丹井之上为洗药溪,水盈盈不竭,相传黄帝炼丹汲水于此。溪中有"回澜石"三字,江中丞柬之题;又"藏舟石",形如小艇潜泊深港;"呼龙石",在白龙潭侧左壁镌"呼龙"二巨字。昔吴太史廷简游此,见有物似鱼,长而有角,殆真有神物居之欤?入山门里许,曰"听涛",即古之得心亭也。高踞坡头,朱砂泉由亭右弥弥而下。亭旁道路为许观察球所修,石壁上镌其馆名。缘磴盘折,绕路灯而上数武,旋向桃花峰下草木丛中南窥洗药溪。溪中圆如井口、水带碧色、前所称"丹井"者,即此处也。再上一曲②,一里许过二天门,至天王殿。入门则局势开宕,寺基宏辟,昔日之壮丽乔皇犹可想见。朱砂峰耸于前,圣泉峰环于左,紫石峰峙于右,如庙堂朝会,公孤群辟冠裳毕集焉。盖一路为密林,修篁掩翳,游目至此,豁然敞朗,眼界一开矣。

慈光寺至文殊院十五里

慈光寺古曰"朱砂庵",以正当朱砂峰下也。明万历勅建改今名。广厦万间,多毁于咸丰兵燹,今渐开拓建筑,足驻游踪。寺左有普同塔、千人锅,可想见当年僧侣之众焉。寺后有朱砂洞、朱砂岩,皆以"朱砂"名者,以其地富于汞养也。钵盂峰斜插于东,法眼泉横潴于西。虾蟆峰踞紫石、紫云两峰之间,栩栩生动,有欲跃上天都之态。由东谷逾金砂岭而下莺谷石,过碰头石而穿飞来洞前去,沿壁而上,曩者足寘曲折,殊难着趾,今则陈居士兆轩慨捐千金,凿壁锤岩,辟成夷径。昔日之径断,架木沟深矼石者,近日筑为石板大道,缘中沟西岸拾级而上,越行鼓洞前,由洞下架木盘折而上,今履洞上直行而去,并造铁栏以便游人抚手,险夷不啻霄壤。三里至度生桥,跨涧入老人峰东坞,老木搘③径,寿籐冒石,阴沉窅窱④,非复人世。二里至半山土地,平地数弓,有石可憩。近僧明光建寺于此,宏敞幽雅,足以栖息游客。东望山冈,有石如鸡,独立翼鼓颈伸,俗呼"金鸡叫门帘"。危峣⑤绝巘,愈上愈佳。西望朱砂峰后冈,有石如人,古称"老人峰"即此处也。石旁一矮石对峙,又称"罗汉对观音"。下有观音崖,相传为大士化身处,殆齐东语也。北为龙蟠坡庵址。再行百余武,回顾金鸡,向移形易,宛如五老矣。肩摩踵接,面向天都,曰"五老上天都"。

---

① 垂旒(liú):古代帝王、贵族冠冕前后的玉串。
② 一曲:一弯。
③ 搘:古同"支"。
④ 窅窱(yǎotiǎo):现多作"窈窕",幽深貌。
⑤ 峣(yáo):高貌。

前有石人伛偻扶筇①,若为导者,亦称"老人峰"也。二里逾龙蟠石,上三观岭,则世界划然豁开,别有天地。千奇百怪杂然并陈,峡对莲花,石骨秀削。路旁有石横卧,孙太史晋劂"横云"二字于上。龙蟠石一名"打鼓墩",又名"龙蟠坡"。前向莲蕊峰下,坳处曰"姊妹放羊",形像尤肖。千峦竞峙,万壑含深,凹然凸然,尽出寻常意表。古松破石而生,穿罅穴缝,或丛出或孤立,或偃或仰,或卧或起,直竖横撑,苍翠欲滴。觉从前丸丸谡谡②,仅供墨突之黔③耳。上行数百步,为天门坎。天门坎者,两壁夹立,仅容身过。昔普门称为"三观岭"者,即指此也。岭路险峻,砂石充塞,游人经此颇为艰涩,后得汪居士蟾清暨好善者慷慨解囊,以继陈君而筑此段道路,计十五里。昔皆危磴,今成坦途,兜轿往来尚无阻险。此皆慈光寺脱尘募化所致。岭下有赵州庵故址,月胁④一崖逼于左,龟鱼一石耸于前。天门坎下有"兔儿望月",文殊台侧有"老虎下山",莲花峰畔有"姜太公钓鱼"。旁有石人或谓之"伍吉问卜",亦未始比拟不伦也。二里至石穴,呀然曰"云巢洞",释称"真如关"。洞名乃曹太史铅所镌。今开新路绕洞左而上,至此东瞻观音石,慈容俨然。当握处昔有小松宛如执杨枝而洒甘露者,故又名"观音洒净"。下有矮石,状如童子,又名"童子拜观音"。再上,经别有天,天都照映,云烟万状。黄太史鲁峰劂"观止"二字,宜矣。盘折而升,则小心坡至矣。左绝涧,右峻壁,路仅容足,侧身始过,咸称最险之处。后人凿级,护以石栏。许太守宁曰"可改名'放心坡'",不吾欺也。石栏上端有石,崭然特峙,形如满月,可趺坐十余人,曰"蒲团石"。过此,从巨石劈裂中行,为"卧龙洞"。昔有古松横生洞上,若龙之偃卧也。曲折而上,左右石壁屹立如堵,一盘一曲上绕山脊,若关隘然。转则为仙人桥,有石磴可憩。仰视天都,犹在霄汉;俯睨深壑邃谷,如临九渊。群峰矫矫,旁无所依,下无所借,渣滓淘尽,只存劲骨。青天削出芙蓉,惟此足以当之。涧下丹泉气息芳冽,水下坞沟旁有普贤洞、佛掌岩,石臼、石杵,如棋布然。越桥,则又两山芥立,中开仄径,径叠石级,级高且狭,愈高愈险,愈险愈奇,所谓"一线天"是也。鹦哥石蹲于上,飞鱼石出其旁。昂首欲鸣,鼓鬣欲跃,矗立排空,宛然生动。从裂石中拾级叠升,经蓬莱之岛入转身洞,俗称"罗汉洞",又名"文殊洞"。深黑且湿,疑若路断途穷。凿空梯而上井口,如阳神之出泥丸,绝处逢生。云巢洞至此三里,文殊院将至矣。洞口一松若拥彗迎门者,曰"迎送松"。回顾东南,凌霄入云者,天都峰也。而"仙人出轿""老鼠探坛"以次毕呈焉。天都为黄山绝顶,直与天际。古人谓呼吸可通帝座,诚非虚语。九垓⑤芒乎⑥一家,沧海渺乎一

---

① 扶筇(qióng):扶杖。
② 丸丸谡(sù)谡:高大挺拔。
③ 墨突之黔:指烟囱熏黑。墨突:指烟囱。
④ 月胁:险奥。
⑤ 九垓:中央至八极之地。
⑥ 芒乎:也作"茫乎",犹茫然。

勺;一切冈陵直可蝼封视之。西行数武,有浅岩古松相对,古松志称"迎客松"。黟两士人游此,题字石上,曰"仲岩",曰"老松"。盖两人之别号适与此景巧合也。又有"小清凉"三字,以其宛似五台也。过此即文殊院。院踞万山之巅,地平如掌。玉屏峰拥其后,朱砂峰拜其前,天都耸于左,莲花峙于右。秀丽崇巍,各呈其妙。耕云峰顶有石如鼠,伸首弭耳,作势奔上天都,曰"松鼠跳天都"。莲蕊峰含苞未舒,奇峭不可登。旁有鸡形,背蕊面花,曰"金鸡采玉莲";又有石如船,桅樯毕具,曰"采莲船",一曰"渡云船",又名"洪船出海"。紫石、圣泉诸峰如列戟,遥卫桃花、老人诸峰,如众星朝拱。千峦万巘,峥嵘嶙峋,群秀竞爽,波委鳞属,旷然别一世界。古人云"不到文殊院,不见黄山面",洵①不诬也。尤奇者,狮、象二石蹲拱院门左右。当前陡起石台名"文殊台",方广不盈五尺,登足棐而上,前眺如万头巑岏②,皆出足底。相传文殊跏趺成道处,然欤?否欤?固不必刻舟以求也。

文殊院至光明顶大悲院十里

黄山峰峦竞秀,幻云成海,胜迹奇观,不可缕数。惟文殊院踞万山之巅,极目千里,后倚玉屏,矗立障护,上刻"天地自明""此山尊""奇松怪石"等字。狮岩旁有程部郎振甲题"大巧若拙"。盖皆欲借此留名,不足以言风景也。前望凤凰石,凤凰鸣矣。于彼高冈,轩辕之世或见来仪之瑞耶?西行数十武,为立雪台,台旁有石如鹤。登台北望石笋峰,南瞻白岳山,皆楚楚眉睫间。徐元仗之"岂有此理"、天童老人之"到者方知足"为黄山匾额。下而复上,登陡峭之壁,下临绝深之壑。壁凿足迹,依迹着足。古称"阎王壁"是也。近为休宁韩知事煮偕何继昌、崔吟涛诸居士筹款平治,化险成夷。下转身岩,出大士岩,径皆险涩,触额啮膝,级不茹趾。经蒲团松,左右皆危巘。下为莲花沟,怪石磊落,清流凝碧,奇艰相轧,匪夷所思。西北略上为莲花洞。上为掬月崖,耸峙凌空,有树如盖。林中多山乐鸟,其声嘤喤,如奏丝竹。山中时见飞鸣,想多巢集于此也。沟之北产天花石,又名"放光石",碎之入火,彩霞星射,熏衣衣之,可治痘疹。路上有二庵旧址:一名"喝石居",一名"莲花峰茶庵"。睹此荒基,不无沧桑之感。侧为牛鼻峰,上为莲花岭。仰而升者,如履危梯。踞岭东望天都,远瞩峰巅,有若屋宇者,有若门第者,有若人立者,曰"仙人把门",又曰"丞相观棋"。五里度岭,入石罅中行,有称"大一线天"。出罅百数步,则危磴仄砌。攀跻而上,壁刻"上莲花峰"四字。至此分途,右登足棐上三里许,则达莲花峰巅。雄秀无伦,其高与天都相伯仲。惟砂砾满途,滑难立足。武穷则洞,洞穷则级,级穷则又洞。或如危桥而石栏天成,或如重楼而虚窗四辟,辗转玲珑,螺旋蚓曲。昔有僧

---

① 洵:确实。
② 巑岏(cuánwù):高峻耸立。

诛茅①嵌石岫中，今则久飘风雨矣。凡经四洞，皆锐木丰腹，古人称"藕节"。中行缘本，入瓣良然。峰顶有香砂井，形如罐，深尺许。砂嗅之，气若松脂。又有圆月池，以形似得名。下为天然池，水常不涸，浣之可愈目眚。昔安公疏之而成，题曰"胜水"。宋人吴孝廉龙翰夜宿于是，所谓"霜月洗空，一碧万里"者，即指此也。此峰巍然中立，环视万峰，面面皆莲，此为莲母东顾。天都独不相下，俨齐楚雄顽，两大并尊，各执牛耳。其他诸峰，江、黄、滕、薛崩角②拜稽，周家王会夏氏涂山，莫此过矣。悲顶排空，瞠乎其北，莲蕊、朱砂之属拜下尘矣。蜿蜒下，由石人旁下百步云梯。梯约二百余级，曰"百步"者，举成数也。遥望西冈，若人趺坐，曰"老僧看海"。羊肠鸟道，盘曲崎岖，达鳌鱼洞。离洞数十武回顾，莲花峰下有上下两石，如冠临朝，俗呼"容成朝轩辕"，面目缕析。洞乃高岩峻壁中开一三角窦，宛如凿成。岂五丁力士故显此神通，欲使游人咄咄耶？穿洞口而上，若久秘帐中揭之而出。前望北峰为炼丹峰。西折登冈，则天空地阔，一望无涯，所称"天海"者是也。海中诸屿错列，如虎踞，如龙盘，如芙蓉、菡萏之初开，如玉女倩妆，如百战场中戈旗簇拥。种种奇幻，足令画工搁笔。鳌鱼洞后脉趋接容成峰。峰下有洞，宝篆丹书，蝌蚪鸟迹，莫敢扪读。前履天海，俯眴西山外，浓绿平畦，沟渠交错，则太平之弦歌乡也。五里至大悲院，北上平天矼。矼长百三十丈，丰广三丈，平横如凳。矼之东阜为光明顶。独秀霞表，高悬天半，不但黟之方岭可以俯观，即吴越山川亦遥遥在望。矼之西阜为石柱峰，峰之南为水晶井。峭壁一井，圆如满月，自口至底如琉璃宫，深有四五丈之奇，亦巨灵五丁之所幻也。矼之南庵为大悲院，矼之北庵为隐泉茅蓬，皆初建之梵刹，将来告竣，亦堪为游人息足也。矼之南为前海，矼之北为后海，其西则曰"西海"。时而白云坋起，乍伏乍昂，若断若续；时而黑云数片，依远荡漾，若岛岬在银海中与波上下。远近松涛仿佛潮声澎湃。古人所谓"云铺海"，游者则可遇而不可求矣。

光明顶大悲院至狮子峰五里

大悲院在光明顶平天矼之山腋，初为普门和尚所建，因供奉明万历皇太子所赐大悲观音像，故名。今僧慧林募款重新，尚未告竣。绕院左百余步，即上光明顶。光明顶为黄山之中，天都、莲花之亚，睇长江如白练，九华直一螺髻耳。松桧巘壑，亦疏亦密，亦幽亦奇。平天矼有凤凰、枰棋诸松，均以形称，各呈其妙。光明顶之北为石门峰、棋石峰，又为狮子林前之贡阳山也。林背横亘狮子峰，面贡阳山，为黄山北门锁钥。西海之外最高者为云外，南连者为石床。石床之旁有观音打坐，下有观

---

① 诛茅：结庐安居。
② 崩角：指叩头。

音崖。云外与西海口之间一峰南耸者,为松林。下为石榴崖,碧绿苍翠,不可举似。矼之北出者,左有仙桃,右有薄刀,两峰遥峙,不啻鼓旗高悬。由仙桃北麓可达西海口,口北圆矮者为石鼓峰,逶迤者为丹霞峰。下光明顶数武,至石门峰。南角横有"阿弥陀佛"四字,传为菩萨所书,时现时隐,可遇而不可即也。由此回顾,光明顶之东有石如鳖伏,曰"团鱼孵子",宛有生动之致。缘石门西麓而行,昔皆荦确①,今成坦途,乃苏州金君松岑募劝力也。前后左右灵怪环拥,如入五都之市,目眩色飞。至贡阳山下,经松林中,古木萧森,绿阴如画,化险为夷,颇良于行,而狮子林在望焉。绕湾北眺,始信峰坳中有尖石挺出如笋,曰"石笋峰"。歇地凌霄,一空倚傍,宛似鬼斧神工、有心镌琢者。吴太史廷简有云,向者一步一叫绝,至此一步十叫绝矣。

狮子林上清凉顶旋至始信峰三里

狮子林在狮子峰南脚。旁有屋数椽,曰"狮林精舍",太平崔公使国因所修也。清幽净雅,可以栖迟。左有麒麟松,后有凤凰柏。世所谓祥麟威凤者,想不过尔尔。天眼泉在林后,望仙台在峰上。四顾皆石壁,惟林前有土质。奇松罗列,有高仅数尺而蔽地亩许者,有枝干上下坳折而顶平如掌者。奋鬣裂鳞,于斯独擅;龙攫鸾翔,殆不足喻。古人云"不到狮子峰,黄山不见踪",信然。西望丹霞峰诸坳中,曰"达摩渡江",曰"团鱼晒阳",曰"仙人指路",曰"老僧采药"。栉比棋布,目为眩眴。倚门窥望,西南松隙外石鼓峰上有石如龟,伸颈就吸,曰"灵龟探海"。下为锦霞洞、将隐崖。由林上清凉顶,路侧有僧人葬母塔。绕塔而上,至寺旁。石上有程中书芝云所镌"面面受奇"四字,又汪明府勋镌"神巧"二字。可见造物之奇巧,使人无能名焉。至清凉顶,有新建兰若,名"正顶清凉寺"。供佛于楼,石室翻经,庄严清净,即古之卧云楼也。箕踞绝顶,目空一世。登楼四眺,不啻身入画图。东有始信峰,西有丹霞峰,对面有贡阳山。翠拥螺环,宛然屏嶂。贡阳山顶左下坳为白鹅岭。岭东凸立者为白鹅峰,俗呼"板壁峰"。山顶右上为棋石(石)峰、石门峰。然石门落坳,视线尚未能及。再上,圆为覆钵者为光明顶。顶踞一山之中,诸峰如列侍卫,右提左挈,全收眼底。西出者为平天矼。矼下有石似桃而长,形如合十,四无依托,拱立石端,曰"合掌峰",又称"飞来石"。再下,若峡者为西海口。触石出云,弥漫上下,洋洋巨壑,直可乘槎。下为石鼓峰,俱在后海区内,岛屿远荡,诸峦布列,高峙环抱,穿插成行,隐现参差,千变万态。楼西下有铁线潭。落崖千丈,深藏不见。祷雨者探潭取水,每有神验。岂其中真有灵物欤?楼东左出,遥见始信峰。左岫有五星石,又称"天宫赐福",形状毕肖。前行数百武,北折有石刻"特奇"二字,署名"厚庵"者。数武度仙人桥,上清凉台,志称"法台"。长可八尺,广半之。台侧有松破石而出,枝叶

---

① 荦(luò)确:怪石嶙峋。

已枯,尚能扶手。傅总长增湘题诗于上。山之北境晴空寥廓,一览无遗,惟东有石笋林立,崚空突起,拔地插天,坼裂钩连,玲珑空靓,林林兀兀,有若龙孙者,各发其趣。下台旋狮林精舍,左屋角转东行数百步,昂首者黑虎松也,交柯者连理松也。有石挺生东坞,平空耸立,下圆上锐,其状如笔,松贯顶生,覆垂而绕之,则梦笔生花也。笔峰南侧路上近建中五台庵,鸠工庀(pǐ)材,经营伊始。一峰高与笔齐,五石错出,状如笔架,何天造地设如此之巧合耶?前有沟,遇雨病涉。今已造桥,为王居士森甫所建。居士法号"慧明"。李法周即以其名名其桥,庶不忘其本也。行里许有岔路,右上者达丞相源,左出者往始信峰。途次新建兰若,为九华心坚退居之所。行杂树丛中,碎玉琅玕,浓阴覆地。又一里,则绝壑危岩,下临无地,直似巨灵掌劈者,中驾一石,横于两崖,状若飞虹,曰"度仙桥",又名"仙人桥"。有松根长北嶙,干依南峤,横迤如栏,曰"接引松"。黄仪部汝亨所诧"岂有此理",即指此也。既度桥,迎面石刻署"祁西汪启邦造"。过此,则俯首侧背,从石罅中行,蹈枯松根,经石栏杆前去数百步,入始信峰。叠巘礁峣①,深回窈窕。壁刻有"诸天变相"四字,江宁韩太史廷秀所题。略上,刻有"原来如此"四字,颇类禅,不辨何人手笔。又有"聚音松"三字,盖旁有古松,相传能聚江丽田琴音,故名。入石门,攀跻而上,为始信峰顶。登顶俯视,光怪陆离,莫可殚述。峰峦奇妙,见者始信,故黄太史习远锡以此名,盖亦无能名而名之耳。故厚庵又题"无能名"三字,崔国因七律二章、傅增湘五言一绝均嵌于此旁。有孤松,鳞鬣森森,作吸海势,曰"扰龙松"。松后有石如椅,下刻"丽田生弹琴处"六(五)字。石前有小横碑,为江丽田自记,今已毁没矣。前有数松环绕,幽秀绝伦,志称"定空室"即此处也。昔狮子林开山僧一乘每晚宿此,风雨无间。江节悫书"寒江子独坐"五字于扉。虽室圮迹湮,今尚传为佳话,知高僧逸士自有真也。峰之东为上升,为石笋。又东,为仙人,为轩辕。北为望仙,南为白鹅,矫矫摩天,争妍竞秀,未可以言语形容也。白鹅之下有"仙人对弈",东有"五老荡船",西有"猴子过山"。离奇诡异于斯,兼美名之始信,难与未到者道也。

苦竹溪至丞相源云谷寺十里

苦竹溪在歙之北乡。本名古迹西溪,土音讹为今名。居民舒、胡、程、谢诸姓与汤口共一区,入丞相源第一重门也。南距汤口、北距三汊皆五里。溪中有云谷寺之脚庵,名继竺庵。近为僧宗教所修,堪以小住。旁有四柱石坊,上刻"黄山胜境"四字,乃乾隆三十二年②两江总督高晋所建。过坊曲折而上,向砂砆③乱石中行,夹道松柏、青葱竹木交荫。二里至茅草亭,地号"新罗源口"。有新罗庵故址,旁有石井,

---

① 礁峣:高耸。
② 乾隆三十二年:1767年。
③ 砆(jué):石头。

水深莫测。一里至六角亭,又曰"天绅亭"。仰望山阴石窟,如连珠累累,则九龙瀑布也。跳珠溅玉,声若雷震;呀呷撞胸,如杵在臼。瀑落为潭,潭流为涧,涧注又为瀑,如是者凡九,故名。复上,经开门石,度珍珠岭。败叶壅途,苔封藓滑。二里许有香亭,拾级而升。右石上有老僧刻"榜仙飞去,遗下青鸾"八字。更上,为汪明府松岩所刻,上曰"仙人榜",下曰"来者有缘"。岩石撑住,蒙笼羃䍥①,如无人径。拂榛而上,则香炉峰耸其左,眉毛峰列于上,钵盂献其头,天都露其背,而丞相源在望矣。清溪小阜,盘折潆洄。又里许,道左有径可达龙凤庵故址。昔为黄山卓著禅林,今则铜驼荆棘矣。右有"钓月台""梅屋""读书处"②外字。藓苔剥蚀,全豹莫窥,殊令人不尽沧桑之感。左有丽田墓,草封木拱,久埋荒蔓之中,早不为游者所注意,况须绕道始得而至焉。向直前行,右刻"渐入佳境",左刻"醉吟",又有徐明府士业刻"通幽"二字。虽藓痕斑剥,而笔致均遒逸可喜,从可知入室者由此升堂焉。将近山门,先有正志禅师塔。正志号"檗庵",即熊光禄开元入释之名也。右有岔路,沿溪而入,一水澄清,鉴人毫发。修篁异卉,夹岸杂陈。溪中有石凸起,形如狮,又有石圆如球,名"狮子望球"。上刻"已移我情"四字,乃程部郎振甲所书;下劖"五松入韵",署款湖,不知何人手笔。狮后有大石,如四几相拼。相传江丽田常携琴于此鼓之。石下有"江丽田琴台"五字,系嘉庆乙丑③所镌也。里许,入寺,则前后异萝松两株,同干异叶,乃翠柏与松杨合体。施于高枝,并不著土,嫩绿深蓝,浓阴满院,盖数千年物也。院名"掷钵",后改"云谷寺"。重建未成,其荒凉可想见矣。左山名"罗汉峰"。峰之北坞为丞相东源,介于罗汉、仙都两峰之间。源产彩石,紫琼黄琮,得者珍如拱璧。今则游踪寥落,无复有知者矣。

丞相源云谷寺至狮子峰二十里

丞相源乃宋右丞相程元凤读书于此,因以得名也。云谷寺即古之掷钵禅院。院踞白砂矼,下左为罗汉峰,右为钵盂峰。旁有锡杖泉,又名"灵锡泉"。相传东国神僧卓锡时,有泉涌出,至今不涸。道旁松下有石,人曰"仙人戴伞"。又有数石攒聚,若团坐酬错者,曰"仙人会饮"。由寺后随矼坞而上,鸟道盘曲,苍莽密翳。里许,石刻"藏云翳雨",乃江苏韩太史廷秀所题。涉涧登山,蛇盘蚁曲,颇不利于行。昔为歙北喻安山所修,今仍乱石充塞矣。四里至白砂矼。折而南,望天都与钵盂之间挺出一峰。上有一鸟如飞来者,即青鸾峰也。北有仙僧洞,在仙都峰下,正对钵盂峰。由云谷寺左,有径可通方外。人居洞中而成道者,代不乏人。洞有灯朗朗如星月,曰"圣灯",故又名"仙灯洞"。岁时一现,间有见之者,亦奇矣哉!穿林逾峡,

---

① 羃䍥(mìlì):烟状。
② 读书处:即月岩读书处。
③ 嘉庆乙丑:1805年。

上复下、下复上者，林深箐密，藓绿苔苍。惟河石狼藉，殊难着趾。五里至白沙岭。岭旁有塔，俗呼"黄帝坟"，实高僧雪庄之塔。塔后一亭，名"招隐亭"，为李法周所修。北有别峰庵故址，西有看云台古迹，皆可悦目。更上则奇，纵横若龟、若鹤、若鸟、若蛇、若盂、若钟、若床、若几。目眩神飞，莫能名状。倘使米颠到此，定当长跽百拜矣。从此上行，路陡且逼。袁观澜提倡修筑，经营伊始。愈上愈艰，愈艰愈妙。阎浮提①，人如登天界也。经青蛙峰，至石门峰东麓。泉有澡瓶，洞有狼豹，石有双龟，崖有猿猴。鬼斧神工，出人意表；售奇献巧，应接不暇。又有净瓶石，其形更肖，在观云台上。回顾佛掌峰，则在天都之左，与板壁峰对峙。若在白鹅岭右横望，则见有"张公带儿""介子背母"诸名称。古人谓黄山景物易向则形异，移步则状殊，未可以胶柱求之，岂不信哉！越白鹅岭，又名"板壁岭"，丛竹覆径，胃人襟袂。下岭里许，路分三岔，左达狮子峰，右入始信峰。愈趋愈下，状若建瓴，形势为之一变，气象亦为之一新。游者至此，不啻天际游龙降潜深泽矣。

巷里汪家桥头至神仙洞二十里

巷里汪家桥头，太平之南乡也。昔为汪氏，今皆胡姓。距城二十里。出古月亭，绕红山，过久欲亭而上，三里至杨田岭。岭头有洞若石室焉，曰"杨田洞"。二里至锡溪程家。跨河而上，三里至夫子山脚灰窑边。左往罗村，有大战岭、跑马冈、黄帝坑诸名胜。直行里许，至南阳亭（又名"义姓亭"）。亭东峄崿②刺天、高出云表者，为夫子峰（又称"夫子尖"）。土人呼为"蜡烛峰"，盖从形家者言也。峰下有石洞，高丈余，圆如半月，广约三丈，可容百人。光明轩敞，颇可回翔。洞口东隅有一小洞，高二丈余，宽仅尺许。滴水丁东，窅然以深，莫窥底奥。或曰昔可达罗村，今则泥淤沙塞，无复当日。桃源穿亭，沿涧清泉一道，白石错出。拾级而上，修林蓊翳。可五里，叠石成梁，曰"麟趾桥"。桥西竹丛中有古刹，额曰"福固禅寺"。寺在轩辕峰下，即神仙洞之古庵。近称"脚庵"者，以其在洞下也。神仙洞（又名"仙人洞"）在涧东高巅。由福固寺东行，度重兴桥、平石桥，南折入壑。路出谷中，叠层上升。碎石累累，级仄磴高。颔膝相触，二里半至转身洞。石碉天开，不容直入；斜折而升，形若旋螺。扪壁数十级，罅漏天光，如酰鸡③之出瓮焉。愈上愈艰，迎面一穴轩然，曰"仙道洞"。深约丈余，广称是。依洞旋升，回首北望，高矗者为夫子峰。峰之南部沙黄状如人影，俗呼"肉身和尚"。峰之东下为太白书院，乃李供奉访胡学士晖至此，获双白鹇，遂以名院。上至洞顶，有甗④庞硕如罗汉腹，外倚石壁，上连下

---

① 阎浮提：原指印度之地，后泛指人世间。
② 峄崿（zuòè）：山石高峻貌。
③ 酰（xī）鸡：即蠛蠓。
④ 甗（yǎn）：古代炊具。

分,裂缝尺余,曰"挟身洞"。衣擦壁,索索有声。洞中斜凿石级,赑屃①而跻,矗立洞侧,横嵌石栏。扪行数武,即神仙洞口也。转身洞至此约二里半,额镌"简默洞天"四字。山僧以洞内供奉大士,故又呼为"观音崖"。宽八尺,深五丈;前高六尺,后高二丈,中供大士三尊。龛后有池,水清而浅,石液盈盈,名为"流杯"。求子女者以手探池中,摸石一枚。长者兆男,圆者兆女,辄有奇验:此理之不可解者。右隅有小窦,缝裂数寸,常有风透出,冬温夏凉:此又理之不可解者。尤奇者,神座右石壁上斜穿大窦,圆如满月。光线透射,不啻濯魄冰壶中。设木梯,扪石登足窠,蚁行猿升,丈余达洞口。窦外尚突石如阶,惟无有敢登者立身窦口。遥望九华数点、长江一线,均在西北落照间也。

辅村至松谷庵十里

辅村在太平之西南,距城二十里。李、任、余、穆诸姓若分茅焉。出辅村,越竞成桥,沿溪而上。山明水秀,松涛竹籁,杂奏并陈。远眺山峦坳处,即芙蓉岭。岭南高耸者为磨盘峰,峰西若菡萏含苞怒起者为芙蓉峰,峰下突出头角峥嵘者曰"探头峰",峰下青山尖立者曰"引针峰"。因峰头有石能引针,故名。岭东挺出者,上为猴子面,下为座盘石。径舒而平,二里过二龙桥。桥有二道:一为成化间所建,一为李法周所修。又一里,至脚庵,乃松谷庵之下院也。东有阴湖,西有阳湖(亦曰"洋湖")。可半里,至引针峰麓。略上,有小路往西南。上山约四里,可达洋湖庵。直行半里,路西有石洞,俗呼"半边石屋"。广约八尺,尚堪容膝,栖真者常居之。又半里,至芙蓉亭,度芙蓉桥。级高湿滑,盘折而升。三里逾芙蓉岭。岭额"请观"二字乃康熙辛未②陈邑侯九陛所题。岭在芙蓉峰麓。峰上有马蹄石,如马蹄之印泥中。深者尺,浅者二三寸。相传黄帝乘马经此也。岭之右冈随流直下,势若长虹,谓之"黄龙出海"。下为汪波潭,渊渟泓净,令人心魄俱清。对面高峰蜿蜒空际,作势升腾,曰"飞龙峰"。下岭东转,有茅屋数椽,即芙蓉庵也。岭上有洞,岭下有亭及桥,皆袭芙蓉名。盖缘近芙蓉峰,亦以便游人默识,非真若凌波仙子旖旎玲珑也。下岭,过陈公桥,越益寿桥,依山麓而行二里。道右壁崖横叠,有石如床,亘塞其间,曰"油榨"。水从石缝中飞落,喷薄砰磅。路下河水,其源发自平天矼与石笋峰,如银河天上来。深约二丈许,作翡翠色,曰"油潭"。北塝有石如瓮,膏渟黛蓄,曰"油缸"。进行数百武,溪水穿决,轰号赑怒,雷扑雪卷,汇注为潭。鼓撞触搏,石窍关通,曰"乌龙潭",又呼"应梦龙潭"。有石岩覆之,上刻乌龙将军像并联与记,尚可辨认。对岸山脚有石凹如锅者三。山水注射,其声潺潺,曰"炒子锅"。穿松谷亭,

---

① 赑屃(bìxì):传说中的神兽,像龟。
② 康熙辛未:1691年。

砅①砰光渍，莫可名状。一里，越志成桥。桥为太平谭居士芝屏所筑。而松谷庵至矣。庵前又有三潭：一老龙，云有黄龙潜居，是曰"珠渊"；一青龙，云有青龙偃伏，是曰"澄碧"；一白龙，云有白龙深藏，是曰"攒玉"。语涉荒唐，大约各以其所映之壁色名之。风啸雷鸣，天地掀簸②。昔吴太史廷简谓，人临其上，画工搁笔。方太史夜坐此，谓无语可赞，无色可似，天下水石无复出其上者，不其然欤？

松谷庵至狮子峰二十里

松谷庵在叠障峰下。张真人尹甫修道于此，"松谷"乃其别号，因以名庵。河涧考槃③，自然幽雅。庵旁有东古寺，昔本十方丛林，久毁于兵，今又经营伊始矣。邑志载（戴），松谷有莺石，松籁寂静时，如闻簧哢。庵前为枕头峰，仰天宕后有"仙人晒宝"，上镌"风雨晦"三字。沿河而上，宛转陡级。里许，度缘成桥。桥乃李法周募建。穿溪蹑峦，又二里则为松谷庵老基，盖张真人初居之地。药炉丹灶久已成墟，惟修竹千竿，古松几树而已。进行则山高磴仄，愈上愈奇。有两石对峙，大者若合掌跏趺，小者若鞠躬下拜，曰"童子拜观音"。二里至下刘门亭。前为轿顶峰、宝塔峰，后有"太白敬酒""老虎驼羊"。宝塔之上又有"观音打坐"，宛然大士现身。遥睇石笋峰、石笋矼，瑶篸④森秀，亦楚楚眉睫间。已再上，则飞龙与叠障两峰夹道。由西度河，复入西，五里至中刘门亭。亭前危崖峭壁间有黄如直扁，曰"天榜"，又名"天牌"。篆书数十，策策勒勒，非波非磔，奇古不可辨认。左畔有石若衣冠丈夫垂绅搢笏而立，谓"仙人观榜"，狁狉不能缘也。相传罗太守汝芳架阁道观览，仅辨一"仙"字，忽迅雷击其字去之。缘壁旋转，壁半一穴中空类半窥，炯⑤如天星，可透隔山天光，与眼适相射，俗呼"天眼"。再上则两山夹秀，巉⑥巘接天。坞中一峰迎面挺峙，即宝塔峰也。浮屠矗立，耸入云霄，较在下刘门亭观时尤为显豁也。绕峰而上，级高且斜，径仄且滑。沿途虽有仙人铺路、仙人补路诸景，游者每以驻立维艰未能饱览耳。五里逾书箱峰、药箱厨而至上刘门亭。亭前有三尊大佛，妙相庄严，其有世尊说法、众生谛听之态。大佛之南有峰突起者，为仙人峰。峰之南胫曰"关公挡曹"。上则气概雄威，下则形状狼狈，均各神容毕肖。峰东有十八罗汉朝南海，肩摩踵接，宛如联袂偕行。再上，回顾书箱峰、药箱厨，则箱屉备具，状若抽动。穿林而上，千峰锁黛，万壑鸣愁。道中松石莓苔，苍绣质理，错采欲流，浓翠欲滴。然路赊级峻，艰若登天。层折崎岖，肩踵相触。东有猴子掰桃、波斯进宝，西有美人照

---

① 砅(lì)：踏着石磴渡水。
② 簸(qī)：蝗虫。
③ 槃：同"盘"。考盘，架结木屋。
④ 瑶篸(zān)：喻高而尖的山峰。
⑤ 炯(dòng)：火貌。
⑥ 巉(chán)：山势高险。

镜、天鹅孵蛋。是殆吴刚之斧追琢而成,故使人一见而知为某某也。再上,路平如掌,袤可十数弓,为小平天矶。矶上山旁有井曰"龙眼",深不可测,未有敢探其底者。沿河一谷,前通始信峰麓,志称"散花坞"是也。入坞宛如门户,诸峰环布若城郭,奇松异石犬牙相错如阿房。在阴凝绀,在日凝朱;气色晃耀,夺人目睛;恢恑怪憰,莫能比拟。古人云"不到散花坞,不知天下有奇石",良然。由坞循鸟道历二阜,有巨石森然,昂首藏尾,矢矫如龙,名"扰龙石"。一松破石以孕,鼓鬣怒撑,上透石顶,凌空飞舞,曰"扰龙松"。再上,五里为狮子岭。岭路险峻,壤礤欹①砌,砂石充塞。近为汪居士蟾清所修,有级可拾矣。陟岭则四顾旷朗,峰峦如画,如建章②宫殿周回十数,恐米元晖之万峰积雨、李咸熙之万松萧寺未能仿佛万一也。下岭即狮子峰,十数武右折而登清凉台,横往而入清凉顶,直下而抵狮子林。惟游者自择焉可也。至若凸兀者曰"驼背峰",端立者曰"观音峰",皆在狮子峰之东北,须上岭时,可极目及之。

焦村陈家至翠微寺八里

　　焦村陈家,太平县之西乡也。距城五十里,距焦村三里。比邻而居,皆为望族。由陈家出天禄亭,经拦路坊,直行五里为栗溪坦,即上汤岭之径也。东行过石桥,沿河而上,绿水空明,游鳞可数,磷磷众石,响答潺湲。四里至麻衣塔。塔为麻衣和尚所建,玲珑纤秀,亦自怡情。过塔则高磴短硗③。拾级而上,曲折层升,有亭孤立,曰"方来亭"。汪文节曾题"翼然"二字。缘溪而行,清泠幽邃,已隔尘杂。有木石两横,如彩虹双落。桥下为青牛溪。相传昔人见青牛形色瑰异,欲牵逐之,入水不见。溪上有马头石,昂首若嘶。过桥则峦回路折。依山北转,四里而翠微寺在焉。寺当峰下,以峰得名。寺后迤逦而上,可五里许,有西峰堂。堂侧一小石竖立大石上,不相连属,如飞将军从天而降者。又上,溪旁石上有"龙盘虎踞"四字,乃焦居士元振避粤乱隐居时所题。再上为翠微峰,宛如云中逸鹤、囦④瀚蟠龙,雅不欲与,群互争雄。长者峰麓有翠微洞,又曰"麻衣洞"。洞侧又有马头石如前状。昔年由此可达狮子峰,今则白云封谷,丸泥塞关,满山荆棘,久无问津者矣。

栗溪坦至慈光寺山门三十里

　　栗溪坦在太平之西乡也。章姓乃陈村之附户,距城五十五里。前往五里曰"伏

---

① 欹(yī):倾斜。
② 建章:即建章宫,汉代长安宫殿名。
③ 硗(qiāo):地坚硬不肥沃。
④ 囦:古同"渊"。

牛岭",岭麓古有竹林庵。越岭南下,石上碧泓泓叠如砌,其声潺潺,俗称"油煎豆付①"。既下又上,道路曲折,一里至方源桥。前往翘首西望,见有若人、若兽、若鱼、若龟,若蠝②飞,若狐攫,若笋之丛生,若鹤之独立。错出杂陈,目不暇给。三里至甜珠岭。一登岭巅,而吊桥庵在望焉。一里过寿延桥,经棋盘石。石如几,相传有仙人戏弈于此,今则陈居士兆轩设路灯于其上。庵后有罗汉跌坐。东坞有石如人立,振衣天际,即石人峰。下有驾鹤洞,昔浮丘公驾鹤处也。双桥横驾,彩落虹飞,故曰"吊桥"。庵在桥畔,因以名之。近韩道人易为净心庵,为黄山西入之路。庵前设有茶室,因过此二十里无人烟,游者须于此饱餐而整履焉。庵南山巅有天星洞,相传有天星穿此而过。左折入山五里,昔有白云庵。由庵后逾海棠坝,循指象处,二十五里可达天海平天矼。庵圮后,行踪久绝,无复有问津者矣。前行越续古桥,上岭百步间,昂首东望,突有石人立于峰巅,亦即石人峰之重见也。路赊级峻,二里半有亭憩息。前行数步,迎面左坞者为汤岭关,右坞者为云门峰。此处为云门峰之北脚也。吊桥庵南望天星洞,即在此路之西冈,近视尤为楚楚。里许,过乾坑桥,越西流河。再一里半,有航海庵旧址,旁有亭翼之。上下道路,昔为太平陈居士珊瑞所修,近为其五世孙少舟复承祖志又修之。又五里,逾海云亭而达汤岭关。关为泾阳张中丞苃所建。关之北壁有甘泉一缕,大旱不竭,以为游人止渴,饮之清冽异常。道中之山岚如拭,光泽眩人。东有云际峰、藏云洞,西有云门峰、笠人石。浮丘峰在云门之西。白云如涛,银潮汹沸。沿崖红树,错出若锦。下汤岭,乃南干正脉绕此而出。自云门峰至桃花峰,古划八沟。每沟秀异,若经鬼斧神斤,曰"石笋",曰"天眼",曰"观音扫净",曰"老僧打坐"。沿途南望,一一毕呈。五里至横坑庵。庵遭兵燹,有亭可以休息。又里许,下有巨石,中裂如切,曰"剑石"。前往历长短梯,路若梯状,是以名之。再一里,至鸣弦泉,俗呼"珍珠挂门帘"是也。左有醉石,昔李供奉饮此,绕石欢呼,故名。石上题句则嘉靖时所刻也。泉水淙淙从石壁下,为洗杯泉。下有石阳白阴黝,如积雪状,故曰"停雪石"。前去则乌鸦伏地,林莺打兔。又有飞来石、紧浅碗罗列当前,罗汉点灯、观音坐莲遥遥相对,而张公背张婆诸景须将至虎头桥回首而望,即在目矣。沿白云溪,二里至虎头桥。桥水自莲花沟而下,由此攀藤扪葛,陟壁跨巉,可达莲花峰。然径危道险,行者绝少。越桥,有石如虎,昂首咆哮,状若搏噬,曰"虎头岩"。左岩又名"山君",似不如虎头为质实。循途前往,于山则有狮子洞,于水则有圣水泉,药铫、药瓢咸在溪中。幽曲潆洄,颇饶态趣。白云溪丛石怒撑,交加涧曲。沿溪桃、李、梨、杏摇曳缤纷,兰茝③芷蕙、缛绿红嫣殊有应接不暇之态。此处距慈光寺山门相距一里,若从汤口来游者,须绕道而流揽之。

---

① 豆付:即"豆腐"。
② 蠝(lěi):古书上说的一种飞鼠。
③ 茝(chǎi):古书上说的一种香草。

（五）黄山风俗

1. 黄山寺院虔奉菩萨分为四派：文殊院以南慈光寺、紫云庵诸刹皆普门和尚后裔，以文殊为主座；文殊院以北狮子林、云谷寺、神仙洞诸刹皆一乘和尚后裔，以观音为主座；翠微寺乃麻衣祖师之后，敬地藏为主座；松谷庵即松谷祖师开创，敬松谷为主座。

2. 凡鸣锣香客，每年七月起至十月止，汤岭道上每日不断。口念九华、齐云、黄山文殊菩萨南无阿弥陀佛，声随锣起，沿途不息。

3. 朝山香客有结会鸣锣者，有独挑香担者，由九华山来，向齐云山去。此惯例也。道经太平焦村，上钓桥庵，越汤岭，至黄山敬佛。非慈光寺即紫云庵，间至文殊院，他庵则不去，故慈光寺、紫云庵两处香火较盛。民国十四年①秋，有香客三班由太平甘棠至辅村，越松谷庵，上狮子峰，绕文殊院，抵慈光寺。舍汤岭而由山北穿至山南，历古以来是今日为始，因山中险道平治故也。

4. 鸣锣香客苏、浙、徽、宁俱有之，每班人数不一。至山房，伙照旧账，每人每日百文。当此米贵物昂，何能敷衍？惟望写灯油捐，以资辅助。供应香客馔蔬果点各有定例，如或少之，必相争论。何朝山礼佛者亦如此刻薄耶！

5. 昔年慈光、紫云两庵僧人在山君岩下分路处强争接客，后经中人调解，公立一碑，上镌"左往慈光寺，右往紫云庵"，听客自由，以息争端；且公立议约限制接客地点，左以小补桥为止，右以山君岩为止，如有越限，则照议认罚。可见两庵争衡之剧烈。近年紫云庵并归慈光寺住持脱尘一人经理，合而为一。此后香客可信足所之矣。

6. 慈光、紫云两庵最仗黟县香客，次祁门、苏杭、休、歙、旌、太又次之。惟黟县仍有一种斋婆，轮班来庵做善事：荐亡②、破血湖③。延和尚六八人，锣鼓喧天，扮文装武如演戏状。一昼夜经钱念④余元，杂化亦念元。左右禅门而用应夫规则，虽云风俗所致，亦异闻也。

7. 翠微寺每年夏历七月晦日为地藏王圣诞，庙祝须先期预备茶点、面饭。届期士女如云，焚香求签，络绎不绝，寺中尤形拥挤。捐助功德每人只灯油一二斤、铜

---

① 民国十四年：1925年。
② 荐亡：为死者念经或做佛事。
③ 破血湖：道教仪式，超度产妇亡魂。
④ 念："廿"的大写，表示"二十"。

钞数十枚而已。

8. 神仙洞每年夏历二月、六月、九月十九为观音诞日,香客云集。惟六月十九日尤为显圣,轿马塞途,十八夜即焚膏达旦,香烟弥漫洞口矣。

9. 松谷庵松谷祖师为山下沟村李姓土主,十年一次迎接下山,仪仗威严,颇为热闹。

10. 妇女香客最信装金塑像。据云,塑诸天来世得良人,塑罗汉来世得才郎。山僧借此敩钱,亦一种之风俗也。

11. 黄山僧人送香客、游客礼物,以木莲果、放光石、云雾茶、黄连、云雾草诸类,遇贵客则加赠青笋、石衣、香蕈、野白术、青松。以上诸物详载于"异产"内。

12. 黄山皆峭(硝)壁石田,不可耕者。明初太平令柳世荣、歙县令张涛据实申豁,故少赋税。山中寺院为十方所建,无山主之名称。

13. 文殊院、慈光寺、紫云庵、云谷寺等处近歙县北乡之汤口、苦竹溪、钓桥庵、翠微寺等处近太平西乡之陈家、焦村,狮子峰、松谷庵等处近太平西南乡之辅村、沟饶村、神仙洞、福固寺等处近太平南乡之巷里、三口。以上附近村庄皆视为香火庵,此等习惯由来已久,有事各鸣该处之神耆处之。

14. 慈光、云谷、翠微、松谷四寺为黄山四大丛林。清咸丰以前皆轮流传戒,不下名山气象。紫云庵于光绪四年①亦曾接法开期一次。

15. 清康熙初间,黄山宗风一振。慈光住持弘眉纂修山志,翠微寺超纲亦修寺志,俱剞劂②行世。二僧才学皆迈众,加之胜朝遗老咸集于此,著作之富冠绝一时。

16. 黄山各庵菩萨印皆木质,惟慈光寺有玉印一颗,上镌"文殊宝印"四字。寺僧什袭藏之,平常以木质代之,玉印不轻用也。

17. 黄山相传为轩辕得道之所,近数百年未闻有道人发展,占之者多僧人也。

18. 黄山寺院附近皆产茶、笋,惟文殊院四处石壁,狮子峰寒气太重,故无之。

19. 山下四乡茶叶惟汤口所产最贵,山中之桃花峰、汤池塝、钓桥庵、芙蓉岭、丞相源所出较汤口尤贵,价加百分之三十。可见山上山下大有分别。

20. 慈光寺僧人每年正月初六日,须下山至汤口程祠拈香礼拜,程姓村长于初八日上山向佛前回拜,风雨无间。追原其故,因明万历丙午③勅赐七层四面毗卢渗金佛塔,年终抵汤口,被雪所阻,安于其祠,逾年升上。是年僧人于初六日前去拈香,以后遂成惯例。

21. 黄山慈光寺每年除夕以赤豆、白米煮之,先供神前,然后盛两盆摆在殿前,以飨神鸦。此为数百年前祖规所遗者,其神鸦前三日即飞绕大殿前后,历年不爽,

---

① 光绪四年:1878年。
② 剞劂(jījué):刻印。
③ 万历丙午:1606年。

22. 黄山神鸦由来已久。寺院有贵客至,神鸦即先期来鸣,屡试皆验。又山僧云,神前灯火夜深忽明亮,必有客至。又锅门烧火之柴忽笑忽爆,亦一客到之先兆也。

23. 黄山东南所属歙县之汤口、苦竹溪、冈村、芳村、杨村至黄山谷口一带通称"黄山源",因近黄山也。黄山源田少山多,居民以芭芦为正粮;若米,须由太平、旌德两县接济。

24. 黄山源出产以茶为大宗,萝蒇次之,竹笋又次之。

25. 黄山源居民好酒,又不产酒,仰给太平焦村、双溪镇,谓之"溪酒",故汤岭酒担每日不断。

26. 黄山源种山肥料全仗桐枯、青枯、荣枯,亦购自太平谭家桥与双溪镇之油坊。

27. 黄山西北属太平县,山多田亦多,出产以稻米为大宗,茶叶亦复不少。又甘棠、双溪二镇所琢之纸伞最良,因昔年有客过洞庭湖,几遭风灾,得太平伞以救之,故来往香客无不买之,甚至一人买数十柄者,亦一土产也。

28. 黄山寺院皆吃太平所产之米,即有自种芭芦者亦聊以备不虞而已。

29. 黄山寺院寒冬无事,以芭芦磨粉调糊做粿当餐。芭芦糊粿较米便宜,价少七折。

30. 天将雨,黄山有三处可预知之:(1) 全山无云雾,若天都峰之东钵盂峰顶独有之,明日必雨;(2) 桃花峰胫之水帘洞,冬季冰结不解,一闻冰裂声,明日必雨;(3) 翠微峰傍之探水石,如一见石长,明日必雨。此乃屡试屡验,应如桴鼓。

31. 黄山口音不一,山僧某籍即操某音,故黄山无统一之音。山之东南黄山源与山之西北焦村、辅村口音大有区别,惟庵中所雇之劳工皆安庐人,方言不难辨。

32. 全山皆石壁,惟狮子林庵前系土山。昔年有松树一坞,如虬如龙,如人如鹤,疏密纠曲,古秀无伦。游客至此,莫不叹为奇观。民国癸亥①秋,山僧失火延烧。岂植物之巧者亦为化物所忌耶?

33. 黄山僧人自咸同兵燹以至清末,共五十余年,寥落不堪言状。朝来夕去,视为传舍。民国丙辰②以来,幸江苏李法周居士至狮子林诵拜妙法莲华经,并提倡佛教,平治山径,后得法空建造清凉顶、脱尘继主慈光寺、兴云退居松谷庵、心坚隐于东古寺、明光辟筑半山寺、宗教创兴五台庵,是以黄山有渐见中兴之象。

---

① 民国癸亥:1923 年。
② 民国丙辰:1916 年。

黄山游览必携

江振华 编

《黄山游览必携》，民国二十三年(1934)十月初版，上海贝勒路徽宁学校、道德书局、棋盘街锦章书局、五马路亚东书局等发行，中国国家图书馆藏。

江振华(1875—1971)，安徽歙县人，字松如，号"退思居士"，曾创办黄山画社(黄山文艺社)；早年在江苏南通创办油厂，在上海创办新安徽宁学校，任校长；1955年为上海文史馆馆员。

原书正文前的摄影照片"编者退思居士近影"、"文殊院雪松"、"清凉台古松"、"清凉台遥望石笋峰"、"始信峰俯瞰石笋峰"、"汤池"、"渡仙桥雪景"、"朱砂峰"、"奇松怪石前"、"渡仙桥望云海"、"文殊洞上望天都"、"迎送松"、"莲花岭回望朱砂峰"、"登莲花峰仰见松石"、"云海奇观"、"石笋峰"、"始信峰顶"、"狮子望太平"(郎静山赠)、"文殊台观云"、"人字瀑"、"始信奇松"(郎静山赠)、"狮林远眺"(郎静山赠)、"文殊院前"、"天都侧面"、"慈光寺殿前"、"寨西桥望云门峰"、"玉屏峰"、"松鼠跳天都"、"丞相源"、"石笋矼"、"一线天"(郎静山赠)、"狮子峰"(陈万里赠)、"万松林"(陈万里赠)、"天海道中"、"莲花峰飞龙松(即倒挂松)"(张大千赠)、"平天矼"(张大千赠)、"佛掌峰"(张善孖赠)、"黄山道中(一)"(郎静山赠)、"黄山道中(二)"(郎静山赠)、"黄山道中(三)"、"黄山道中(四)"(郎静山赠)，因影像较模糊，未编入本书，仅"狮林古松"(张善孖赠)置于正文第四章"路线及途景"之"(八)自狮林过白鹅岭，至云谷区以归"中。原书中有五幅题跋未编入本书。原书中的"黄山简图"和"黄山最近交通图"因不够清晰，也未编入本书。原书目录编入本书目录。

引人入勝

林森

林森(1868—1943),福建閩侯人,近代政治家,曾任中華民國國民政府主席。

于右任(1879—1964),陕西三原人,中国近现代政治家、教育家、书法家。

示我周行

许世英题

许世英(1873—1964),安徽东至人,中国近代政坛历史人物,曾任中华民国国务总理。

飛瀑松濤清絕地

瀛海輝其第一山

邨安許士骐題

许士骐(1900—1993)：安徽歙县人，历任南京中央大学艺术系、建筑系教授，南京师范学院美术系、教育系教授，绘画作品有《鱼乐图》《黄岳松峰》等。

黄山开辟江君首任其劳，犯雪登山豪情可想。昔渐江上人居文殊院题画诗有闭门千丈雪寄命一枝镫语严冷，别有境地。江君殆身证之，此编叙述简要，足供游者指导。后附星洲纪略，亦江君之所亲历也。海上胜游山中丽瞩，如数家珍，使人神王。许承尧读后记

许承尧(1874—1946)：安徽歙县人，光绪三十年(1904)进士，近现代方志学家、诗人、书法家、文物鉴赏家，著有《歙县志》《歙故》等。渐江(1610—1663)：安徽歙县人，为僧后法名"弘仁"，新安画派开创人。星洲：新加坡的别称。神王：精神旺，"王"通"旺"。

记得昨夜住山村 如何水天竟
不令眼前景物尽非是三十
大峰被谁吞 以去疑是蓬莱
岛万顷烟波 望断视忽然一
阵狂风起青天 还我旧乾坤

前為劉甶先生所畫雲海探奇圖
張華先生題詩書請教正

陶行知题

陶行知（1891—1946）：安徽歙县人，"人民教育家"、思想家，中国人民救国会和中国民主同盟的主要领导人之一。

歙之西溪有不疏园其主人汪渔郊素封好客四方名士游黄山者多馆其家黄仲则诗所称好事都被君家占也婺邑江博修先生居是园著乡党阁放假渔郊力以梓行今松翁媲美异曲同功萧江既成黄山游览一册徧徵题咏好事不让前人乐得为游黄山者之助余嘉其意为书数语于端甲戌黄宾虹

黄宾虹(1865—1955)：安徽歙县人，近现代著名画家、学者，为山水画一代宗师，著有《黄山画家源流考》等。素封：无官爵封邑但富比封君之人。黄仲则(1749—1783)：清代诗人，名景仁，阳湖(今江苏常州市)人。松翁：指原书编者江振华(字松如)。

本 书 缘 起

　　黄山为余故乡,久思将优异风景贡献于世,以交通阻塞,为事实所不许。去秋,余戚黄宾虹先生游蜀归,询以蜀之名山,谓皆不若黄山奇秀,因知蜀人张善孖、大千两名画家醉心于黄山者,有由矣。其时适杭徽路①通车,殷屯线②决绕越山麓,交通无梗,乃谋开发,始有兴建黄山居士林之议。全国赈委会长许公世英,首列名发起,连署者有叶誉虎、□□□、胡朴安诸先生。旋请于前执政段公暨国府林主席,均赞斯举,乐与观成。继之者七十余人,悉海内知名士。余即不避风雪,于本年一月,偕同当地士绅谢君华翔、程君栋宇赴山,勘定故祥符寺为居士林基址。虽不免冰冻泥泞,寒风砭骨,然雪景之佳,得未曾睹。归以所摄景片陈诸巨公,咸欣然神往。未几,皖建厅特组黄山建委会从事开辟,亦定桃源为住区,并议及划祥符基、分建居士林。得刘专员健中、石县长丹生函,即导许公往游。时值吴中委稚晖黄海游归,邂逅途次,倾盖言欢,对于黄山建设,俱愿为之倡。今初步计划已将实现,如居士林之兴、祥符寺之复,固赖许公登高一呼,而莲沟修整、天都登峰,又吴中委捐募力也。特将山中景物、新兴建筑撮其大要,并附路线途程,为游者导。至今后之进展,敢不追随许、吴二公之后,绵(棉)力所及,黾勉③相从,俾就繁荣以成完美风景区,而良善之导游亦将续诸异日。爰述颠末,弁之卷首。
　　民国二十三年④九月,编者歙县江振华识。

---

①　杭徽路:杭州至歙县公路。
②　殷屯线:殷家汇至屯溪公路。
③　黾(mǐn)勉:尽力。
④　民国二十三年:1934年。

第一章 概 说

（一）名 称

黄山，原名"黟（yī）山"，相传黄帝轩辕氏隐于此，自唐天宝①间改今名；又以云之出没岩壑，高峰眺望，势如潮涌，故名"黄山云海"，或简称"黄海"。

（二）方 位

黄山位于歙县西北，太平县南，休宁、黟县之东，昔称"地跨数邑"。其实山之北面太平县属，占全山三分之一，余俱歙境。黟之与休，仅壤地相接耳。

（三）境 域

山中昔分前海、后海两大部分，以平天矼为中区。矼南称"前海"，矼北称"后海"，而天海、西海不属焉。天海近平天矼，西海在矼西，皆山腹平原，因地势方位关系，另为两小部。

---

① 天宝：唐玄宗李隆基年号。

（四）四　　隅

紫石、清潭障于南，芙蓉岭锁于北，云门、浮丘①为极西之峰，丞相源在前海之东，翠微峰在后海之西，桃花源居山之西南，夫子尖居山之东北。

（五）四　　周

汤口当山南面，辅村居山北面，为歙、太两邑入山孔道。苦竹溪在山之东南，由此入丞相源。巷里在山之东北，由此上神仙洞。栗溪坦与焦村为西北村落，合径于拦路坊以入翠微。此五路为四周入山途径，而汤岭、乌泥岭对峙东西，亦居冲要。

（六）寺　　院

文殊院、狮子林，一在前海，一在后海，居山之腹地。紫云庵、慈光寺及新复之祥符寺俱在山南，松谷庵、洋湖庵、芙蓉庵则在山北。云谷、福固两寺在东，吊桥庵、翠微寺在西。半山寺在文殊道上，为前海冲要；大悲寺在天海，居全山中区。一正移址，一正拓基。其他残毁、简陋者不录。

（七）周　　积

昔云山亘五百里，以所包者广，如东南距八十里，称"黄山谷口"是。若以本山言，汤口之至辅村南北径约四十公里（旧称七十华里），东西径较短，面积约一千数百平方里。今安徽建设厅特组黄山建设委员会，着手开辟，当翔实测勘。惟初步进行，仅自

---

① 浮丘：也作"浮邱"。

逍遥亭起,由中路直上天海,抵狮林,折而南,下丞相源,经苦竹溪、汤口,仍终于逍遥亭。此局部之环山测量,计三十八公里一百十丈。又自慈光山门西北行,越汤岭,止于军田里(即拦路坊),折至翠微寺,计二十三公里。他如紫云、桃源,分区续测,尚未蒇事①。然汤岭以西,云门、浮丘之路阻塞,实测匪易,全山周积实数恐将俟②诸异日。

(八) 高　　度

山中群峰罗列,高度各殊,记载互异。山志以天都、莲花俱高九百仞③,低如狮子峰,亦高五百仞,不过具见梗概,未可据为实数。要之天都、莲花两峰最高,云门、云外等次之。惟天都险峻难登,迄未精测。至莲花高度,近年屡载报章杂志,或以米突④计,或以英尺计,合之营造尺⑤,约为海拔五千六百三十尺。所见无大差殊,较旧籍精确多矣。

(九) 山　　脉

山为南岭干脉,自仙霞岭北趋,崛起于皖南诸县者,总称"黄山山脉"。本山以云门为主峰,西接太平、黟县间之羊栈岭。自云门北分一支,为汤岭山脉。至鳌鱼脊析为二:一东蠡云梯⑥,起莲花、天都,支分盘曲,为前海诸峰;一北渡天海,起光明顶,后海峰峦悉出于此。惟前海、丞相两源众山皆出光明顶;而后海、翠微峰,又鳌鱼脊,西北行之支脉。南岭大干,自云门东南趋,为桃花峰,为柘木岭;折而东,起篛岭⑦,至绩溪;起龙(lóng)丛山,入浙江。起天目,分二支:一经余杭、杭州,沿钱塘,尽于济;一经浙之湖属、苏之常镇,而止于金陵⑧。至宣、歙(古州名,近山各县)各属山脉,又前、后海诸峰及篛岭、龙丛等所支分,紫阳、敬亭其最著者。

---

① 蒇事:完成。
② 俟:当为"候"。
③ 仞:古代长度单位,八尺为仞。一说七尺为仞,也有五尺六寸或四尺为仞的。
④ 米突:长度单位米的旧称。
⑤ 营造尺:唐代以来营造工程中所用的尺子,也称"部尺"。1营造尺合0.32米。
⑥ 云梯:即百步云梯,位于莲花峰西北麓峭壁之上。
⑦ 篛(ruò)岭:即箬岭,有箬岭古道与箬岭关。
⑧ 金陵:南京旧称。

（十）水　　流

　　两山之间，水所出焉。黄山群峰丛聚，涧、泉、潭、瀑俱成细流。志有三十六源、二十四溪之记载。溪源之较大者，前海有浮溪，为云门、浮丘之水合流，出赛西桥。浮溪之东为汤溪，源紫石、紫云间，合桃花、逍遥诸溪出汤口；又东为苦竹溪，综炼丹、天都、石门之水，南下挟掷钵泉、九龙瀑，左折缘丞相东源，出乌泥岭下。后海溪流，首推松谷，远源于散花坞、狮子岭，北行纳左右诸细流，下辅村。他如翠微峰下之青牛溪及白鹿、石室诸源，云门北麓之水，皆西向。其经谭家桥、长源里等处出者，又夫子尖、轩辕峰东流者也。至溪水之萦流汇注，因山脉自西而东，势成皖、浙分水岭。北面溪流皆经皖境汇注于江；山南之水，多入于浙。如源出云门南麓者，挟曹、阮①经歙西为丰乐水，至徽城，会扬之、富资，为练江；其西出者，入休宁，合率水，为渐江。二水汇于歙之浦口，称②新安江，下游即为钱塘。惟东部之汤溪、苦竹溪，虽在山南，因被柘（zhè）木岭南行干脉所梗，不克西会众流，遂迤逦太平县境，与后海诸溪合，为青弋江之源。

（十一）气　　候

　　山中气候，较平地寒冷。山愈高，温度愈低。如文殊院处势最高，较之慈光、云谷，相差约二十度③；慈光、云谷较汤口又差十五度以上。而日中与夜午、晴明与阴雨，相殊亦十余度。设当夏日酷暑，平地气温达百度，在慈光、云谷则为八十二三度，而文殊院仅六十度零。此犹晴明之日、日中之时，倘在夜半，或遇阴雨，慈光、云谷当降至七十度，文殊院必在五十度下。此袁随园④于五月登文殊，犹身披重裘也。若今年夏日之酷热为数十年未有，京⑤沪各处，高至百零八度；而黄山建委会之温度报告，最高为八十五度，此犹指山胆⑥紫云庵而言。实地测验，足资凭证。

---

① 曹、阮：分别指曹溪、阮溪。
② 此处已删衍字"称"。
③ 度：指华氏度。
④ 袁随园：清代文学家、美食家袁枚。
⑤ 京：指南京。
⑥ 胆（dòu）：脖子、颈。

第二章　风　景　提　要

黄山峰峦雄秀，岩壑幽奇。由于天然者多，出自人工者少，胜迹异景，在在皆是。举其著者，以概其余。

（一）峰　　峦

黄山异景，峰其最也。惟奇绝险绝，能登其巅者甚少（除莲花、始信、翠微、光明顶外，余皆不可登）。而峰峦之起伏，数不胜计，旧称"三十六峰"，仅及十之二三。如莲蕊、始信等皆未列入，足见所遗者广；又如首举炼丹，徒以有黄帝、浮丘之遗迹，其嵚崎①秀丽，未当胜似天都、莲花诸峰也。兹之所载，取拱璧于群玉，不必具卅②六之数，不必在卅六之中。

1. 天都峰　峻嶒卓立，高出云表；巍峨雄踞，冠绝群伦。俯瞰万山窜伏，等烟云之出没，渺沧海于一勺。峰顶坦平，石室宽广；悬岩峭壁，缭以古藤；窅③谷深壑，遍铺苔藓，碧翠斑斓，古色掩映。惜巉屼④无可攀援，不容茹趾，鲜有登其岭、尽其奇者。

2. 云门峰　云门为诸脉所出，崔嵬高矗，与天都同以瑰伟称，远在百里外咸能认⑤。峰顶歧为两峰，中空一阙，飞鸟不渡，浮云往还；其秀削干霄，远胜西子湖边"双峰插云"也。

---

① 嵚崎（qīnqí）：险峻，亦作"嵚奇"。
② 卅（sà）：三十。
③ 窅（yǎo）：深远。
④ 巉屼（chánwù）：突兀峻峭。
⑤ 认：原文为"认认"，其一当属衍字。

3. 莲花峰　　巉皴层簇,逼肖千叶金莲。拔俗出尘,与天都争雄对峙。若登峰造极,则众山皆小,而江河一线,海气浮沉,俱在远眺之中。

4. 莲蕊峰　　形同圆锥,秀拔峻峭。以其含苞待放、上具石艇之奇,又傍莲花,遂名为"蕊"。艇呼"采莲",亦复绝肖。

5. 青鸾峰　　昂首蹲峙,怪石列两腋,状似振翼。若异地以观,或如天女靓妆,或如大臣端笏。移步换形,名类象物,山中固常有之,此则尤为酷肖。

6. 狮子峰　　居后海之中,冠冕群峰,亦犹前海之有天都也。高大固不逮,而雄踞虎视,气象瑰奇。峰前深坳,砂壤可以造林,虽万松多摧(前有万松林摧毁过半),而青碧参天,不难恢复。峰腰之清凉顶,宜登临远眺。

7. 始信峰　　凸起绝壑,四无依傍。腰腹以下为两峰,石梁横架,下临无地,石径幽窄,仅可侧行,其奇幻与莲花梗(见后)并称。峰顶怪石纵横,虬松参错,不可名状,而散花、石笋之奇(见后)更全收眼底。

8. 翠微峰　　峦嶂层叠,碧天一色;松阴覆盖,青翠欲滴,幽蒨无与比伦:固群峰中之别饶风趣者。而径不相通,望不相瞩,尤具远举之致。

（二）温　　泉

1. 池之设置　　黄山名泉,首推温泉,又名"汤池",在紫云峰下。池长一丈五尺,广半之。上有岩石突出,因凿规形,覆池之半。池畔翼亭,列几橙①,仅堪坐憩。原极简陋,今省厅拨款拓修,建"池上楼"。虚窗四望,风景绝佳。

2. 池之温度　　池水常温,蒸气弥漫,热度均适。无间冬夏,常为四十七八度,惟池心温度较高耳。

3. 池之深度　　约三四尺,四时皆然。久旱不见浅涸,久雨亦不流溢。四周之深,亦较逊于池心。

4. 池之特点　　池底为细砂,随水沸腾,如燔②汤溅珠然。履之棉软,着肤不刺,垢污立除,无待拂拭。池畔石罅,冷泉一缕注池中,以调温度。池左有孔一,水由此出。内外温凉,回不相侔③。浴后秽腻,亦由此排泄。日浴千人,绝无留垢;数人同浴,立可澄清。人立池中,水及胸际,无与体之修短。以砂碛为底,其质松疏。视人体重量之差殊,其深浅亦因以变异,故伟岸、侏儒悉能合度。

---

① 几橙:一种橙子树。
② 燔(fán):焚烧。
③ 相侔:相等。

5. 池水化验　池水无色、无嗅、无味。昔人以为质含朱砂而非硫性,其实硫汞化合何所区异。此说本不可信,今据中央建委会矿业试验所化验,其成分为二養化矽、養化铝、養化銕、養化钾、養化钠①等矿物质,则非硫非汞。不但可以证明,而无毒能饮、富于营养,较之驰名世界之法国维希泉,亦不多让,又岂其他温泉所能企及。

6. 新凿之池　此泉原有二池,其一湮塞已久。今(令)建委会斥资规复,重事设置,焕然一新。将来或更添凿,在邻近最小范围内未尝不可得泉。但如旧池之冷泉调温,窍流泄秽,俱由天造,实不可能。此外,诸峰名泉极多,或在峰巅,或在山胆,而山中井之所在即泉之所出。要皆清澈见底,不盈不涸,饮之味甘。

（三）三　　奇

1. 云海　状山以海,名海以云,未游其境,将议以不伦。抑知山之藏云常有其景,云之铺海独擅其奇。黄山云海之名遂真确不可移易,昔人合石与松,称为"三奇"。

山中观云,宜登峰俯瞰,居高临下。其始也,惟见云铺深壑,絮掩危岩,皑靆②无垠,澹澄无色。湿润若雨余初洗,空明似雪后新晴。天际微痕,丹霞远接；水纹共漾,银汉倒流。夕照朝暾③,闪烁耀虹霓之影；昏黄晓白,迷离炫星月之光。澜静波恬,天空海阔；涤荡尘滓,豁展襟怀。俄而狂飙疾举,怒浪乍飞,激射千寻④,翻腾万顷。绿屿浮螺,翠峦沉蚌,固皆百仞之高峰,仰视而不可即者。益以风吼雷轰,撼林震谷；喧涛击石,海啸潮济。令人魂魄战惊,心胆摧裂。为水为云,万千幻象；是山是海,宇宙奇区。笔不足以形容,临者辄叹观止。

2. 怪石　黄山无处非石,大之峰峦洞室,小之一器一物,亦有足称,故不可殚述。今标其怪异之尤,概以象物、指事二项,余见"途景"⑤。

(1) 象物　笔花石之圆锐秀耸,松生其岭,一见知为"梦笔生花",不假思索。桃花溪中之"藏舟石",如舟之泊,若谓武陵渔人⑥,舍而登岸,名地悉符。莲蕊峰上

---

① 二養化矽、養化铝、養化銕、養化钾、養化钠:当为"二氧化矽、氧化铝、氧化铁、氧化钾、氧化钠"。矽:硅的旧称。
② 皑靆(ái dài):云盛貌。
③ 暾(tūn):刚升起的太阳。
④ 寻:古代长度单位,一寻为七尺。
⑤ 即第四章"途景"。
⑥ 武陵渔人:典出陶渊明《桃花源记》。

之采莲船,帆樯备具,较藏舟有动静之殊,形同神异。

（2）指事　散花东壁之五百罗汉朝南海,诸天幻象,形态各异;肩摩踵接,恐后争先。

文殊道上之五老上天都,伛偻联袂;或导或随,俱入神化,岂仅貌似。

3. 奇松　山中多松,亦若他山。松针短而粗,稀而劲;生石罅,不着土。移植他处,反以土肥致死,此异于常松也。因岩石纵横堆叠,不能遂直上之性,致盘屈倒挂,干合枝分。夭矫其姿,掩覆如盖。低仅逾尺,大过数围。或立,或卧,或偃,或仰,皆千百年物。象形指事,与怪石同。入其境者,当知不可缕数。山愈深,岩愈危,松之态亦愈奇,故称"奇松"。兹分横枝、倒挂、形似、异体四项举之。

（1）横枝　松枝侧出之最奇者,莫如接引松,在始信峰仙人桥畔。桥横两崖,下临绝壑,如虹飞天空,险不易渡。此松长北崖,枝伸南岸,借以扶手。若溯诸架石、横梁之前,人皆攀枝飞渡,则涉险济胜之功,尤不可没。

（2）倒挂　倒挂松最巨者,在莲花峰下。松生高岩,倒垂深谷,悬虬横翠,莫睹其本。有如天空游龙,鼓爪引水。

（3）形似　狮子林旁,松柏各一。枝分麟角,叶垂凤尾,名"麒麟松""凤凰柏"。此形之酷似者。

（4）异体　丞相源、云谷寺前后各松一株,同干异枝,为松萝合体,苍翠相间,柔劲相交,嫩缘覆地,深碧蔽天。

（四）潭　　瀑

方夜云:"黄山千仞成峰,落即为涧,无涧不峰,无峰不涧。"又云:"深即成潭,折即成瀑。"盖溪涧经行山谷,上承高峰之水,涧行潭聚,势所当然。若高坡峻阪,其流不能以渐,折而骤下,遂成飞瀑。故涧也,潭也,瀑也,皆山水之汇而行也。潭虽水所渟蓄,然久雨必溢,久旱必涸;非如泉出地中,不因晴雨涨落。潭似静而实动也。本山潭溢为瀑、瀑注成潭之处甚多,因连类以述。

1. 九龙瀑　亦称"九龙潭",在丞相源。兼擅潭之胜,尤为罕觏①。远望溅珠悬布于千仞之上,递降而下。瀑折为九,潭潴亦九。是溢而复折,折而复聚,聚而复溢。每折逾百丈,每潭深不测。其形或方,或圆,或整,或曲,似人工凿成,各呈异态。而瀑之盘旋飞挂,状不一类。即久晴不雨,犹若线练游丝,其流不竭,潭更清莹

---

① 觏(gòu):遇见。

可鉴，澄澈无伦。诚宇宙奇观也。

2. 五龙潭　在松谷庵前路下。五潭俱以色擅奇，青龙最著。其深不测，水色青翠眩目。昔方夜游此，至坐石望潭，无语可赞，无色可似，其奇特可知。水味胜似镇江焦山泉。潭后亘巨石，水从石罅注于潭，声潺潺悦耳。沿涧上，左有乌龙潭，其形方，其色黝；右有白龙潭，窄而长。更上则为黄龙潭，虽不若青龙之大，水作橙黄色，亦优异。青龙之下为油潭，水色鲜绿可爱。

3. 鸣弦泉　在汤岭道，下距虎头岩里许。有石长三丈、高五尺，横岩壁间。中空，左厚，状如古琴。上为鸣弦洞，洞上为落星泉。水初由陡壁骤下，注石冲击，光四射，如陨星。行洞中，溅琴石，声涔涔不息，如拂丝桐。此瀑之以声异众，不仅具飞悬之观也。石上有李白书"鸣弦泉"三字，遂相率以泉名。

潭之多而奇，莫如逍遥、桃花两溪。以山势渐平，溪流渐大，而盈溪皆石，易于渟潴。瀑则如人字、百丈，尚多者称。他如云门峰下之瀑布泉，匹练泻树梢，青白相间，以及云门溪中诸潭，皆因赛西道阻，（见后）游人裹足，致奥藏不呈，殊深惋惜。

（五）岩　　洞

岩洞之于山，犹行文之有波折起伏；否则，无以状其异，无以显其幽。一岩危立，路转峰回，似塞实通，欲前疑阻；一洞当前，万山锁钥，入则深邃，出则开溪。本山岩洞纡曲，奇绝幻绝。人谓黄山之游，似置身名园，不知在山，以其一岩一洞俱若假山结构，经艺术设计者然。

1. 莲花梗　即登莲巅途径。石蕊中空，纡回曲折。缘茎而上，穿孔而出，如行藕节之中，故俗呼"莲花梗"。循径扪壁，四经岩洞，始达峰巅。内则窈窕，外似凌虚。因岩而洞愈曲，因洞而岩愈危。其相互联属，与九龙之兼擅潭瀑媲美。

2. 神仙洞　在轩辕峰下。由福固寺上行五里，先经转身洞，旋转而过；次经仙道、挟身二洞，俱在路隅；再上为神仙洞，前临深壑，颜镌"简默洞天"。深约五丈，宽不及丈，高又半之。但愈入愈轩敞，夏日凉爽宜避暑。内有观音崖，崖后有流杯泉。右方尽处有小洞，壁穿一窦，透射天光。设梯拾级，达窦外，宜远眺。

3. 鳌鱼洞　在鳌鱼峰下。洞口为三角窦，旁镌"天造"两字。循级上升，由洞顶出。鳌鱼则首尾毕露，天海则平旷无涯。以次呈射眼帘，令人心怡神爽。

4. 紫云岩　在紫云庵内。岩当殿后，悬崥峰前。人字瀑、罗汉级更隐峰之西麓。入寺看山，复为岩障，转折之奇，引人入胜。

（六）矼　　坞

1. 石笋矼　矼之奇者,莫石笋若。石笋峰之瘦削参差,拔地耸秀,森罗环立,逞异争奇,已不多觏。矼则傍其侧,奇石奇松,象物肖形,不爽毫发。特立无依者有之,崩裂折断者有之,怪石堆叠,位置咸宜,不可增省。古松相间,盘曲纵横,异姿各逞。昔人谓黄山松石之奇,无逾于此,信然。

2. 散花坞　山中以"坞"称者,厥为散花。松石兼优,同乎石笋。如层门叠户,如曲径回环;如蹲狮,如伏虎,如舞鹤,如翔鸾;如人之立,如佛之趺。美人宜笄弁,武士列戈矛。诡幻已造极端,事物无能名矣。未经目睹者,不信人间有此异境。

（七）湖　　海

1. 洋湖　渟泓蓄黛,周广数里。水涨时则一片汪洋,于陡壁峻岈山中,得此杳无边际之湖。是固以水擅奇,宜其独而无偶。

2. 天海　居山中枢,其入深,其势高,固可知矣。独以夷旷显,周至数十亩,一望无际,砂碛弥漫。不啻山中瀚海,与前、后海之因云命名、取义迥异。此外有西海,亦幽邃平广,途径久塞,无由探奇。

（八）台　　峡

1. 炼丹台　在炼丹峰下。色深紫,周广容万人。诸峰皆峭拔,此石独平夷。造物奇幻,诚出意表。而玉屏峰嶂峙台前,几疑几案所供,不信其为山矣。

2. 清凉台　突起孤立,四壁无依。台形长方坦平,远眺山北空旷。处势之开宕,又不信巉岩峭壁山中有此境也。

3. 文殊台　亦称"文殊打坐"。三面临壑,同清凉台。惟凹平如椅,仅堪跌坐。白云没足胫,登之如在天空。而四山崔嵬,仰之瞻(胆)之,独以渺小取胜。此则异于清凉。

4. 天门坎　两岩夹立,下开上合,阔仅三尺,恰如门焉。他如一线天之行同隧道,透射天光。开门石之若不容身,遮绝异境,固皆山之峡也。扼隘挟险,无逾之矣。

第三章　游区及距离　新兴区新修路附

本山昔以地僻径险，寺院零落，游踪甚稀，迄今仍有人迹罕到之处。兹就现有寺院可供膳宿者，划为八游区，就区分段（叚），系以距离，俾了如指掌。至最近之言开辟，已在积极进展，特分新兴区与新修路以附之。

（甲）前　海　四　区

1. 紫云区　起于汤口，迄于慈光山门，西面包括桃源。本区共分四段：

第一段　逍遥亭，距汤口四里。

第二段　小补桥，距肖（逍）遥亭四里。

第三段　紫云庵，在小补桥北。再上即慈光山门。桥距山门不及一里。

第四段　桃花源，上对慈光，下对紫云，皆一溪之隔。其距汤口途程相若。

膳宿处　紫云庵及新兴之祥符寺、居士林等。最近紫云定为商店区，将有旅馆、餐馆之设备。

2. 慈光区　起于山门，迄于半山寺，兼汤岭道。本区分两途，共四段：

第一段　慈光寺，距汤口十里，紫云二里，桃源同。山门里许。

第二段　半山寺距慈光八里。

第三段　汤岭南道，止于汤岭关。距慈光十里，山门八里。

第四段　汤岭北道，近至吊桥庵，距关十里；远至栗溪坦，距关廿里；旁及白云址，距吊桥五里。

膳宿处　慈光寺、半山寺、吊桥庵三处。慈光虽残毁，仍较他寺宽敞。半山在新拓，吊桥则隘窄朴陋。

3. 文殊区　起于半山寺，迄于天海，旁及莲花峰。本区分四段，莲花为中道歧途耳。

第一段　云巢洞,距慈光十二里,半山四里。

第二段　文殊院,距慈光十五里,半山七里。

第三段　天海,距文殊院十里,歧路三里(即莲巅、天海分路处)。

第四段　莲花巅,距歧路二里,文殊九里,天海五里。

膳宿处　文殊院及新兴天海之大悲寺(已在奠基)。

4. 云谷区　起于苦竹溪,上达狮子林,即丞相源全境及白鹅岭南北胆也。本区分两段:

第一段　云谷寺,距苦竹溪十里,汤口十五里。

第二段　白鹅岭,南距云谷十七里(白鹅,十二里白砂,五里云谷),北距狮子林三里。云谷、狮林间相距二十里。

膳宿处　云谷寺,已毁败。湫隘①不堪,急待兴修。

以上前三区,除桃源、汤岭、莲巅为歧路外,固直道连接。云谷虽另途,亦可互通。所列各区段(叚)距离,俱照原来里程。最近据建委会合并四区,环行测量,起于肖(逍)遥亭。周围公里详如下:

紫云庵脚距肖(逍)遥亭,二里五十丈。

慈光寺,三里一百二十丈。

半山寺,六里六十丈。

云巢洞,八里十丈。

文殊院前,八里百六十丈。

莲花峰脚,十里一百丈。

平天矼,十二里六十丈。

狮子林前,十五里百七十丈。

白鹅岭,十七里二十丈。

丞相源庙前(即云谷寺前),廿三里四十丈。

黄山胜境坊,二十九里七十丈。

苦竹溪,二十九里百四十丈。

汤口村,三十五里。

肖(逍)遥亭,三十八里一百十丈(终点)。

---

①　湫(jiǎo)隘:低下狭小。

（乙）后 海 四 区

1. 狮林（抹）区　起于平天矼，迄于狮子林，东连始信峰。本区分三段：

第 一 段　平天矼，接连天海，距文殊院十里。

第 二 段　狮子林，距平天矼五里。狮子岭在林后。

第 三 段　始信峰，由狮子林东向，相距三里。

膳宿处　狮林精舍，为前、后海枢纽，各路所必经也。

2. 松谷区　起于狮子岭，下迄松谷脚庵，西涉洋湖。本区分三段（叚）：

第一段（叚）　松谷庵，上距狮林二十里，中经三刘门亭，各距五里。

第二段（叚）　脚庵，距松谷十里，狮林三十里。

第三段（叚）　洋湖，由引针峰麓西折而入，相距四里。湖距松谷十一里，脚庵七里。

膳宿处　虽有松谷、芙蓉、脚庵、洋湖四处，遭兵燹①后皆不过补苴茸漏，仅可栖息，其中松谷庵较整洁。

3. 翠微区　自峰巅下北麓，奄有全境，距入山之拦路坊十二里。（翠微巅，五里翠微寺，二里方来亭，五里拦路坊）坊距焦村、栗（粟）溪坦、洋湖各五里。

膳宿处　翠微寺、西峰堂。

4. 福固区　上自轩辕峰胭之神仙洞，下迄夫子山脚。福固寺居中道，距神仙洞五里，下距锡溪十里。锡溪距巷里又十里，皆入福固必经之地。

膳宿处　福固寺。

（丙）新 兴 区

黄山建设委员会成立时，勘定桃源、天海、云谷、狮林为住宅区，紫云为商店区，计共五处。今桃源已开始建设，天海、紫云皆在规划（画），故列入新兴。

1. 桃源区　前述游区将桃源附于紫云，以邻近故。惟源极深邃，昔分谓里、中、外三莲，俱有寺院。而溪曲多潭，沿溪艺桃千树，不减晋人武陵。自兵燹后，荆

---

① 兵燹(xiǎn)：战火。

棘铜驼,里叚①风景,久已遗置。今定为住区,区内居士林之兴、祥符寺之复,已鸠工庀材②,私人住宅及中国旅行社亦勘址建置。此区为山之外户,地甚平旷,积极设施。避秦者乐而忘返,可逆睹也。

2. 天海区　山之中央,如平天矼、光明顶,皆无寺院憩息。游者须南自文殊、北自狮林以登,原为极大缺点。惟天海相距最近,地势夷广,不似光明顶之峻峭,不似平天矼之隘窄,故划为住区,规划(画)兴建。区内之大悲寺,基址犹存,更不难恢复,是将继桃源而实现也。

3. 紫云商区　山中无广大寺院,汤口无整洁旅店,游人辄感不便。辟紫云为商区(即小补桥上、庵前松林中,伐树平治为基址),新兴中第一要务。

（丁）新　修　路

1. 桃源路　桃源沿溪筑坝,依山辟路,建中口于祥符,并在逍遥亭及山门附近建南北两口。临溪坝上铺石路,与缘山路平行。中夹住宅,前后可通,俱仿马路筑式。祥符寺前并造人字马路,直达溪边。

2. 紫云路　紫云兴商区,新建两桥,通桃源住宅,并于峰麓辟新路,已完竣。

3. 前海路　前海自慈光以上,昔为险径,后渐平治,今更全部修拓,择要添护栏。

4. 云谷路　云谷下至苦竹溪,原为坦途;上达狮子林,尽属鸟道。年久失修,坦者已不易行,曲者更将裹足。今自狮林以降,险者夷之,窄者拓之,斩荆披棘,排除砂砾。从此安步当车,便利多矣。

5. 莲花沟　莲沟砂砾载途,不良于行。今吴稚晖中委独捐资修整。

6. 登天都　天都为山之最高峰,险绝难登,人咸引以为憾。吴中委有鉴于此,给资山僧,嘱先觅路影,嗣辟小径。造极登峰,瞬息间事。

---

① 里叚:疑为"里甲"。
② 鸠工庀材:招集工匠,准备材料。

第四章　路线及途景

　　山中旧径五,前海居二,后海居三。今殷屯公路通过汤口、乌泥,山南自趋重要。兹言前海入山,略于北进,且黄山游人,汤口入者为多,故以紫云、桃源为起点,苦竹溪、胜境坊为终点。照上章八游区,易其次第而连贯之,并分段(叚)系以途景(亦照游区各段(叚))。

(一)自汤口至紫云区入新兴之桃源区

途景

第一段(叚)

1. 逍遥亭　亭当逍遥溪入汤溪之口。溪中有锦麟鱼游泳。汤口至此,皆沿溪行。万峰攒簇,绿树浓阴,涧声急如骤雨。此入山第一亭,有系观瞻,正在增高拓广,易柱换梁。

2. 清潭峰　在逍遥亭对面。峰下有布水源、百丈潭,飞瀑高悬,走珠陨石。亭前可遥瞩。

3. 扁担石、香炉石　在亭下。

4. 白砂、锅底、棺材、孩儿诸潭　逍遥溪原以潭胜,此尤著称。由亭下沿溪小径往探。

5. 锁溪桥　在亭上约半里。数涧参错,歙绅程霖生建三桥联锁之。

第二段(叚)

6. 小补桥　桥在桃花溪上,北接汤池上紫云,南入桃源。名胜罗列,风景绝佳。现已添石展宽,护以木栏。

7. 青龙潭　在桃花溪中,跨小补桥下。与松谷道中者异地同名。

8. 砥石　危耸小补桥上。当四山蟠束处,势甚隘要。

9. 郑公钓台　在桥下溪中。昔郑师山垂钓处。

10. 新旧汤池　见提要。

11. 池上楼　为最近新建。浴后登楼四顾,尘俗尽蠲①。

第三段(叚)

12. 紫云庵　过小补桥,拾级上即紫云庵。四周竹树茂密,面山临涧,风景清幽。颜题"黄山一茅篷",故亦称"茅篷"。今划庵前松林为商店区,伐树夷基,在兴建中。

13. 紫云峰　在紫云庵上。众山多崚嶒石骨,此则土琢泥搏,故矫矫不群。毗邻紫石,高亦相埒②。天光映射,云霞弄影,直似笼罩其巅。

14. 紫云岩　在庵内殿后,紫云峰前。(详提要。)

15. 人字瀑　由岩后西行,突见危岩百丈,石挺岩腹,清泉分向左右走壁下泻。

16. 罗汉级　在瀑前。凿岩成级,仅容趾。昔山径未开,取道于此。

17. 回龙桥　在庵西罗汉级下,当天都中、东两沟合入桃花溪之口。涧深流急,多白石。过此即慈光山门。

第四段(叚)

18. 桃花源　此段(叚)总名也。(详前章。)

19. 祥符寺　在小补桥南,当桃花源中口。(见后。)昔为败瓦颓垣,今已兴复。

20. 居士林　邻接祥符。最近建造。

21. 紫云桥　跨桃花溪。最近所架,通紫云商区。

22. 白龙潭　在桃花溪中,近回龙桥。今架木潭上,名"白龙桥"。亦使住宅、商店两区互通也。

23. 呼龙石　在白龙潭侧。壁镌"呼龙"两字。

24. 丹井　在白龙潭西洗药溪中(即桃花溪上游),并有药铫、药瓢在其旁。

25. 藏舟石　近舟井。(详提要。)

26. 回澜石　近藏舟。石砥中流,水波折转,天然堤坝,竟束狂澜。昔江夷之题三字于上,石固当之无愧。

27. 桃花峰　上接云门,绵延起伏,峦嶂绚丽。

28. 水帘洞　在桃花峰胆、祥符寺后,深而隘,内有子洞如堂奥。水从洞前石壁下泻,冬夏不涸,形似垂帘。

---

① 蠲(juān):除去。

② 相埒(liè):相等。

29. 餐霞洞　距水帘洞十余步，洞口为二，中如墙隔。
30. 轩辕碑　相传轩辕氏在山修道升仙，人民立碑祀之，为五千年古迹。山志所载同。

（二）自桃源至慈光区先上汤岭折回北上文殊区

途景

第一段（叚）

1. 桃花溪潭　桃花溪亦以潭胜，多在桃源、慈光间，固不仅白龙也。
2. 汤岭南道　此段（叚）总名。自慈光山门西北行，止于汤岭关。沿途溪水萦回，花草掩映，岩石撑耸，涧声雷鸣，颇饶幽趣。
3. 虎头岩　距山门一里。石色黝黑，蹲伏昂首，耽耽逐逐，凛凛如生。
4. 虎头桥　在岩下，当莲花沟水来会处。
5. 张公背张婆、罗汉点灯、观音打坐　在虎头桥上俱能次第望见。
6. 紧浅碗　近虎头桥。石嵌壁间，凹如碗。甘泉一缕注之，常盈不涸，游人饮以解渴。
7. 飞来石　在紧浅碗北上路东。
8. 鸣弦泉　详提要。
9. 鸣弦涧、落星泉　由鸣弦泉左折入，相距不远。（详提要。）
10. 洗杯泉　在鸣弦下。三字亦李太白书。
11. 醉石　在鸣弦左侧。相传太白醉后欢呼，题句于此。
12. 停雪石　在醉石下。阳白阴黝如停雪然。
13. 剑石　倚岩如削，较吴门试剑殆有过之。
14. 老僧打坐、观音净扫、天眼、石笋　须于汤岭回首南望。

第二段（叚）

15. 汤岭关　为歙、太两邑孔道，有万夫莫开之势。东望云际峰、藏云洞，西望云门、浮丘，皆岭上绝美风景。
16. 笠人石　在岭头。如人戴笠而立。
17. 棋枰石　北距吊桥约一里。以形似得名。
18. 吊桥庵　南望天星洞，天光穿窦；东望石人峰，振衣天际。庵傍双桥横架洞上，故名"吊桥"。

19. 驾鹤洞、绿水潭　洞在吊桥下,潭在溪中。

20. 罗汉趺坐　在庵后。

21. 白云庵址　距吊桥五里。由庵东折入,昔为西面至天海要道,今塞。

22. 桃花坝、指象石　近白云故址。

23. 云门东麓　怪石巉岩,奇诡万状。于岭北栗溪道上遥望,诚大观也。

第三段(叚)

24. 慈光山门　亦称"关帝庙"。在回龙桥北,右通汤岭,入门即慈光寺。上文殊、越天海要道。前山为桃花峰。

25. 双溪阁　为最近新建,以临桃花、朱砂两溪也。

26. 听涛亭　在山门内,亭踞坡头。原名"得心"。

27. 二天门　入门局势顿开,峰峦突变,最为奇观。朱(殊)砂峰当于前,圣泉、紫石崎左右,钵盂斜插于东。

28. 紫石峰　众峰石皆黝黑,此峰紫润如玉,宜其超然特立,亭亭物表。

29. 虾蟆峰　踞紫石、紫云间。形神活跃,于二天门望之,尤酷肖。

30. 圣泉峰　在莲花峰下。址宽广,顶巉突,峰腰如束,形异众。相传峰顶有温泉池,热气沸腾,邻峰可望。

31. 朱砂峰　在圣泉东南。剥尽无肤,色若丹砂,青松间之,相互射映。

32. 慈光寺　又名"朱砂庵"。在峰下,为黄山寺院最广大者。毁于兵燹,后虽叠加修造,尚未恢复旧观。

33. 普同塔、千人锅　俱在寺左。

34. 朱砂岩、朱砂泉　岩在寺后峰腰,泉在岩下。俱以产丹砂称。

35. 法眼泉　在寺西。窟上翳①片石,如眼将阖。

第四段(叚)

36. 观音岩　在慈光东谷。

37. 金砂冈　在岩上。路皆细砂。

38. 莺谷石、碰头石　在金砂冈下。

39. 飞来洞　洞无依傍,如天外飞来。

40. 打鼓洞　在飞来洞北。投石声如桴鼓。昔为险径,今护栏洞上以通行人。

41. 五里栏　原名"天梯"。斜侧而上,坡度甚峻,今护以栏。

42. 渡生桥　跨天都中沟,西通老人峰麓。渡桥北行,达半山寺。

---

① 翳(yì):遮蔽。

（三）自文殊区经莲花岭上莲花峰过鳌鱼洞至新兴天海区

途景

第一段（叚）

1. 半山寺　原为半山土地，广仅数弓。今移新趾①，较前拓宽。东望青鸾蹲伏峰腰（指天都言），西望朱砂已在足底。由此而上，奇峰环立，怪石罗列，古松夭矫，岩谷幽纡。愈上愈险，愈险愈奇。

2. 金鸡叫门帘　金鸡石即青鸾峰。在此瞭望，状如鸡之振翼将啼。因对天门坎，故俗呼"金鸡叫门帘"。

3. 老人峰　在朱砂峰后。于此望之，形益似。峰麓东坞（即由渡生桥入）古木阴阴，远绝尘俗。

4. 罗汉对观音　老人峰上两石相对，一若趺坐，以此呼之。

5. 观音崖　在半山旧址下。

6. 龙蟠坡　又称"打鼓墩"。距半山里许，有庵址，名同。

7. 五老上天都　（见提要。）须于龙蟠庵望之。

8. 横云石　在坡上路隅。由文殊下行，见一石横阻，白云缭绕其间。

9. 天门坎　又名"三观岭"（详提要）。坎下有"兔儿望月"。

10. 月胁岩、龟鱼石　三观岭下昔有赵州庵。岩在庵左，石在庵前。

第二段（叚）

11. 云巢洞　在半山至文殊道中，为程上下相若。昔由洞内拾级，穿顶上行，极奇险；今开路洞侧，绕而升。

12. 童子拜观音　于洞外望天都峰下，二石对立，肖此。

13. 小心坡　峭壁悬崖，窄仅容足。今凿级护栏，化险为夷。

14. 蒲团石　在坡上。厚数尺，容多人坐。对天都正面。

15. 卧龙洞　近蒲团石。昔有松卧洞上。

16. 渡仙桥　由卧龙洞折而东。桥跨两崖，下深不测。

17. 普贤洞、佛掌岩　在桥下沟中，并有石臼、石杵。

18. 一线天　（详提要。）

---

①　趾：通"址"。

19. 莺哥石、飞鱼石　俱在一线天。以形似,莺哥作绿色,尤奇特。

20. 蓬莱三岛　秀峰二三,参差错列。松生其间,望之如岛。

21. 文殊洞　在三岛上。幽窄不可迳行,凿梯悬岩,如出井底。

22. 迎送松　在洞外。枝向洞侧出,作送迎状。

23. 文殊院　居山深处,亦高处也。千万峰峦,环伏竞秀,如波纹鳞片之在海中。惟天都、莲花,犹耸霄汉,列左右,望之如在目前。面对朱砂,拜伏阶下。后倚玉屏,天然屏障。平地约十亩,院前亦空旷。

24. 狮象石　寺前有石二,狮则蹲伏,象则伸鼻,近视益肖。

25. 文殊台　突起南面,凹平处不盈五尺。由石后凿窠以登。跌坐其间,望云玩月,几忘身在尘世。

26. 松鼠跳天都　耕云傍,天都腋下。顶石如鼠,作跳跃势。

27. 金鸡采玉莲　莲蕊、莲花间有石若鸡,背蕊面花,与上列松鼠石皆于院前望之。

28. 立雪台　在院西。台上北望石笋峰。台旁有鹤石。

第三段

29. 阎王壁　文殊西行,峭壁当途,下临绝壑,凿窠纳趾而过。今已平治。

30. 蒲团松　过阎王壁,有松翼路隔,围宽干短如蒲团。

31. 大士崖　在壁西,近莲沟。

32. 莲花沟　由院西行至此,折而下,循径深谷中。高低曲折,两岩陡绝,清流萦纡,砂砾载途,步之艰涩。

33. 姊妹放羊　在莲花沟西山坳中,近莲蕊。半山寺上即可远望之。

34. 掏月岩、莲花洞　岩悬洞上,正当洞门。洞本塞,凿臼于壁以纳趾,越顶而出。游人至此,将探洞外之奇。突障悬岩,益形其曲,形如二指,因名"掏月"。一树盘曲出岩旁以翼之。

35. 莲花岭　在莲沟西北,间莲蕊、莲花两峰,势陡峻。东眺天都,怪石嵯峨,不可名状。

36. 上莲花峰　下岭经大一线天,至此分途。北上天海,东登莲巅,缘茎入瓣始于此。歧途峭壁,标有"上莲花峰"四字。

37. 香砂井、月池　俱在莲花峰顶。井以砂著,池以形称。

38. 伍吉问卜　在莲花峰畔。

39. 采莲船　在莲蕊峰上。(见提要。)

40. 倒挂松　在莲花峰下。亦名"飞龙松"。(见提要。)

第四段

41. 百步云梯　由莲巅至天海,须下此梯。势陡级多,奚止百步。

42. 老僧看海　踞云梯西望,若人趺坐。看海,指观云也。

43. 容成朝轩辕　在鳌鱼洞。南望莲花峰下,一石若临朝,一石若入觐,冠带整肃,故名。

44. 炼丹台　在炼丹峰下。(见提要。)台上有丹池。

45. 鳌鱼洞　详见提要。

46. 容成洞　鳌鱼脊后脉接容成峰。峰下有洞,篆籀斑驳,不能卒读,亦古迹也。

47. 天海　见提要。

48. 大悲顶　近平天矼,海中主峰也。岩绝径断,无可攀登。

49. 大悲院、海心亭　院在顶下,将兴复;亭在海中,已修葺。

50. 天海庵、三昧泉　庵亦海中旧寺,今圮。泉与庵邻,为天海第一名泉。

(四) 自天海平天矼北下狮林区由狮林东登始信峰

途景

第一段

1. 平天矼　居全山之中,北望云外、丹霞,南望莲花、石人,皆前、后海景物近而佳者。矼长里许,宽仅数丈,横卧如长虹。

2. 光明顶　在矼东。高耸云表,匡庐、天目远望如指掌,宣、歙山川,若沟渠交错,棋布星罗。登峰游眺,莲花而外,此其亚也。

3. 鳌鱼驼金龟　在平天矼、光明顶南望鳌鱼脊,有石如伏龟。

4. 凤凰松、棋盘松　俱在平天矼。

5. 石柱峰　在矼西。一石撑霄,中天砥柱。峰之西为西海,南麓有水晶井。

6. 石床峰　在西海、狮林间。上有紫石床、碧石枕,下有观音崖,颇深广。矼上虽可望,远而无径。昔由狮林至西海,可观石床。胫健者,仍得探奇。

7. 松林峰、丹霞峰　俱在平天矼西北。松林自巅至胫,古松盘曲,青翠无隙。后海固以深林密葺胜,此其尤也。惟巉突难登,仅于近处餐其姿,聆其涛。北接丹霞,峦岫联属,绚彩映碧,尤美观。

8. 云外峰　后海最高峰也。南接丹霞,东邻狮子。巍然高矗,无与为偶。自上列石床以下,清凉顶瞭望,亦历历在目。

9. 石人峰　在平天矼西南,与云际、容成、汤岭相接。

10. 石门峰　在光明顶东北。峰下有石门源,险扼隘塞。水由门出,下丞相源。

11. 贡阳山　倚光明(期)顶,面狮子林。山为砂壤,松荫深浓。

12. 团鱼孵子　在光明顶东,于狮林道中回首望之。

第二段

13. 狮子林及精舍　在狮子峰下。背北面南,精舍数楹相与比邻,幽静无匹。当南北孔道,往来游人多止宿于此。

14. 狮子峰　居山腹部。地虽幽邃,势甚开宕,与前海之奇突诡幻,各臻其妙。(余详提要。)

15. 万松林　在狮林前。昔之逞异姿势、飞枝盘干者,半皆羽化蜕遗。

16. 清凉台　在狮林后。台上瞻山北之夷旷。昔有破石松,犹余枯枝。

17. 清凉顶　在峰腰。顶有小楼,望西海,瞰铺云,众峰环拱,如入画图。

18. 麒麟松、凤凰柏　详提要。

19. 连理松　交柯联枝(技),故名。在林左。

20. 锦霞洞、将隐岩　在狮峰南胆。夕阳斜照,霞彩眩目。岩在洞侧。

21. 石鼓峰　近狮子,邻丹霞。状如鼓。

22. 铁线潭　在石鼓峰胆。由清凉顶西下可寻,伏丛莽中,悬岩上蔽,旧俗以"藏龙"称。

23. 灵龟探海　在石鼓峰上。以其引领下俯也。

24. 达摩渡江　在丹霞峰上,于狮林西望之。

25. 西海门　在仙桃、翠微间。由狮林遥眺,云岚层叠,诡变无常。望西海云,指此。仙桃,近云外。

26. 飞来峰　近海门。视之无根,旁无所附。

第三段

27. 五星石　即"天官赐福",始信道中望之。

28. 仙人桥、接引松　在始信峰腰。(详提要。)

29. 始信峰　东邻轩辕峰,西对狮子峰,白鹅为南路冲要,望仙为北面高峰。揽石笋之秀,探散①之奇,翠岫层峦,幽蒨深寂。山近太古,庶几近之。

30. 琴台　在始信峰上。昔江丽田隐山中,鼓琴于此。

31. 聚音松　在台旁。复盖盘旋,琴音所聚。

32. 石笋峰　在始信峰左腋。(余详提要。)

33. 石笋矼　在石笋峰侧。(详提要。)

---

① 在:当为"花"之误。

34. 五老荡船、仙人对弈　在始信东南,近白鹅岭。

35. 散花坞　近始信峰,南傍始信道,北口在松谷道狮子岭下。(余详前。)

36. 笔花石　在坞之南部。(详前。)

37. 笔架石　在笔花侧。数石参错,类笔架。

(五) 自狮子岭下松谷区西涉洋湖

途景

第一段

1. 狮子岭　在狮林后。岭南西折,上清凉台,岭北东入,探散花坞,直下经三刘门,达松谷,固孔道也。岭路陡峻,四顾敞朗。

2. 上刘门亭　即如意亭。距狮子岭五里。

3. 照镜、进宝两石　在岭下亭上。

4. 三尊大佛　在上刘门前。

5. 关公挡曹　在仙人峰下。峰拱三佛之前,亦于如意亭望之逼真。

6. 五百罗汉朝南海　(见提要。)于中刘门东望。

7. 书箱、宝塔两峰　一在路左,一在路右;一在上刘门下,一在下刘门上。若从高瞩,箱屉抽动,浮屠巍镇,名自不虚。

8. 仙人观榜　在中刘门对面。石如张榜,斑驳如蝌蚪古篆。旁有石如人,衣冠楚楚,妙入神化。

9. 天眼　亦称"天星"。于中刘门回首仰视,高壁一窦,若隐若现,直似将曙晨星。

10. 童子拜观音　由下刘门北降,近松谷老基。与天都峰下异地同名,而自在现身,顽童顶礼,举动各殊。

第二段

11. 叠障峰　翠岫重重,横岚列嶂,绵延不断,此伏彼兴,固山北之名峰也。

12. 松谷庵　在叠障北麓。庵前具龙潭之胜,下有松亭谷。

13. 五龙潭　(见潭瀑。)由上而下,首黄龙,次乌龙、白龙,再下为青龙,终之以油潭。有题黄龙为"珠渊",乌龙为"黳①泽",白龙为"流翠",青龙为"空青"者,较以

---

① 黳(yī):黑色美石。

无稽故实命名,雅俗迥(迴)殊。

14. 油榨、油缸　俱近油潭。一横石如榨,一蓄水如缸。

15. 芙蓉峰　北面入山、高耸于中者即芙蓉峰。峰下有庵,庵西有岭,岭巅有洞,岭下有亭及桥,俱以芙蓉名。

16. 马蹄石　在峰上。如马迹印泥,深浅不一。

17. 汪波潭　在岭下,为北面入山第一潭。洞流由岭右冈下,潴为此潭。其上称"黄龙出海"。

18. 半边洞　亦在岭下。又名"半边石屋"。

19. 松谷脚庵　正对芙蓉。引针、磨盘两峰夹峙,阴湖、阳湖在东西谷。阳湖即洋湖,阴湖不以风景称。

20. 松山寺　近辅村,太平望仙乡境。南面玉屏峰,峰在望仙下。望仙亦山北高峰,由脚庵往游最便,故附此。

第三段

21. 洋湖　周广数里,在九龙峰下。由脚庵上行,至引针峰麓,西折而入。(余见前。)

22. 洋湖矼　矼在湖旁,天然堤障。

23. 洋湖庵　灵虚一点,宛在水中。此则具体而微耳。

24. 引针峰　当湖北面。峰下石能引针。

25. 九龙矼　在九龙峰麓,洋湖矼后。

(六)自脚庵取道巷里西上福固区

途景

1. 杨田岭、杨田洞　岭在夫子山脚以北,洞在岭下。经岭南行,越锡溪,沿涧上。

2. 大战岭、黄帝坑、跑马矼　在锡溪南东折歧路处。相传黄帝战于岭,驰于矼,洗药于坑,古迹相属。

3. 夫子尖　巉岩峭壁,干霄入云。于山脚南阳亭,瞭见黄山面目,即此峰也。

4. 夫子洞　山脚多洞,此则广可容众。

5. 麟趾桥　由山脚至此,沿涧穿林,树阴蔽日。桥跨深涧,其下白石纵横。

6. 滴翠潭　在桥下。深不测。

7. 福固寺　在轩辕峰脚。围于丛篁中。
8. 转身洞　入洞逐步拾级,径隘级高,旋转方过。
9. 仙道洞　洞前回首,可望夫子尖。
10. 挟身洞　嵌岩裂壁,如挟身入缝。趾履斜寀,横栏洞侧。
11. 神仙洞　详见提要。

（七）自福固折回原路经焦村上翠微区　归途经松谷至狮林区

途景

1. 拦路坊　当栗溪坦、焦村合径,东折歧路入山处。
2. 麻衣塔　麻衣和尚建。四面玲珑,尖锐耸秀。过此逐步上升。
3. 方来亭　原名"翼然"。下距塔二里,翼路隅。
4. 双桥　跨青牛溪,亦称"翼然桥"。木石双架,俗呼"双桥"。拦路坊至此皆南行,过桥,峰障路折,转北向。
5. 马头石　在双桥溪上。仰首作长嘶就饮状。
6. 翠微寺　在峰之北麓。修竹松林,密茂幽静。
7. 西峰堂　又名"黄山堂"。由翠微寺后曲径上,面山临水,峦翠相映,涛涧互喧,养性怡情,莫善于此。

狮林古松　（张善孖赠）

8. 飞来石　小石竖立大石上，两不相属。

9. 翠微洞　亦称"麻衣洞"。在峰腰。

10. 翠微巅　峰为鳌鱼脊北脉分支，故虽处后海，不与他峰接。登峰则取道北麓。峰巅在西峰堂上。

（八）自狮林过白鹅岭至云谷区以归

途景

第一段

1. 慧明桥　在白鹅岭北，狮林东南，当始信、云谷歧途，由北及南，故首列之。桥环密林，景清幽。

2. 黑虎松　在岭北。不惟形似，色亦异众。

3. 白鹅岭　傍白鹅峰。狮林至此，修竹夹径。岭上北眺，势如建瓴，南望鸟道萦纡。

4. 介推负母、张公带子　于岭向东横望。

5. 双龟石　在石门峰东麓。两山相通处，大石横架如梁，行空复道，由于天造，斯已奇矣。两端恰有石如龟以镇之，尤奇。

6. 猿猴岩　在石门峰下。岩为猴穴。

7. 狼豹洞　近双龟石。常为狼豹踞。

8. 澡瓶泉　嵌石门峭壁。状如瓶，水从瓶口喷注。

9. 合掌、青蛙两峰　掌伸五指，蛙色翠绿，俱于石门道望之。

10. 看云台　风景悦目，怪石状人象物，奇态毕呈。

11. 皮蓬址　在白砂矼上。由此东折入山，通石门源。

12. 净瓶石　在皮蓬前。酷肖。

13. 白沙矼　横丞相源深处。于此望青鸾，奋翼天都、钵盂间。白鹅至此，乳石载途，苔藓遍地，境幽径曲。

14. 招隐亭、雪庄塔　塔在岭旁，亭在塔后。

15. 白砂岭　傍矼。亦细砂滑足。

16. 仙灯洞　由矼北望，洞对钵盂峰。幽僻宜修真。云谷寺东折小径可通。

第二段

17. 云谷寺　在白砂矼下，钵盂、罗汉峙东西。四周皆修竹丛林，土宜种植。

白砂矼至此,径盘曲,多榛莽。寺前后有异萝松各一。

18. 琴台、狮球　台亦江氏鼓琴处。台下溪中,有狮子滚球石。

19. 正志塔　在云谷山门。

20. 丽田墓、钓月台　俱在山门下。

21. 香亭　在珍珠岭上二里。南入者,即此望天都诸峰,始睹黄山面貌。

22. 开门石　在岭下。(见台峡。)

23. 九龙瀑　在九龙峰下。(此前海九龙,因瀑得名。)径陡险,不易近临,于天绅亭瞻望,最清晰。亭距云谷七里。

24. 黄山胜境坊　云谷至此皆坦途。坊在苦竹溪,乾隆南巡时建。

按以上各区段景物,或宜登高远眺,或宜涉险探奇。虽不免沧海遗珠,其昭昭在人耳目者,大概俱举。惟松石之呼形喝象,因繁复间有遗漏,而形似之处,有一见能名,竟不得以俚俗舍之。至人迹罕到之区,或奥僻未阐,奇景犹藏,或古藉①难凭,无由觅影,以及已倾之石,已塞之洞,已萎之松,已竭之泉,皆所不录。其寺院亭台毁圮多年,无与于风景者,亦从略。

(附)苦竹溪入山路线　十里至云谷,过白鹅岭,驻狮林,登始信。先游后海之松谷、福固、翠微三区,折回故道,由狮林越天海,循文殊道,南下慈光、紫云,出汤口。段线途景同,但逆行耳。中途歧路登莲巅,上汤岭,入桃源,亦如之。

---

① 藉:通"籍"。

第五章 游　　览

（甲）游　　程

1. 半月游程

第一日　初入山，宿紫云或桃源。

第二日　上午，浴汤泉，憩小补桥，游紫云附景，至回龙桥止。池上楼、紫云前厅皆宜眺远。午后，下探逍遥溪潭，观布水源、百丈瀑，入桃源南口宿。

第三日　上午游桃源外段，膳于祥符。下午游里段，探溪潭，由北口出，玩慈光附景，即宿于此。

第四日　大早上汤岭，至吊桥庵午膳。午后，览岭北近景，折回宿慈光。不嫌简陋，于吊桥一宿。次日折回，可畅游汤岭北道，余暇重浴汤池。

第五日　发慈光，至半山午膳，上宿文殊院。沿途景物丰富，徐步饱览。

第六日　上午观院前景，登立雪台，提早午膳。膳后，登莲巅，下宿天海大悲寺。按寺在拓基，未完工前，或宿狮林，或返文殊。（虽系折转，次日天海之游可畅。）

第七日　发天海大悲寺，游平天矼、光明顶，北下餐狮林。午后登清凉台顶，探铁线潭，宿狮林。

第八日　上午登始信峰，探石笋矼；下午游散花坞，抚梦笔生花。是日膳宿俱在狮林。

第九日　发狮林，裹有干粮，徐步游玩。下宿松谷、三刘门，俱足留恋。否则大早首途，膳于松谷，午后探龙潭，宿松谷庵。

第十日　上午渡芙蓉岭，畅览岭南北景物，至脚庵午膳。午后往游松山寺，宿脚庵。如求整洁,则返松谷。

第十一日　发松谷或脚庵,取道巷里,直上神仙洞,下宿福固寺。是日便道观跑马矼。惟午膳稍感困难,最好须裹干粮,沿途即有村店,食物多不适口。

第十二日　大早发福固寺,折回原路,经辅村、焦村,直上翠微巅,下宿翠微寺。

第十三日　发翠微,东折涉洋湖,览湖景,归途宿松谷。时间早,可赶宿狮林。午膳于洋湖、芙蓉两庵均可,亦视时间而定。

第十四日　大早发松谷,餐狮林,过白鹅岭,南下宿云谷。岭南景丰,宜徐步。

第十五日　上午游仙灯洞及附寺景。下午发云谷,观九龙瀑,出胜境坊,宿汤口。

2. 十日游程

第一日　上午浴汤池,游紫云附景。下午下至逍遥亭,远观潭瀑,并游桃源,宿祥符。

第二日　上午探桃花溪潭,玩慈光附景。下午游汤岭南道,宿慈光。

第三日　发慈光,餐文殊院,登莲巅,宿天海。

第四日　发天海,餐狮林,登始信,遥眺散花石笋,宿狮林。

第五日　发狮林,餐松谷,探龙潭,渡芙蓉,宿脚庵。

第六日　同半月程第十一日。

第七日　同半月程第十二日。

第八日　同半月程第十三日,但必至狮林住宿。

第九日　补登清凉顶、清凉台,探铁线潭,膳狮林。午后渡白鹅,宿云谷。

第十日　同半月程最后一日。

3. 七日游程

遗舍翠微、福固两区,作七日之游,即照十日程缩减第六、第七、第八三日。参阅上节,不重赘。

4. 五日游程

第一日　游紫云、桃源,宿慈光。

第二日　大早游汤岭南道,至半山午膳,宿文殊院。

第三日　发文殊院,登莲花,餐天海,宿狮林。

第四日　上午登清凉台顶。午后发狮林,下宿云谷。是日绕道登始信。

第五日　同上各程最后一日。

按五日程并松谷亦遗舍之。昔之游人,每采用此程,至狮林为止,作七日游,更为暇逸。

（乙）山外路线

1. 附近入山路线　今殷屯路通过黄山山麓，附近之歙县、太平、休宁三邑，可乘车直抵汤口入山，途程俱只数十公里，至多三小时可达。

2. 殷屯线　远道游客，徽之婺、黟、祁俱于屯溪乘殷屯车，而秋浦、东流及省垣游人则于殷家汇乘车。屯溪距汤口固近，殷家汇至汤口亦仅七八小时。

3. 芜屯线　此外芜屯、徽杭两线，俱与殷屯相接。芜屯线上各县，如芜湖、宣城、宁国、绩溪，固可直达，南陵、泾、旌亦可沿途附车。自芜湖至汤口，较殷家汇稍远，然至多不逾十小时。

4. 杭徽线　此路为京、沪、苏、浙游人所取道，直抵歙城西门外，仅需八小时。自西门与芜屯合辙，二十里至岩寺。转入殷屯，再九十里抵汤口。此以旧华里计，需时亦不多。

5. 原有山外道路　公路既通，原可不述，但殷屯尚未通车，沿途又多风景，故略及之，为胫健耽游者览。

a. 歙城至汤口一百十里。（歙城，十里郑村，十三里唐模，七里潜口，十里杨干，五里容溪，五里上舍，十里洽舍，十里山口，十里杨村，二十里芳村，五里赛西桥，五里汤口。）

（附途景）太平桥，碎月滩，太白楼，如意寺。（俱在歙西门外。）檀干公园唐模、紫霞山在潜口，黄山谷口、容成台在容溪附近。

b. 休宁县至潜口三十里，与歙县合径入山。（休城，五里万安，廿里石桥，五里潜口。）

（附途景）石人峰、古云岩，在万安附近。

c. 屯溪至潜口合径，计程三十里。若绕休城，途较远。

（附途景）儿童讲书、珠塘，在屯溪附近。

d. 太平县至辅村廿里。（太平城，五里五里塔，四里黄昏洞，七里沟村，四里辅村。）

（附途景）黄昏洞路所必经，太白书院、沟村绕道不远。

辅村为太平入山总口，犹汤口之于歙县。太邑其他路线不赘，即在昔时尚多绕至汤口或苦竹溪入山者，其轻重可想见矣。

e. 新安江水道：徽属处万山中，昔以新安江为唯一要道，而势如建瓴，一滩一潭相联属，险隘处不减蜀道三峡，从流溯源，视若畏途。今不胥赖一苇之航，莫不欣幸，但沿江风景名迹，不可数计，小南海、梅花纹、子陵钓台其最著也。游黄山者，或于返归时顺流而下，饱览溪山，亦足乐焉。

（丙）注意事项

1. 季候　黄山之游以末夏迄于秋季为宜。冬令严寒，无法抵御，雪凝冰冻，路滑难行，固不能入山；春风料峭，春雨连绵，亦非所宜；初夏虽天气清和，而浓雾掩径，峰峦尽藏，霉雨阴湿，又减兴趣。惟炎威肆虐，及金风送爽时，幽静深山，天高月朗，绿水萦回，清泉澄澈，令人尘俗悉蠲①，胸襟顿畅。故宜长夏逭②暑、遣兴秋居，游者于小署入山，寒露离去，作三月游息，实最佳之时也。

2. 天气　雨里看山，固乏佳趣。黄山径险级滑，更不宜冒雨而行，且一经阴雨，雾气弥漫，对面不相见，绝无雨景可言。在山遇雨，只有守候晴明。雨至馀初霁，虹影霞光之交映优于平时，是足偿雨中闷坐。至雪后风景虽佳，而凝滑难登，寒风彻骨，鲜有领略之者。

3. 避暑　避暑以紫云、桃源、慈光数处为佳，面山临水，绿荫深浓，邻近温泉，日常一浴，云谷、福固亦宜。文殊、狮林不免高寒过甚，翠微、吊桥又在山麓，气候与平地相若，非避暑地也。

4. 观云　云之铺海，于文殊院、清凉顶、清凉台、始信峰、光明顶数处观之最佳。桃源、紫云罕睹斯景，但云之出没无定期，即文殊等区，亦可遇不可必。且雨中之云，一望弥漫，景无足异，较日旭风清、星明月朗时，相去不可以道里计。故游山能见铺海，复能睹晴云之铺海，可云特具眼福。

5. 迟速　游山忌行速。黄山之游，尤应徐步，因在在奇景，非此不能饱览，且缓行不觉其难，不感其惫。汤口虽有肩舆，山寺虽有兜子，果非不得已，皆不必用，即不能健步，宜于山寺多休息，是亦宜缓不宜急也。若遇天将阴雨，应赶山寺投宿，免遭雾迷足滑之苦，惟此贵于行速。

6. 向导　山中途景丰富，泉石深藏，欲指引能详、随举能对，需要优良向导。而岩洞幽曲，途径纡回，绝处能通，险处宜避，及云雾不时，封迷岐误，向导尤不可缺。但用非其人，每有只知投宿觅膳为尽职、不解游山旨趣者，是在选择得宜、优给工食。

---

① 蠲：除去、驱出、去掉。同"捐"。
② 逭（huàn）：避。

至结伴同游,固属有利。一则不感寂寞,一则三人同行,只雇一人肩挑行李比较经济。但此行彼止,设非同志,反多掣肘,故宜审慎。

7. **器物** 游山器物须衣、食、住、行、用五项完备。衣须携棉,防风雨夜凉也。食宜多带罐头食品,恐山寺素餐,或不适口,以充蔬菜。饼干、面包、热水瓶等更不可缺,备游山裹粮之用。住则一被一毯已足,防山寺卧具或不洁耳。行则以布鞋(穿过布底)、线袜最适用,须多带,备破损。草履布袜虽佳,非惯用,必硬而梗足,甚至伤皮流血。皮鞋皮底竟不能举步,丝袜举步即穿,最忌用。此外,多带粗布,为胆怯履险时令人悬栏扶手。杖须齐眉,短则无用。用具以简明山图及本书为必要,恐向导无知,多以讹传讹也。他如望远镜、寒暑表、指南针、照相机亦不可缺。

8. **费用** 远道之由杭到歙,由芜到屯,两路途费无甚差殊。公共汽车每票六元数角,如包小汽车,容坐四人至六人(视行李多寡),需费至多四十元。歙、屯两处旅馆皆堪住宿,宿费每日自六角至一元不等。酒菜馆价亦不昂,菜甚可口。

殷屯线现在尚未通车,由殷家汇抵汤口途程较上两路为近。至歙之与屯,距汤口更近。(歙城至汤口百十里,屯溪百廿里,汽车票价俱不难照杭徽、芜屯推算。)

若由歙城乘肩舆入山,每里约价五分(需舆金六元)外,仍酌给酒资。行李挑(桃)夫以舆夫(佚)一人论(即半价)。休、太二邑相若,但汤口无整洁旅馆,稍感不便,游者皆赶宿紫云庵。今中国旅行社,已在桃源觅址建旅舍,将来必更便利。

寺院住宿,卧具悉备。餐则素肴四簋至八簋不等,味亦适口。膳宿之资,任人酌给,不苟索较量。

兜子由寺院工人扛之,挑夫亦然,工资酌给,每人每日大洋五角至一元之间(视远近轻重)。

向导或用山僧,或于汤口雇用土人。寺僧差遣较易,资可酌给。汤口土人,宜选老城健步者充之,索资亦不过昂,每天若给银币一元,无不唯命是从矣。

第六章　附　　则

（甲）待　兴　区

　　黄山果言开辟，造成完美风景区，除上列外，待人力设施之处尚多。兹将势所必兴者分别述之，其必要次要，以先后为序，际此日异月新、逐步建设时，亦有裨游人观览也。

　　1. 西海　西海距狮林匪遥，昔通今梗。海中景幽，海门尤异，首宜兴建，使奇区胜景不复奥藏。

　　2. 丞相源　云谷有寺，虽列游区，僧舍数椽，半皆败瓦，惟新建客室，聊堪止宿。入源之苦竹溪，距汤口、乌泥各五里，殷屯公路所经也。源内山势开展，兴建住区远胜桃源、天海，倘更将路拓宽，是犹牯岭之于匡庐。

　　3. 汤岭　汤岭道中风景富丽，吊桥残隘不堪驻足。今之游人辄遗舍不往，即绕道往游，又以往返迫于时间，不能饱览。宜于适中地点建造房舍，最低限度需要一较大寺院，或修拓吊桥庵以供栖止。

　　4. 洋湖　洋湖虽东连松谷、西通翠微，然处丛峰间，以水擅胜，是具特异之景。宜兴住区，为乐水者居焉。

　　5. 始信　始信系峰峦中最幽奇者，近散花，邻石笋，胜境相接，无可住宿，殊为憾事。于三者之间或辟新基，或觅旧址，或拓茅蓬，（嫌稍远）俾可以息以游。

　　6. 云门　云门为山之主峰，支脉四出，支流四注，岩洞潭瀑莫不丰富。今仅于汤岭北道遥观怪石，无由抉其奇奥，故浮溪道上，不可绝无建设。而辟径以通较房舍尤重，后节另述。此外，踵事增华，若无伤风景，不厌其多。

（乙）待辟（避）路

　　前举待兴各区，果从事建设，必辟径联贯其他游区，有互通必要，及旧路应加修拓者，分别列后。

　　1. 狮林、西海间　西海兴区，由狮林辟路，为程仅五里。旧径犹可寻，开拓尚易，实现非难，且不仅抉西海之幽奇，并窥石床、石枕之遗迹。

　　2. 狮林、翠微间　曩有小径，阻塞多年，辟除草莽，可使互通，无须绕道北麓以入翠微。

　　3. 丞相源道　此路虽已修整，然处势之重要有甚他区（参阅上节）。外段开展坦平，尤易拓宽，将来筑成公路与殷屯衔接，则汽车可直达云谷寺。至云谷，上登白鹅岭，径虽曲而竣，然不似文殊道上之岩石梗途，凿峭壁架深谷之险窄也。故较易施工，能使肩舆深入腹地，势必成为入山唯一途径。昔乾隆南巡，拟游黄山，于苦竹溪建立胜境坊，足征古人重视此道，先获我心。

　　4. 吊桥至天海　此路由吊桥入山，经白云故址，达天海平天矼，为程二十五里。原系西面入山途径，惟路遥塞久，工程较巨，果能恢复，汤岭一部，无待折绕。

　　5. 始信、福固间　福固另为一途，止于神仙洞，不与诸峰通，游者须特程而往，原道而返，其情形与翠微同，每致遗舍不游。然该区山洞多而擅胜，为全山冠。据山僧云，"由始信西面越山，互可往还"。亦宜辟径贯通。

　　6. 浮溪道　自赛西桥，沿浮溪，经云门南麓，绕北麓，而达栗溪坦，约四十里。昔为歙、太二邑交通要道，虽途程遥远，然不可不谋修复，一以全览汤岭以西之胜，一则环山道之修筑有关也。今之言环山者，止于狮林，所遗固多，即东至排亭，北至辅村，西至汤岭，南至汤口，犹全非部。须将此道辟通，则环山一匝，庶可无遗。

　　其他应修治夷拓之处固多，不似此数者工巨而用宏，故略之。

（丙）物　　产

　　黄山原为风景区，不以物产著，况石多土少，气候低寒，植物不易栽种，动物不易居留，矿物不易发掘，然面积广至千余方里，自有足称者。兹就切于实用，或他山罕有之产品，略举数种，俾游人选采。

1. 植物

a. 松树　黄山无峰不松，种异常松，已详于前。生于石罅岩缝，绝非人工种植，故盘屈多姿。游人每选其小者，归植花盆，犹胜花匠施工。

b. 竹笋　山中植物，松树外，竹居其次，如云谷、翠微、慈光、紫云等。山僧率养竹取笋，亦有非人工所兴，其种类不一。笋之茁土，时有后先。盖松、竹二物多天然自产，不需人力栽种，惟黄山笋味虽佳，处于徽属产笋之区，不若问政、孤岭所产得列上品。

c. 茶叶　茶为徽属大宗出品，产量多，品质美。黄山之茶，更为珍品。茶之为物，宜高爽，不宜低湿，宜于瘦瘠之砂壤，不宜粪肥之土，故山茶胜似原茶，高山又胜低山。黄山峰高天际，更受清空雾露，不染烟尘，尤不可以常品论。除狮林、文殊两区过高过寒，不宜栽植，其他寺院附近皆艺茶，就中以眉毛峰、桃花源、汤池塝产者最佳，但数量极少，真正黄山毛峰，不易购得。

d. 云雾茶　茶有园、野之分。园茶为人栽植，提先采摘，趁时售价，不免施肥，味（昧）故不逮野茶。云雾茶，即黄山之野茶，产于峰巅，无从往采，任其自生自长，迨风吹叶落，拾取之，故叶大如掌。烹之无味，须久煮多炖，味甘如饴，非若常品苦涩，饮之确能奋精神、治积滞，惟产量更少，宜山僧重视之。

e. 野白术　术于医药上功用最广，白术尤补益，中医常用之。黄山野术，亦天然产物，不可论值，不可价取，偶或有之，求未必得。治不一病，辄获特效，每见群医束手，以重仅数钱之一术愈病者屡矣。昔倪嗣冲①督皖，曾服此起沉疴，将死之日，犹遍求不可再得。此皆真确事实。山僧常购他山种术移植之，隔年掘取，功胜常术。移植愈久，为效愈著，其或地质使然。

f. 赤术　山有赤术源，产赤术，亦不可求。但无赫赫功，多等闲视之，非珍异。

g. 九节菖蒲　菖蒲亦中医要药，九节者佳（叶如细草，每寸恰九节）。山涧中多有之，常绿不萎，植花盆，供赏玩。用时取鲜节，较干者力倍，亦三年蓄艾之意。

h. 黄精　一枝多叶，茎梗柔软。采其实，久晒久蒸，食之补益。

i. 紫芝　为山中特产，生朽木枯株，由蒸气酝酿。紫芝源以产芝得名，亦难多觅。

j. 香菇　菇生朽木与芝同，无毒味鲜。近年徽属山中多人工种植，为素食要品。本山丞相源亦种之。

k. 玉蜀黍　俗名"苞芦"。云谷、翠微多植此。两源（黄山谷口内称"大小两源"）居民用以充粮，以田少米缺也。

l. 龙须草　细软而韧，织席良佳。

---

① 倪嗣冲：民国时期军阀。

此外，如木莲果治肝气，云雾草愈目疾，固皆特产，然无特效。又如黄连、茯苓、石衣、山韭等，或他山亦多，或无大功用，皆不录。总之，黄山植物，多天然生产，少人工种植，故药料最丰，采药者踵相接。

2. 动物

a. 猿猴　猿、猴种类不一，猿大猴小。山中所有，猴多猿少，出必以群。登陟攀援，迅捷异常，见人不避不扰。不知其性者，若投以石，群举石还击，必遭其侮。多居岩洞，"猿猴岩"为最著猴穴。豫鲁人常来山设阱捕之，近已渐少。

b. 虎豹　虎豹居深山岩洞，黄山固有之。然山高寒冷，兽类既少，无由觅食，不能久处，岩洞虽多，甚鲜见。

c. 鹿　鹿择草而食，黄山多异草，常往来其间。每年捕鹿者至，于黄山翕岭一带，由先导者取草嗅之，即知山中藏鹿与否。发见此草为鹿食料，群伺其出。出非一头，众举枪空击，鹿闻声四散，然后一二十人共逐一头，随其跳跃，昼夜奔驰，力惫，趋博之，生劈其首以取茸，所获甚丰。

d. 白猿　相传山中有神猿一，毛白如雪，前臂与尾特长，多须髯，不与群猿伍，间有见之者。此盖猿之别种，毛色较异，而必故神其说，反令疑有疑无，多生舌讼。

e. 山乐鸟　身小如雀，毛羽美丽，其鸣如乐，有节奏，时见于莲花沟。今夏曾飞鸣紫云、桃源，徽报载之。是固鸟之善鸣者，虽无足异，亦属罕觏。

f. 石蜜　山之岩洞中常有石蜜，色白味甘，胜常蜜，亦异产，为蜂酿藏。附志之。

3. 矿产

黄山为死火山系，多火成花岗岩。莲花沟、散花坞有六角形结晶之石英、云母（每）等，其他盖藏，尚在测验。兹列其已发现较著称者于下：

a. 朱砂　山中在在有之，朱砂峰下尤多。又天都、莲花两峰峰顶、泉底之砂，有松脂香味，名"香砂"。

b. 水晶　天海西下石壁间有水晶井，为近十年新发现者。琉璃透澈，莹洁如玉；向日照之，五色炫耀。

c. 火浣石　亦结晶体之细砂，碎之火上，有声有光，散射美观。相传熏衣，衣之可愈痘疹。出莲花沟。

d. 引针石　出引针峰（蜂）。色黝，能吸铁，引针南向，类于磁石。

黄山揽胜集

许世英 著

《黄山揽胜集》，民国二十三年（1934）良友图书印刷公司出版，中国国家图书馆藏。

许世英（1873—1964），字静仁，安徽东至人；曾任福建省民政长、安徽省省长、内阁总理、全国赈灾委员会委员长、驻日大使、黄山建设委员会主任委员等职，被称为"开发黄山第一人"。

原书中的"奇松怪石（邵禹襄作）"、"狮子峰远望"（罗縠荪作）、"文殊院前之迎客松"（马国亮作）、"莲花蕊"（钟山隐作）、"狮子望太平"（陈万里作）、"云海弥漫中之耕云峰"（陈嘉震作）等景象图片及"自文殊院望天都峰正面"（许公实摄）、"云海奇观"（刘健中摄赠）、"天帝所都"、"莲花峰"、"莲蕊峰"、"自文殊院望莲蕊峰"（黄伯度摄）、"白龙潭"（许公实摄）、"桃花溪"、"汤池"、"慈光寺山门"、"紫云庵至慈光寺山径"、"朱砂峰又一面"、"慈光寺内大竹"、"天门坎"、"天门坎近景"、"天门坎望莲花峰松石"、"天门坎附近杜鹃盛开"、"文殊院"（许公实摄）、"文殊院前迎客松"、"文殊院前左狮右象石"、"文殊院后怪石嵚崎磊落鬼斧神工"、"莲花岭松石"、"文殊院至百步云梯道中"、"鳌鱼洞回望百步云梯"、"百步云梯"、"天海奇松一"、"天海西望"、"天海奇松二"、"狮林精舍"、"狮子林附近古松"（两幅）、"清凉台远眺"、"始信峰顶"、"始信峰古松"、"始信峰远眺"、"石笋峰"、"石笋矼下十八罗汉朝南海"、"石笋峰近影"、"自清凉台望石笋矼"、"丞相源"、"云谷寺前竹径"、"丞相源道中所见"、"钵盂峰"、"九龙潭"、"散花坞"、"昌化之公路"（许公朴摄）、"作者与许际唐先生合影"（许公实摄）、"黄山附近之溪流"（许公朴摄）、"紫云庵"（许公实摄）、"出紫云庵至慈光途中之山径"（许公实摄）、"慈光寺"（许公实摄）、"至老人峰途中"（许公朴摄）、"天门坎附近留影"（许公实摄）、"文殊院前作者与游者合摄"（许公实摄）、"休宁境内之大道"（许公实摄）等作品及摄影照片，因较模糊且限于篇幅，未收入本书。原书目录编入本书目录。

自　　序

民国二十三年①五月,余始作黄山之游。既返至海上,知交索阅日记,恍若闻所未闻,咸怂恿付印,以广流传。余以游程迫促,黄山之胜,未览十之一二;而文词芜陋,其接于心目者,亦未获一一传其神似,惧使山灵减色,惴然未敢遽许诺也。继而思之,黄山雄伟奇秀,实兼五岳之长;志记咏歌,粲然大备。今兹交通畅达,若不为阐扬启发,公之于世,则不独坐失建设之机缘,亦无以慰乡帮父老殷殷之望。因复搜集全山名胜摄影,各系以古今诗文纪载,冠之卷首;并附入初步建设计划、游山日程等件,俾后之来者得略知梗概焉。海内明达,幸赐匡正。倘荷于游览之余,更共致力于建设大业,则名山胜境,得人以传,尤余所馨香祝祷,愿附骥尾②者矣。

至德③许世英自序。

---

① 民国二十三年:1934年。
② 骥尾:喻追随先辈或名人之后。
③ 至德:安徽旧县,所辖地界今属东至县。

始信峰上之一树
（郎静山作）

黄山揽胜集

自莲花岭望天都峰
（叶浅予作）

黄 山 风 景

（本编照相除另注明摄者姓氏外，均由邵禹襄先生摄赠）

　　黄山四千仞①，三十二莲峰。丹崖夹石柱，菡萏金芙蓉。伊昔升绝顶，俯窥天目松。仙人炼玉处，羽化留遗踪。亦闻温伯雪②，独往今相逢。采秀辞五岳，攀恋历万重。归休白鹅岭，渴饮丹砂井。凤吹我时来，云车③尔当整。去去陵阳东，行行芳桂丛。回溪十六渡，碧嶂尽晴空。他日还相访，乘桥蹑彩虹。

——唐·李白

云 海 奇 观

　　我观黄山奇峰三十六④，非关天巧神仙筑。神仙乐山复乐水，变山为海仍在谷。忽然白气石罅起，荡漾波光一缕始。顷之便是江淮河，山水平分尚可指。俟而水天变一色，幻海于山疾如矢。药谷有白龙，掷钵有九子。岂尽腾⑤云驾雾来，吐出黄河天上水。山灵顾予笑而言，子盍乘桴⑥浮于海？予谓观海有术宜登高，盍曳杖乎光明之顶与莲花之觜，海之前后左右间，收入眼光⑦一寸耳！斯时晴光散长

---

① 此诗即李白《送温处士归黄山白鹅峰旧居》。
② 温伯雪：即温伯雪子，古贤士，典出《庄子·田子方》。
③ 云车：仙人所乘之车。
④ 此诗即许启洪《黄山看铺海》。参见乾隆三十二年(1767)闵麟嗣《黄山志定本》卷七。
⑤ 腾：闵麟嗣《黄山志定本》作"吞"。
⑥ 桴：小筏。
⑦ 光：闵麟嗣《黄山志定本》作"眶"。

空,露出山椒如螺如髻如花蕊。久而视之,空明玄澹①,上海下天,真如华严、楞严②倾泻,琉璃世界差可拟③。至若云气浮沉灭没,风行水上,编珠贯玉,容与乎海屿与蛟宫;松风撼云云作声,雷鼓轰掣,澎湃镗鞳④,万丈飞涛飒空雨。噫嘻,观至此,观止矣!忽而神仙观海倦,海又变山。秋红海底缀珊瑚,削出芙蓉紫岫里。众峰齐出拱天都,天都巍然仍为百谷主。万顷白云安在哉?高歌拍手文殊台。

——明·许启洪⑤

天 帝 所 都

黄山三十六峰,天都最高出,健骨竦桀⑥,卓立天表,飞泉挂壁,浮云卷风,俯视吴越山川,直齐州九点⑦耳。

……乃坐草间⑧,以手扪足而目注视天都不置⑨:大约亭立天表,健⑩骨崚嶒,其格异;轻岚澹墨⑪,被服云烟,其色异;玉温璧润,可拊可餐,其肤异;咫尺之间,波折万端,其态异;无爪甲泥而生短松如翠羽,其饰异……

——明·袁中道⑫

金乌出海晓光动⑬,铅华冻压芙蓉重。日射参差玉笋联,风吹赑屃⑭银涛涌。山中绿发红崖仙,餐琼咽玉能长年。好探天都太古雪,下疗炎世沉疴痊。

——明·吕旭⑮

---

① 玄澹:淡泊清高。
② 华严、楞严:分别是指华严经、楞严经。
③ 差可拟:差不多,可相比。
④ 镗鞳(tángdā):同"镗鞈",波涛拍击物体的声响。
⑤ 许启洪:生卒不详,字任宇,宜兴人,崇祯举人,知遂昌县。
⑥ 竦桀(sǒngjié):特出高耸的样子。
⑦ 齐州九点:俯看九州岛,小如烟点。齐州,指中国。
⑧ 本段摘自袁中道《游黄山记》。
⑨ 不置:不止。原书该句中"天都"后有"峰"字,无"目注""不置"。这里据袁中道《珂雪斋集》(中册)上海古籍出版社1989年版改。
⑩ 健:原书中为"奇",这里据袁中道《珂雪斋集》(中册)上海古籍出版社1989年版改。
⑪ 澹墨:淡墨。
⑫ 袁中道(1570—1623):号凫隐居士,字小修,湖北公安人;万历进士,曾任徽州府学教授、国子监博士、南京吏部郎中,著有《珂雪斋集》。
⑬ 该诗为吕旭《黄山雪霁赠洪毅夫》。
⑭ 赑屃(bìxì):又称"龟趺""霸下",是古代中国神话中龙生九子之一。
⑮ 吕旭:字德昭,岩寺人,生卒不详,洪武四年(1371)以明经举,授徽州府学训导,有《东篱吟稿》。参见吴之兴《钟灵毓秀徽州区·徽州人物》(安徽人民出版社2010年版)。

莲 花 吐 艳

  莲花峰山石,层累复叠,如瓣如萼。
  芙蓉辟灵界①,遥渺出天中。穿蹴失猿巧,翾轩绝鸟通。路从莲瓣转,窍比藕根空。半岭出五岳,低峰越九嵕②。云梯银汉近,水渡琐冈雄。狮猛堪抟石,柏香偏逆风。孔淳惮幽峻,康乐快鸿蒙。落雁丹书秘③,环辕赪(chēng)穗丰。是松皆谲怪,无石不玲珑。海气水崖左,江流匹练东。峦头识吴马,龙背接荼弓。山撵阻高密,星门陟有熊;贪他呼吸在,任尔险危逢。料混神仙迹,谁媲造化功?应知震旦国④,只此一奇峰。

——明·凌駉(jiōng)⑤

莲花峰山石

---

① 该诗为凌駉《莲花峰》。
② 九嵕(zōng):山名。原书误作"九嫕"。
③ 秘:闵麟嗣《黄山志定本》作"祕"。
④ 震旦国:中国。
⑤ 凌駉(? —1645):歙县人,字龙翰,崇祯进士。原书误作"凌炯"。

莲蕊含苞

莲蕊峰在莲花峰南,宛若菡萏含苞。峭拔不可攀登,左巅有石如艇子,俗呼"采莲船"。

桃源胜迹

白龙潭在庵下桃花溪中,深数十丈,迸珠飞玉,清可鉴发。

桃花溪襟带庵前,涧石森列,至落花时节则脂蓄粉凝。

黄山峰壑几千曲①,客游先就桃源宿。杖底殷殷雷绕身,楼头汹汹涛崩屋。清梦全醒风雨声,深林匹练中宵明。晓起白龙掉长尾,四山②飞瀑来喧争。怪石礌砢③排盾戟,寒潭冰雪澄空碧。隔溪古寺断疏钟,偃木垂藤缠绝壁。匡庐三叠④天下稀,嵩岳九龙称神奇。何如此地独兼并?咫尺众壑蟠蛟螭。复磴丛篁白日暝,还溯药铫⑤寻丹井。轰磕不闻人叫呼,倚杖空亭发深省。问君莲花庵在无?连朝细雨山模糊。屋角一圭破云影,青鸾舞处看天都⑥。药谷仙源难具陈,琪花紫翠秋为春。凭君传语武陵客,笑煞桃源洞里人。

——清·施闰章⑦

汤 池

汤池旧名"汤泉"。长丈许,深阔各半之。池脉通朱砂峰,久旱不涸。泉从砂中

---

① 该诗为施闰章《白龙潭上桃花源作》。
② 山:原书为"出",这里据施闰章《施愚山集2》黄山书社2014年版改。
③ 礌砢(léiluǒ):众多委积貌。
④ 匡庐三叠:庐山景点。
⑤ 铫(diào):熬东西的器具。
⑥ 青鸾、天都:二峰名。
⑦ 施闰章(1618—1683):宣城人,字尚白,号愚山,进士,官江西参议、翰林院侍讲,著有《愚山诗集》。

出,热若沸汤。恰有冷泉一缕,从石隙间下注,以调节其温凉。奇矣!

维泉肇何代①,开凿同二仪②,五行分水火,厥用谁一之?在卦既得济,备象坎与离。下有风轮煽,上有雷车驰。霞掀祝融井,日烂扶桑池。气殊礜石③厉,脉有灵砂滋。骊山岂不好,玉环④污流脂;至今华清树,空遗后人悲。退哉哲人逝,此水真吾师;一濯三沐发,六凿⑤还希夷。伐毛返骨髓,发白令人黟。十年走尘土,负我汗漫期⑥。再来池上游,触热三伏时。古寺僧寂寞,但余壁上诗。不见题诗人,令我长叹咨!

——唐·贾岛⑦

暖泛朱砂石壁幽⑧,轩皇⑨曾浴上丹丘。阴阳相煮连珠浦,今古长煎泻镜流⑩。紫气晓笼烟色澹,锦霞明照火光浮。何妨为洗身轻后,便跨飞龙到十洲⑪。

——唐·释岛(道)云⑫

云边飘渺是仙家⑬,欲觅神丹岁月赊。尽说容成曾到此,至今峰顶出朱砂。

——明·释智舷⑭

天 半 朱 霞

天门坎在慈光寺至文殊院道中,半山土地上二里许。天阙嵯峨,两壁夹立,仅容身过。过此复又开朗,四望奇松怪石,渐呈露矣。

---

① 该诗为贾岛《纪汤泉》。
② 二仪:天地。
③ 礜(yù)石:一种毒矿石,也叫毒砂,可入药,可杀鼠。
④ 玉环:杨贵妃。
⑤ 六凿:指人的耳、目等六孔。
⑥ 汗漫:漫无边际。汗漫期:指远游之期。
⑦ 贾岛(779—843):字阆仙,一作浪仙,范阳(河北涿县)人;曾任长江主簿,人称"贾长江",诗多瘦硬寒苦之辞,著有《长江集》。
⑧ 该诗为释岛云《汤泉》。
⑨ 轩皇:黄帝轩辕氏。
⑩ 镜流:水流清澈。
⑪ 十洲:传说中的神仙住处,在八方大海中。
⑫ 释岛(道)云:又名缪岛云,生卒不详,有记载以来最早登上天都峰的人;歌咏黄山诗作在唐代诗人中最多,许多诗被刻在黄山绝壁上。参见黄松林《黄山古今游览诗选》(黄山书社1989年版)。
⑬ 该诗为释智舷《朱砂峰》。
⑭ 释智舷(1557—1630):僧人、画家,工诗,善行草书,著有《黄叶庵集》。

天阙巍峨

巍巍天门坎①,豁然经一纤。片石划南北,界限当中枢。已蹑老人顶,附丽依天都。缘崖复下壑,玉屏觌②文殊。迎面睇莲花,毫发入画图。游者幸至此,始识仙真居。五光与十色,灿灿开霞裾。飞甍③与叠阁,翥④翥凌天衢。诧为目未睹,真与人间区。

——歙县许承尧⑤际唐

文殊妙相

文殊院当玉屏峰前,极目千里。左天都,右莲花,至此俱摩及肩背。其余紫石、圣泉、老人、桃花⑥以及山外诸山,则均罗拜匍匐如儿孙。语云"不到文殊院,不见黄山面",非夸诞也。

石窦逢云栈⑦,飘然出井中。振衣临万仞,左右来天风。萧瑟凌高寒,指顾穷始终。莲萼倚清⑧霄,天都接穹窿。分行俨相并,次第罗诸雄。巨鹿战未合,涂山谒初通。提携奏斯院,奔命靡异同。苍苔叠鬼膝,紫锷趋神工。犹疑太乙垆,未撤终宵红。倒景入空没,暮色移孤筇⑨。兹境可长据,无为羡崆峒。

——清·王炜⑩

---

① 该诗为许承尧《发慈光寺至文殊院六首》中的一首。
② 觌(dí):相见。
③ 飞甍(méng):飞檐。
④ 翥(zhù):鸟向上飞。
⑤ 许承尧(1874—1946):歙县人,字际唐,号疑庵;清末进士,国史馆协修,甘肃省府秘书长,著有《疑庵集》。
⑥ 桃花:桃花峰,原书误作"挑花"。
⑦ 该诗为王炜《文殊院》。
⑧ 清:闵麟嗣《黄山志定本》作"晴"。
⑨ 筇(qióng):一种竹子。
⑩ 王炜(1626—?):歙县人,字雄右,号无闷,工诗古文辞,著有《鸿逸堂稿》。

崖下曾栖千岁猿①,啸声刚可入诗魂。五更起看峰头月,只许青松挂一痕。

——清·程守②

百 步 云 梯

……直上无援横径窄,股栗霣③仆訾④营魄。五丁运斤开一隙,猿猱断臂鹏碍翩。松鼠丛篁张若戟,珠泉激澜光反射……

——明·汪大成⑤

境以险乃奇⑥,奇以穷乃胜。绝壁凭深渊,无罅通游⑦径。谁向半天中,齿齿凿危磴。同侣顾之走,尽阻登山兴;余也数往还,未觉力不劲。尚欲周七衡,百步⑧宁束胫。何处是坦途,寸心当自定。

——清·曹鈖⑨

自文殊院至莲花峰西胆,有百步云梯。东上莲花,北达鳌鱼洞,至天海。梯约二百余级。曰"百步"者,举成数也。

天 海

穿鳌鱼洞而上,若久秘帐中揭之而出,天空地阔,一望无涯,所称"天海"是也。海中诸山,若岛屿错列而态各不同。

宇宙设大观⑩,乃在黄山腹。一峰一变态,林峦互回复。路从鳌鱼来,崎岖踏

---

① 该诗为程守《文殊院坐月》。
② 程守(1619—1689):歙县人,字非二,号"蚀庵"。
③ 霣:古通"陨"。
④ 訾(zhé):惧怕。
⑤ 汪大成:明代诗人,州判,歙县监生,余不详。
⑥ 该诗为曹鈖(fēn)《百步云梯》。
⑦ 游:许著为"幽",据闵麟嗣《黄山志定本》改。
⑧ 步:闵麟嗣《黄山志定本》作"武"。
⑨ 曹鈖:丰润人,字宾及,号瘦庵,贡生,官至内知事阁中书,主要生活在清顺治、康熙年间,具体生卒不详。参见石向骞《史梦兰集(7)·畿辅艺文考》天津古籍出版社 2015 年版、刘世德《曹雪芹祖籍辨证》中国大百科全书出版社 1998 年版。
⑩ 该诗为陈逊《由鳌鱼洞憩指月庵登炼丹台》部分。参见闵麟嗣《黄山志定本》卷七。

榛曲,径仄绝攀援,登顿屡踯躅。豁然出天海,坦步登①平陆;云涛净不生,晶朗开晴旭……奇松若人立,怪石如鬼搏,或作瘦蛟舞,或为猛虎伏。圭璲陈殿秘,戈戟列辇毂②。俨有百灵卫,屏息莫敢渎。乃知造化奇,洵令鬼斧斸③。顷刻万千状,光怪摇双目。吾将叹观止,抱云岩上宿……

——清·陈逊④

狮 林 精 舍

由狮子岭西折而上,曰"清凉台"。方正平削,横纵丈许。台侧一松,破石而出,曰"破石松",可资抚手。北望晴空寥阔,一览无余。

越天海而北,至狮子峰。峰麓狮子林,有屋数椽,曰"狮林精舍"。清净幽雅,可以栖迟。四山皆石壁,惟林前有土质。奇松罗列,奋鬣裂鳞,有若鸾翔龙攫。

半夜晦明林月影⑤,刹那变幻海云容。烟横险道回飞鸟,卉吐幽香引聚蜂,千嶂乍如螺髻涌,深林时与狋猣逢,客来挟纩⑥当初夏,僧座围炉若仲冬。

——明·黄习远⑦

始 信 神 奇

始信峰在狮子林西三里,绝壑危岩,下临无地,直似巨灵掌劈。两崖间架石梁曰"仙人桥",松枝横迤若栏曰"接引松"。至巅叠巘礁硗,得未曾有。所谓"妙不可言说也。弗信,岂有此理,到者方知",于此征之,亦峰名所由来也。

亦知里外事难穷⑧,想见成时竭鬼工。壑似五丁曾凿断,桥悬独木竟凌空。坞

---

① 登:闵麟嗣《黄山志定本》作"等"。
② 辇毂(niǎngǔ):皇帝车舆。"辇"原书误作"辈",据闵麟嗣《黄山志定本》改。
③ 斸(zhú):砍。
④ 陈逊:生平不详。
⑤ 该诗为黄习远《宿狮子林》部分。参见刘夜烽等《黄山诗选》(安徽人民出版社1983年版)。
⑥ 纩(kuàng):丝绵。
⑦ 黄习远:吴县人,字伯传,生平不详。
⑧ 该诗为吴廷简《登始信峰》。

香天女花争散,柯①烂仙人局未终。莫虑结茆无取汲,雨余先控饮江虹。

——明·吴廷简②

始信峰

险绝疑无路可从③,天然石壁引长松。侵衣云气都成雨,应谷涛声欲扰龙。夜半常闻吹玉笛,岭头时一遇仙踪。凭君指点身亲历,始信人间有此峰。

——清·曹钊④

石笋解箨⑤

石笋峰列图经。据仙记所载,则称黄帝上升,双石笋化成峰,疑谓是也。其山

---

① 柯:闵麟嗣《黄山志定本》作"何"。
② 吴廷简,歙县人,生卒不详,进士,曾任提刑按察司佥事。
③ 该诗为曹钊《登始信峰》。
④ 曹钊:丰润人,字静远,号眉庵,主要生活在清顺治、康熙年间,生卒不详;著有《鹤氅集》,有游黄山诗若干首。参见刘夜烽等《黄山诗选》(安徽人民出版社1983年版)。
⑤ 解箨(tuò):笋脱壳。

神秀叠出,眦触睛眩。或断或续,或峻或衍,或喷或谷,或尺或寻,或霞绡或霓裳,或鲦蜎①或神蜧②,或瑊玏③,或渔阳玉,或劈巨灵斧。每一巅,或覆平石如台笠,或覆怪松如雨盖。余指谓老僧曰:"上界西方应无过此。"老僧合掌赞叹而已。

——明·黄汝亨④

石笋峰在始信峰下,瑶簪森秀,逼肖笋形。下有平矼曰"石笋矼"。

石笋矼百万千矛森列错刺,如常山蛇势。东望有立佛,西望有贡宝番,附于矼胁有游仙。裁石肖形,无毫发遗恨。佛宜冠,冠之;番宜弁,弁之;仙宜剑,剑之。宜佩,佩之;宜髻,髻之;宜巾,巾之。造化狡狯,一至于此。大奇,大奇!

——清·汪晋毂⑤

丞 相 源

荒径渺难臻,沙浮局微步。涧流趋正绝,荆榛眩回顾。隔崖钟磬声,冷从白云度。

丞相源在钵盂峰下,相传为宋右丞相程元凤读书处。由云谷寺后随矼坞而上,鸟道盘曲,苍莽翳荟。经白沙岭二十里至天海,与自文殊院来者会焉。

扶筇一翘首,见松不见路。飕飕风满林,日午竟如暮。拨云问精庐,贴石飞瀑布。晏息向山房,竹香染衣屦。仰见掷钵巅,依稀新日吐。一点空明中,峰峰光影赴。肃然响梵音,孤衷有深悟。

——清·汪士铉⑥

九 龙 瀑 布

自苦竹溪入丞相源,先至九龙瀑布。百丈飞泉自岩下注,凡九叠。叠自为潭,

---

① 鲦蜎(tiáoyóng):水虫。
② 蜧(lì):传说中的黑色神蛇。
③ 瑊玏(jiānlè):瑊石。
④ 黄汝亨(1558—1626):字贞父,号"泊玄居士",杭县人,进士,官至江西布政司参议,著有《天目纪游》。
⑤ 汪晋毂:清代诗人,歙县人,字子臣,号麟檀,邑庠生,生卒不详。
⑥ 汪士铉:清翰林学士,余不详。

故又曰"九龙潭"。

　　九龙潭(瀑)在丞相源①下苦竹溪上。涧落为瀑,瀑落为潭,潭复落为瀑,九叠也,故名"九龙"。平时涧枯水缓,则潭色②澄碧,如悬片玉,远观不畅。雨过则水急潭深,盘旋飞挂,真白龙矣。

——明·方夜③

　　九道寒冰泻遥岭④,苍苔凝翠芙蓉冷。白日时听雷雨声,丹崖倒挂蛟龙影。帝子乘云⑤去不归,空余紫气朝暮飞。与君一酌尘心尽,醉枕寒流看翠微。

——明·谢肇淛⑥

梦 笔 生 花

　　散花坞在始信峰、狮子岭之间,诸峰环布若城郭。坞中苍松怪石、珍木奇葩无不具。梦笔生花其一景也。柱石挺生,平空耸立,下圆上锐如笔,矮松贯顶而出,披拂垂覆,岂不怪哉!

　　今人家园圃得拳石丈许,色鲜质丽者若获拱璧。此则千万罗列,令人应接不暇。短者径寸,长者千尺。或峰顶若锥,大石覆其上,宽广数倍,黏附依稀,恒有落势,皆不可以理度者。

——明·吴光胤

---

① 本段摘自方夜《黄山小游纪》。据释弘眉《黄山志》,该句"潭"字后有"瀑"字,"源"作"原"。
② 色:释弘眉《黄山志》作"虽"。
③ 方夜:歙县人,明代旅行家,余不详。
④ 该诗为谢肇淛《九龙潭呈谢于楚潘景升》。
⑤ 云:闵麟嗣《黄山志定本》作"龙"。
⑥ 谢肇淛(zhè):字在杭,长乐人,生卒不详;万历二十年(1592)进士,晚明闽中诗派代表人物,官工部郎中、广西布政使,著有《五杂俎》《游宴集》。

始游黄山日记

黄山古名"黟山",唐天宝间敕改今名①。地当宣、歙两郡之交,高四千余尺,广五百里。云凝碧汉,气冠群山。《山海经》称"三天子都",而以率山、匡庐②、大鄣山为之鄣。《周书》载,轩辕氏③从容成子、浮丘公炼丹于其上,得道仙去,山名所由自也。山之胜,为峰三十有六,源亦如之。其衍为溪者二十四,岩八,洞十二,石室台沟、泉潭池井、顶级梯坞、湖矼石岔,不可悉数。闵麟嗣所著《黄山志》载之綦④详。在昔,李白、贾岛、谢翱、黄汝亨、施闰章等播之吟咏,徐弘祖、吴廷简、黄肇敏、袁枚等著为游记,海内流传,久已令人向往。近人陈少峰、蒋叔南、黄任之、蒋竹庄等买屐跻登,复各有所获而返。如余籍隶皖南,又安可不往一游乎?惟以道阻难行,劳人草草,复鲜暇晷⑤,屡议屡废,蓄愿于兹,殆十数年矣。自蒋委员长介石开发东南交通以来,杭徽公路筑成,汽车可自杭州直达歙县。皖省府适有建设黄山之议,组设委员会,从事开发,俾山水之奇观,未至于终闷⑥。挽余与其事,并邀往游览视察。乃于春末夏初,窃间一行。以时方长中央振务委员会,职责所在,分电乞假。初愿既偿,中心弥慰。游观所及,随为杂录。昔人有言:"黄山之胜无尽,游赏之事有穷。"其未得而备述者,仍俟续游以足之,故为《始游黄山日记》。从游者,洪玉林、黄伯度、周序生、胡仲纾暨三子诚、六子华;而为之导者则皖建厅金慰农⑦、徐汇生二君也。

---

① 按宋无名氏《黄山图经》,唐天宝六年(747)六月十七日敕改黄山。
② 匡庐:即庐山。
③ 轩辕氏:黄帝轩辕。
④ 綦(qí):极。
⑤ 暇晷(guǐ):空闲时日。
⑥ 闷:关闭。
⑦ 金慰农(1882—1955):休宁人,爱国民主人士,曾任安徽省建设厅技正、黄山建设委员会驻山办事处主任等职。

五月十九日

逾午三时,乘沪杭车发上海。杭游客众,天气燠热,较海上相差甚远。及过长安,暴雨骤至,得稍凉爽。七时十二分抵杭州城站,雨犹淅沥未止,幸慰农预嘱备车在站相候,即投宿新泰旅馆。至则夜色沉沉,雨复倾盆而下,西湖景物,莫可得辨。数年阔别,顾不得遽一睹颜色,能不怅然。车中口占一律,附记于次:

两年常作匡庐客,今向天都云海游。
省识容成留胜迹,始知黄帝起神州。
麦禾遍野桑麻长,鸡犬连村士女稠。
此夕西湖应泛棹,好随群季寄鸥浮。

五月二十日

晨起,天色昨夜半已霁,山岚初开,湖光掩映。凭阑①眺望,尘虑俱蠲。七时十五分,乘慰农自备车出发。西南行,环保叔山十五公里,至留下。山松攘人,风篁成韵,境绝佳胜。惟道旁乞丐特多,则自市区驱出,来逐东岳香市者。九时过临安,东天目山一瞥即逝。前进至玲珑站,下车小憩,儿子辈即就道左为摄一影。周山围绕,苍翠逼人,孑然一身,渺乎其小矣。站属下坞村,玲珑山居其右七里。野老张姓,持旱烟筒遥为指点,蔼然可亲。更西行过藻溪,十时至于潜②。西天目之天柱峰矗立云表,频频下顾。历考前人游记,多谓此山高一万八千尺③,而以地势低下故,其顶仅与黄山趾平。黄山之高,可以想见。

十时四十五分,抵昌化(见图)。一路青山,几溪流水,农民均忙于布谷。"乡村四月闲人少,才了蚕桑又插田"④,此其时也。再前行,十二时二十分至昱岭关,为浙、皖两省分界处。回忆驿路所经:麦黄秧绿,桑密麻长,河道纵横,水流不绝;而村舍栉比,俱极齐整,士女衣服,亦颇质洁。物阜民殷,于兹可见。孰谓中国农村竟尽

---

① 阑:同"栏"。
② 潜:指潜口。
③ 宋无名氏《黄山图经》谓"一万八千丈"。
④ 出自宋代翁卷诗《乡村四月》。

于破产也。然欤？否欤？车出关门，即入皖境。峰回路转，山势极为陡峻。路工设计亦极巧，恒作螺旋形环绕以下，每级相悬各十余丈焉。路旁古木参天，珠兰馥郁。民居虽亦崇牖①高瓦，惟率渐就颓败，盖腴饶终不及浙省也。又皖境村庄从未见妇女伫立门外。忆余曩②至福建东山岛，时值村社演剧，全境妇女俱在室内司烹饪，勤纺织，绝无一人倚门眺望。父老流传，谓系朱子③遗制，文公为徽国贤儒，岂亦其流风耶？进至五里牌，人烟渐密，鸡犬相闻，知去徽郡不远矣。

昌化公路汽车站

　　二时十五分抵歙县站，县长石君丹生及各机关、各团体代表来迓④。同步行，过太平桥。桥长九十余丈，长石砌覆，为孔十八，谓系明人独资建造。昔贤之急公好义，有如此者。桥上望黄山诸峰一角，肩比接天，秀伟无似。闻之石君，知非适雨过天青不可见，是殆山灵有知，故慰余之渴慕者欤！

　　桥尽有太白楼，即李中翰访许宣平⑤处，今楼下祀关壮缪⑥。缅怀遗躅⑦，为之低徊不已。折北行，迤丽（逦）登山至如意寺。寺为古歙十寺之一，硕果仅存矣。登楼南望，乌聊、问政、玉屏诸山并各秀丽。问政山南即紫阳书院也。更上有印月楼，

① 牖（yǒu）：窗户。
② 曩（nǎng）：从前。
③ 朱子：即朱熹（1130—1200），宋代理学家，儒学集大成者，谥号"文"，世称"朱文公"，祖籍婺源县。
④ 迓（yà）：迎接。
⑤ 李中翰：即唐代诗人李白；许宣平：唐代道士，歙县人。
⑥ 关壮缪：即三国蜀大将关羽，"壮缪"为其谥号。
⑦ 遗躅（zhú）：遗迹。

四窗轩敞,枝条披拂,俯瞰练江,清澈见底。绝似焦山之松寥阁,特稍狭隘耳。江彤侯①君适游山,归寓此楼。江山胜景、风月闲情俱得之矣,不胜健羡。

在沪得刘专员健中函,谓黄山附近居民因连年灾祲(jìn),户鲜盖藏。今春淫雨成灾,茶收大减,且市价低落,为向所未有。饔飧不继②、衣被全无者比比皆是。请拨款举办工赈(振),即以修筑黄山道路,俾灾民生活、名胜开发两有裨益。经派员勘查属实,因携赈款千金,拟与商酌详细步骤。适健中闻讯,自休宁来晤,相候于寺。即与慰农诸君共同讨论,拟先整理前海山道,披荆斩棘,使步行可登,行有余力,再谋肩舆③从容上下。众议佥同,款谈至洽。赈款千金当面交健中专员,预计三五日即可施工。筚路蓝缕,以启山林,不啻为今日道也。

高等法院分院廖院长、孙首席检察官昔曾从余共事,与各团体就寺公讌④,情谊殷拳。餐毕,已五时许,亟辞别,命车西行。七里至潭渡,易肩舆,缘丰乐水西南行。水宽二丈,一望清澄。黄山诸源所汇,东入练江者也。三里许至郑村,停舆视师山学校。校为师山书院旧址,元郑子美先生讲学处。子美经学与紫阳⑤后先辉映,书院亦各据一隅。院内堂构巍然,侧屋张元史正传拓本,乾隆郑子蕃书以刻石者。出校复行,弥望熟麦翻黄,新秧竞绿,农田之利,似亦不亚苏杭。实则徽州六邑,仅此歙县之西、休宁之东为一小平原,他处均崇山峻岭,不能耕植,粮食不足,农民多以苞芦充食,生活至可悯也。

夕阳返照,遥见黄山朱砂、莲华⑥、天都、云门诸峰,如晶莹玉片,如彩剪云霞,秀色天成,丰神俊朗,令人目注心移,不遑自已(己)。未入黄山,此心先醉矣。云门峰俗称"剪子峰",双刃穿天,截然中裂,殆天都之双阙欤!

七时十五分抵唐模,自郑村至此凡十三里。弃舆步行,经沙堤入檀干公园。路花争放,桃子满枝,溪泉潺潺声、铁马丁冬声与山鸟声、水蛙声相杂,野趣盎然。以较沪上尘嚣,曷禁天上人间之感。公园一名"小西湖",孝子某以其母渴慕西湖,而老耋不能舆往,特仿六桥三竺间景物筑以娱之者。呜呼!可谓善养矣。唐模一乡均许姓,庐舍聚集,旁山环之。小溪穿村而过,石路为堤,坚而且洁,云是清初建置。吴门之七里山塘,白下之大小长干,殆不是过。而故家乔木差比拂天,大者高六七丈,干可合围,矗立溪边,垂荫恒数十丈,则尤非京⑦、苏各地所获睹者。余同年许际唐君祖居于此,闻余至,欣然邀宿。公园小坐,即往访谒。际唐殷勤款接,导观其

---

① 江彤侯(1881—1950):歙县人,曾任安徽省教育厅厅长、安徽通志馆馆长。
② 饔飧(yōngsūn)不继:有上顿没下顿。饔,指早餐;飧,指晚餐。"飧"原文误作"餐"。
③ 肩舆:一种轿子。
④ 讌:同"宴"。
⑤ 紫阳:即紫阳书院,建于清康熙年间。
⑥ 莲华:亦作"莲花"。
⑦ 京:指南京。

"眠琴别圃"。林泉山石布置由心,归老之境诚无以逾。(见图)黄宾虹①君题柱联"东碣石西昆仑神水天风在襟袖,左浙江右黄岳异书和酒老园林",非虚誉也。晚以家馔相待,山肴野蔌,别饶风味,食尽二器。是夕即宿于别圃之晋魏隋唐四十卷写经楼上,玉林等暨儿辈则于餐后往息公园之"鹤皋精舍",慰农先命扫治者也。

五月二十一日

黄山四方部位,以苦竹溪为东部,以汤口为南部,以栗溪坦为西部,以辅村为北部。由徽属歙、休、婺②、绩、祁、黟六县来游者,俱经汤口入山。程途所历,黄海散人陈少峰氏《黄山指南》列举靡遗。余等自歙取道唐模至汤口一百一十里,即陈氏所谓歙县南路也。

早九时许发唐模,西北七里至潜口。村内小市廛、商店近百,惟交易稀少,而洋布充斥,竞减价倾售。国际经济之压迫,乃真及于荒僻之乡村,不特手工纺织者失其谋生之具,金钱之耗竭尤使农民无自取偿,大可痛心。无怪房舍简陋,食品粗砺,农人莫不忧形于色也。自此以往,经黄山谷口、牛头口、瓮口、山口、丫口、金竺坑口、宝坑口至汤口山麓,俗称"九口八十一里",俱在黄山源内。风景逾进逾奇,山地逾进逾瘠,人民生活更不堪闻问矣。

入村,至汪氏宗祠内"为公学校"休息,校长汪镜如君殷勤接待。茶点毕,并邀对学生训话。当简略致词,谓中国现濒危境,复兴建设端在青年诸君,曩有联语曰"孝悌忠信礼义廉耻,格致诚正修齐致平",谨举以相勖云。词毕,以下联为书校训,即兴辞。

出校时,适周良相君一行四人小憩道左,方欲启行。周君以上海银行杨介眉君应余之请,特来察勘汤口以上地势,备为中国旅行社筑造旅馆,以便游人者。立谈有顷,周君须兼程早旋,即先余等行。

余等出村登舆,里许至潜坑。昔人谓歧道旁有轩辕古庙,未知存废。更行约十里,越佛子岭,过杨干,至黄山谷口,石镌四字在焉。又三里抵容溪。溪源出容成峰,洄环七十里而下。水石啮响,远岚空明,容成台近在道侧。临流吊古,不仅有遗世之思,兼不免于盛衰之感已。

更前九里至牛头口,乱山如发,莫可指名。吴廷简所谓:"溯溪逾岭,叠嶂层峦,

---

① 黄宾虹(1865—1955):字朴存,祖籍歙县,近现代著名山水画画家。
② 婺:即婺源县,原属安徽徽州,今属江西。

在他处皆可称胜者,不知其几十百。"而许际唐君所以有"我来觐初祖,先见万儿孙。儿孙敬肃客,头角近可扪。秀顽誓愿悍,倚立坐踞蹲。殊意即殊象,万态颐以繁。森森不可纪,逾见初祖尊"之咏也。

四里至长潭,沿途修竹杂溪,中无杂树。和风过处,竹叶簌簌作响,涧泉飞鸟,上下与和,景物清幽。复行三里,越石梁,止于洽舍,饭焉。四时半复戒舆行,过洽(浍)舍桥,山水分大小源汇于桥下。渐进,陟山口岭。山路岖巇①,悬崖绝壁,高辄十数丈,群松郁郁涧底,野草披覆其梢。左思②咏史诗状物乃亦甚工切也。相继越黄土、石砧(zhēn)二岭,高逾山口,俱数折而后至巅。巅上望见云门,巍峨耸峙,若一再肃客③焉。下石砧岭即抵杨村,时已六时有半,遂止宿焉。自洽舍至杨村凡行二十里,间亦下舆步行,俾累人得少喘息。儿辈不耐乘舆,久超步以前,先至村盖半时许。

谢艺圃君邀至其家晚餐。座中闲话,所述土产茶叶、桐油、竹木、柴炭与吾乡大抵相类。惟交通阻塞,运销不易,粮食复极缺乏。农民终年胼胝(piánzhī),日不得一饱。壮者离乡背井,别求生计;老弱坐守困穷,惟以眼泪洗面,凄恻何云。夜宿杨川小学,谢君所长校也。

五月二十二日

夜雨达旦,晨兴未已。主人坚劝少留,以游兴方浓仍于九时半启行。天色旋霁;惟见乱山如洗,飞碧流丹,至为绮丽。十一时半抵金竺坑口,滨河竹木森森,颇饶幽趣。岭路回环,渐易幽曲为开展,平坦处雅可步行。策杖徐前,怡然忘倦。适吴稚晖先生自山中来,倾盖交谈,誉黄山不绝于口,并谓"山晴雨不时,勿惧雨不前",与余初意正相吻合。此老高年,豪兴不减,精神尤健旺,殊可羡也。午后一时至芳村。村口建坊曰"东山故里",知为谢姓族居所。入憩谢氏宗祠,谢明鉴、子丹两翁并逾古稀,追述民十余长皖时减免田赋事,犹频频称谢,令人惭汗无已(己)。

由杨村抵此,计程二十里。再进,益近黄山,群峰层叠如林,林木披拂如鬈(quán)发;涧声驰毂,水激石成漪,白沫腾沸如雪;近挹花香,远闻鸟语。亘十里以至汤口,俱此境也。

---

① 巇(xī):险。
② 左思(约250—305):字泰冲,山东淄博人,西晋文学家,有咏史诗《咏史·郁郁涧底松》等。
③ 肃客:迎客。

中途经寨西桥时,周良相君已自紫云庵遄①返,云旅馆地址大致勘定,急待趋程,约期晤于海上而别。

寨西桥由芳村北通汤口,其左旁歧道自冈村来会,则休宁游客所取径也。桥上望云门峰,益秀削绚丽,令人神思飞越。儿辈停舆摄影,未知能传其神似否?

汤口为黄山前山入口,犹后山之有辅村。居民可三四百户,油盐肉食有市。程栋宇君世居此间,以茶为业。其居房屋轩敞,性复好客,余等以三时入村,程君亲迓于村外,邀至其家,治馔见飨,盛情可感。回忆余等所历村落,俱承款待,即其他过客,所受亦同余等。徽人醇笃,信不可及。

余等于四时半辞谢程君,步行溯逍遥溪而上。遥望诸峰耸峙,横出天表,争奇斗秀,尽态极妍。其先张翼相迎者,右为清潭峰,左为桃花峰;清潭之后,青鸾、紫石、紫云、砵盂②胼肩而立。稍进,则天都现矣。健骨峻嶒③,飞松天表。抚掌叫绝,冥然神往。天都之左,则朱砂、莲花、莲蕊、老人以次及于桃花,雁行肃侍。其间,莲花高拔,仅次天都,清丽亦特甚,譬若宰辅之率百官然。逍遥溪中石液盈盈,潭水幽碧。道侧则木叶参天,山花满地,日来触目萦心,啧啧称赏之境较此无不逊色。而群峰当前,撄人欲醉,又不暇低徊瞻顾也。行行复行行,至小补桥。自汤口至此盖尽七里,亦不自审其历时之久与步履之健。佳山水之移人,信若此乎?

桥下奔流迅注,声若鸣雷。紫云庵寺主僧心镜,迓于道左,因嘱为前导。过桥而北汤池在焉。汤池即昔人所谓汤泉,长可及丈,深阔各半之。其上环石若穹庐,慰农方命匠建楼于其上,便休憩。池脉通朱砂峰,久旱不涸;其下砂石沉积,松软如草藉。泉自砂中出,喷结累累如珍珠,热若沸汤;恰有冷泉一缕,自距水面尺许石隙间下流,调节其温度,冬夏无异。余等以所携寒暑表测之,得摄氏四十、华氏一百零四度。心镜复言池水日浴千人,不留纤(歼)垢,亦信。惟恐浴者日众,终且无以容,且男女亦须分池,诚不可不为之计。

适慰农导观池左一洼,清泉吐温,汨汨自石隙中出,云是刘专员前度来游所探得者。余考志乘④,本谓旧有二泉,后竟湮塞其一,方深遗憾;今得健中发之数百年后,喜何可言。慰农正饬匠开掘,妥为布署。余请其分隔二室,俾来游之士女得分别就浴。旧汤池仍宜留为民众浴室。

暮霭沉沉,拾级而上,隐约见石刻"游如斯始"四字,翠竹千竿,木莲双树,则紫云庵巍然在望矣。庵古一茅蓬,今则连楹结栋,迥非昔比。惟门额犹题"黄山一茅蓬"五字,俗亦"茅蓬"呼之,示不忘本。入庵已近八时,就西楼安顿行李毕,匆促进

---

① 遄(chuán):快速。
② 砵盂:也作"钵盂"。
③ 峻嶒(jùncéng):陡峭不平。
④ 志乘:志书。

膳,即携电炬下就汤池浴。浴罢入睡,身心俱爽,所萦注者今日之乐境与明日之游程耳。

是日作汤泉诗:

> 我爱朱砂泉,不凉亦不热。
> 下有硫与汞,喷如珍珠结。
> 凿之为方池,其水芳且洁。
> 春雨弗添流,冬日匪凝雪。
> 更有冷冷泉,一线漏石穴。
> 涓涓入池中,调温乃擅绝。
> 华清无此奇,汤山亦为劣。
> 浴者日以众,广纳无等列。
> 既使身已清,益令神复悦。
> 刘侯(健中)事探讨,石旁新池掘。
> 金侯(慰农)戒匠人,惶惶勤补缀。
> 披榛置台亭,治途去欹缺。
> 夜登池上楼,山高月朗彻。
> 桃花与紫云,一一恣幽阅。

五月二十三日

夜来风竹溪泉,合作繁响,若鼓幽琴。梦见夭桃烂漫,娉婷侍立,殆桃花峰之感应欤!枕上即成一绝:

> 几树桃花梦里生,一株在水更鲜明。
> 紫云深处皆仙境,才入黄山便有情。

披衣起坐,微雨生寒。询之,则昨午汤口为八十四度,顷只七十度耳。

紫云庵居紫云峰下,清乾隆时始建殿宇,咸丰己未①被燹。至光绪初,陆续修建。大殿寮房而外,南面最前处依山为楼,一厅三房,窗虚轩朗,俯壑瞻峰,即余等所宿处。庵近归山上慈光寺管辖,昨晤僧心镜,固慈光寺住持(侍)也。

随心镜冒雨出游。桃花峰隔溪蹲踞,绵亘里许,若堆绿锦。盖他峰俱秀削露

---

① 咸丰己未:1859年。

骨,惟此独丰腴①。林木葱茏,禽鸟栖息,堪辟作住宅区之用。余意以此处为黄山第一住宅区,先测量,后建筑,并可接管引送汤池温水应用。闻昔有桃花千树,初夏始盛开,落红片片,飘入溪中,雨涨则霞光电彩,晴久则脂蓄粉渟②,故溪峰俱以花名。近则花枝三五,寥落可数,兴复旧观有待异日矣。

仍循昨来路下山,过汤池、小补桥,沿桃花峰麓行数十步,即祥符寺旧址。寺自唐开元天宝以迄于清,代有增修,规模宏丽,昔人游记罔不载。至乾隆五年③,洪水暴涨,殿宇尽毁,久成墟邱,即界址亦不甚可考,大致宽广得三四亩。容当归与沪上人士谋重建之,并假隙地另建居士林,俾入山者得以为邮焉。

时雨稍息,丝丝若雾。惟见诸峰云片游枭起落,紫气若浮。昨如削芙蓉,今则披绡谷④。一宵之隔,气象万殊,叹观止矣。

复折返不入庵而西,丈许至回龙桥。桥东岩腹间,凿石为级,高至百丈,为罗汉级。山道未辟时,游者俱取道于此。余等昨初至庵,两儿即鼓勇以登。至巅,迷失道而返,咋舌称险不止。级旁左右,清流自砵盂峰淙淙走壁而来,注于桥下,若篆文"人"字,俗即以"人字瀑布"呼之。

桥西为入慈光寺山径,桃花溪映带其南。下游不数武则白龙潭在焉。相传黄帝取潭水炼丹,白龙昼见,因名。方广丈余,深不可测。水作黝碧色,清可鉴发;摇荡激撞,围石岌岌而终不堕。注视有顷,冷韵袭人,竦乎其不可久留也。

越溪而南。巨石谽谺⑤,森列溪底,赖从者扶掖而度。更南,溯洗药溪而上,水盈盈不竭。中为丹井,仍累石为栏,如潭状。径可五六尺,深约数丈,水色浅碧,荡漾有光。水底卵石纷然,如圭如玉。传是黄帝汲水炼丹处。井之上游为药垆、药铫,各成小潭。其旁劘"药垆"二字,有类明刻。药铫中有物如鱼,长四五寸,四足有角。吴廷简所疑龙,实即蝾螈,庐山天池寺习见之物也。

日午乍晴,山云初敛,都如出水菡萏,清艳欲滴。返庵午膳,同游者更番就汤池浴。及四时许,群趋慈光寺。越回龙桥不数武,基地平坦约亩许,或云旧山门,志乘无稽。余以其下为桃花、朱砂两溪合流处,即可建阁名"双溪阁"。再上至听涛亭,朱砂泉自右侧潺湲下注,若为高山流水之操。石壁镌"养云山馆修"数字,示亭旁山径为馆主许球所修。计自紫云庵至慈光寺二里,途阶沿级宽阔,肩舆可登。许君诚解人哉。

慈光寺在朱砂峰下,旧名"朱砂庵"。明万历间,僧普门入都,备邀优礼,神宗敕

---

① 丰腴(shòu):体态丰满。
② 渟(tíng):水积不流。
③ 乾隆五年:1740年。
④ 绡谷:生丝织的薄纱。
⑤ 谽谺(hānxiā):山石险峻。

赐藏经,慈圣皇太后特颁内帑,为开山建寺钦定今名。寺成,金碧辉煌,为新安梵宇之冠。咸丰兵燹,荡然无存;赖寺僧承衰守敝,次第修补,以有今日,毗卢殿、功德堂、大悲阁等粗具规模。余等入(见后图),见旧大殿废墟,宽广各数十丈,础石数十,纵横成列,俱径二尺许,曷深沧桑之感。心镜①以募款兴筑为请,并当归与沪人士商之。余等宿大悲阁,先就阁下晚餐。未及半,众谓晚虹骤现,亟投箸出,面山门而立。俯右则桃花峰之上方现流霞,凝紫飞红,与峰顶杜鹃若相挑逗;仰左则天都云气蒙蒙,形如伞盖,轻岚淡墨,瑞气氤氲。而起自桃花,迄于天都,半环丽天,如彩带迴风,如宝弓弯射,七色——红、橙、黄、绿、青、蓝、紫一时毕现,各极鲜明者则虹也。一轮一色,一色千层,光荡为轮,垂垂欲舞。桃花之霞,天都之云,固益为生色,而所跨紫石、紫云、莲蕊、莲华,亦罔不丽集夺光,气成五采②。复返映外轮一道,其色略浅,日光与水气所映,其焜丽一至于此耶?奇哉,景也!诗以咏之:

    飞红万丈一弯弓,倒挂天都雨后虹。
    云气氤氲蒸削壁,霞光艳绮射长空。
    桃花源上花如锦,莲蕊峰头蕊似烘。
    古寺朱砂添异彩,料应返照到茅蓬。

五月二十四日

  晨兴,天色晴朗,众兴逾豪。竹杖芒鞋,各鼓勇上投文殊院。心镜为备兜子,固辞不得,仍亦备而不用耳。自寺后登山,叠石礧砢③,乱茅蔽道,舆者举步稍艰。惟过此百步,则历经修治,至文殊院十五里,均可阶而升。山险而路不险,非复如曩昔之凿壁缒岩,蛙步心战。闻黄山而却步者,殆为古人所惑尔。

  道中见钵盂峰斜插于东,法眼泉横潴④于西,紫石、紫云之间,则虾蟆峰栩栩生动,有纵跃天都之势。过碰头石,路渐宽阔,惟缘岩俯涧,屈曲回环,所谓百步九折紫岩岙,非身历不知也。兜子过此,转折不便,且余素健步,本不需此,因命兜后行。缘中沟西岸拾级盘折而上,过打鼓洞。曩由洞腹架木攀登,今则履背而过,且有铁栏抚手,险夷相去不啻霄壤。

---

① 心镜:僧人。
② 采:旧同"彩"。
③ 礧砢(léiluǒ):委积众多。
④ 潴(zhū):水集聚。

又三里至度生桥,入老人峰东坞。老木捴①天,古藤绕石,阴森窅窱②,迥隔人凡(见图)。再二里,至半山寺,同游者均集于此。寺俗名"半山土地",十年前有僧明光结茅于此,后因易茅为白铁,建佛殿三间,惟究狭隘,不能容众。比与慰农计议,就右侧旧址另建数楹,客骤遇雨者,或惫不能前者,势或就宿于此,不可不有下榻处也。

饮茗毕,出就石上小坐。俯视朱砂已渐落足底,深岩邃谷,若临九渊。仰则天都、莲花犹在霄汉。诸峰挺拔危耸,不沾不滞,渣滓淘(陶)尽,惟有劲骨。盘松曲柏,皆贯石而出,夭矫激昂,匪可思议。余曩历国内及欧美名山甚多,顾今日之乐,似犹胜于曩昔,无怪吴廷简氏有"半生所见惟土堆石块"之语也。又上二里,至横云石。其旁嵌"创修黄山道路碑记",民十五立,孙以燮撰书。综计自慈光修至文殊,所费才三千九百三十九元。陈兆峰首捐千金以为倡,汪蟾清等诸好善者慷慨解囊以足。董其事者则前慈光寺住持脱尘师也。化危磴为坦途,摩崖绝壁兜轿可登。余等游人实拜嘉蕙。

不百武,至天门坎。两石夹立,路窄止容身过。过此则豁然开朗,别有天地。山谷杜鹃数百株,时正盛开,灿红炫艳,几疑置身河阳园圃。仰视莲华正面,花萼层叠,石骨秀丽。天都摩肩耸峙,尤称奇伟。千崖竞秀,万壑争研。而尤奇者则松枝虬曲,短针盘盘如剪,天风翠羽,姿态各殊。或及丈余,或仅逾尺;或团团若盖,或肝肺槎丫③;或夭矫如龙,或伏地似兽;或倚岩,或傍涧;或破石矗立,或被石如衣。莫不异乎山下所见,今而后始知松之可贵也。

又二里,至石穴,曰"云巢洞"。余仍绕道洞背上,阶级严整,从容以登。儿辈则入洞历三十五级而出,出洞如出井焉。又百步,至小心坡。左临绝涧,护以石栏;右旁峻壁,凿齿可握。虽道窄,侧身始过,顾无所苦。昔人所谓"小心",当指石栏未建时,今则诚可改作"放心坡"矣。

曲折而上,至度仙桥,即志载之"断凡桥"也。自此一望,瘦峰奇石,满布于前,怪诞奇幻,莫可名状。大抵以为人则人,以为物则物。导者不能言,游者不暇辨,而沿路所睹之"金鸡插翅""姊妹放羊""童子拜观音""仙人指路",屡为凝神睇似者为无谓也。越桥,则又左右石壁屹立如堵。中辟仄径,垒石级以升。两手扪壁,薛苔满布,湿不停掌。愈高愈险,愈险愈奇,即所谓"一线天"。再上,出文殊洞,不十数武,有古松出浅岩间,曰"迎客松",则文殊院在焉。

文殊院殿旧仅五楹,脱尘拓建楼十余间于其前,宽敞足息游踪,守僧品莲邀入小憩。以沿途恣为观赏,虽乘兜不及全程五分之一,弥复不倦。刻许,三、六两儿序

---

① 捴:同"支"。

② 窅窱(yǎotiǎo):亦作"窅窕",幽深貌。

③ 槎丫:错落不齐。

生仲纾、玉林伯度相继来。又刻许，慰农、汇生亦追踪而至。众既齐集，乃相偕至院门，摄影以留纪念。（见图）院踞万山之巅，地平如掌。玉屏峰拥其后，朱砂伏其前。天都耸左，莲花峙右，秀丽崇巍，两极其妙。余若紫石、圣泉诸峰执戟金吾，桃花、老人以次众星朝拱。千峦万壑，鳞比波翻，别有天地。古人所谓诸峰罗列似儿孙。又"不到文殊院，不见黄山面"，良非夸诞。

　　院门左右狮、象二石，形态逼真。当前则石台陡起，名"文殊台"，传系文殊跏趺成道处。一石深凹，具圆形，即指为蒲团石。虽属附会，终非人工可致。

　　文殊台望天都峰，健骨觫觫，卓立天表，灵气排荡，气概万千。狮子林僧惟清自紫云庵相随至此，言旧曾登临其巅，中有石室嵌立，可容百人，垆鼎床屏，均属天然石品；并谓入口一石倚斜，俨然人像，俗呼"仙人出轿"。取所携望远镜窥之，良是。天都旁小峰曰"耕云峰"。峰顶复有石如鼠，伸首弥耳，作势奔赴天都，曰"松鼠跳天都"。若在文殊洞上、迎客松下石上观之，则实两石横跃。余以为可名"双鼠跳天都"。鼠尾微露其端，则屯溪刘紫垣前度来游，遣人安置者也。

　　转顾莲花，石蕊中立，千叶簇拥如瓣。径尤窈窕，所谓入藕穿孔，缘茎入萼，纡回盘折，四入洞始达峰巅。惟清、心镜凤屡往游，品莲尤数日一至。莲花之北为莲蕊峰，宛若菡萏含苞，奇峭不可攀登。上有石如艇，呼为"采莲船"，舷桨具备，奇妙之至。

　　转赴后山，遥见光明顶闪闪作光，石笋峰怪石森列，而白鹤峰插翅欲舞，尤极腾跃之妙。笑语同侪，谓昨指朱砂峰为"天半朱霞"，今见"云中白鹤"矣。众为抚掌。

　　时已六时许，入院晚餐。品莲为言环山皆砂石，蔬菜不易种植。游客宜多携罐头，不则食无菜矣。

　　夜静，棉衣犹颇寒冷。盖晨在慈光六十二度，午后二时至院，仅得五十八度，入晚才四十八度耳。天宇高寒，此其谓欤？院外月华皎洁，万里无云。呼侪同出，均厚棉以从，伯度且披裘氅焉。华光乍洗，清影遥分，恍若置身玉阙，不复有丝毫烟火气。一尘不染，万念皆空。此其地耶？此其时耶？低徊久之，成诗一律，始入就枕。

　　　　玉屏峰下文殊院，莲蕊天都在眼前。
　　　　已识灵台通帝座，定知上界有神仙。
　　　　西华泰岱初弦月，南岳匡庐几点烟。
　　　　石怪松奇云海绝，人间何处得斯缘。

五月二十五日

晨起，朝暾①当窗，知仍晴朗，同游俱极忻幸。黄山十雨一晴，闻之寺僧，游山得佳日如余辈者，不数数觏也。出院遥瞰，白云四合，都在足底。波谲涛翻，浩如烟海。远峰微露其巅，若螺，若髻，若枫楠，若岛屿，即所谓云海是。云海之奇，不在涯岸已具，而在烟波始生，缭绕铺散，蔚为奇观，惜余等不之见。

环山分摄诸景，辞诸峰而下。俗事牵掣，至后海概未涉足，未能尽畅游绪，中心眷恋，固无已也。过迎客松，左旁见歧路。下约七十级，两岩之间，有洼地尺许。山泉自石隙涓涓下流，积潴三五寸，为寺僧取水处。久晴泉涸，则往返七八里汲自莲华峰，大费周折矣。道穷，仍上循昨径下，返慈光寺。

兜轿殊非必需，令载衣物前行。慰农本挈石匠同来，便呼与俱。俾山路欹缺、阶级损毁处，得随在指示，日内即鸠工修治。大抵残破者补之，倾斜者正之，凸凹者平之，狭窄者宽之，高下者匀之，险削者夷之，壅塞者通之，凌乱者整之：十五里中，凡得四十余处，而慈光寺至碰头石百丈，则嘱凿石为开新道焉。

自文殊返抵慈光，余仍最先至，为时不过一时半。众同游者到达，次第并同昨日，惟伯度则以惟清接引于前，放步直下，得跃居第四。自谑为佛法护持，相与大噱。

饭慈光，仍下就紫云庵宿。慰农即与石匠约明日施工。后之来游者，当更较余等为省力也。

五月二十六日

早九时许，发紫云庵，先往视新获汤泉，则石工方邪许发掘，想至盛夏，当可完工。乘肩舆至汤口，途次频频回顾，诸峰亦都俯瞰如惜别状。五里至寨西桥，复见云门。盖峰为黄山西障，自南麓入山后，反不之睹也。

越桥，循南侧岐道，十里止于冈村。午餐后复行，九里至双岭。两峰若双髻连

---

① 朝暾（tūn）：早晨的太阳。

鬒①，回环拥抱，故名。逾此遂入休宁境。

溪光山色，无逊黄山源，(见图)而同游胥不当意。前昨所历，鬼斧神工，雄奇恢诡，已极造化之穷，寻常胜境，自不足当一顾也。经王村头、高桥、里子坑，三十一里至蓝田。时已薄暮，即就胡秋圃君所备宿处息焉。

道中口占二十八字：

溪光山色似吾乡，鸟自飞鸣花自香。
采罢新茶春事了，家家犁水又栽秧。

五月二十七日

晓发蓝田，二十里至迪祥湖。湖宽十丈，旧有南堂、鸣皋两桥，工坚费巨，昨岁为山洪所毁。今民生凋敝，至无力复修，舆者赤足涉焉。又十三里至琅斯。溪水横前，以竹筏为渡。竹隙渗水，则仍据舆中坐，状至可哂。复前行十里，遥见休宁双塔高耸，弥望复为田亩，新秧高几及尺，盖复入平原区矣。

刘专员暨各机关、团体、学校，或代表或全体员生千余人迎余北门。余虽皖人，久作外游，曩岁从政乡邦，复无建树可言，地方父老昆季，谬加优遇，备致欢迎，惭悚交并！休宁街道整齐，顷自乡间来，每见蝇蚋丛飞，入城忽俱绝迹，清洁可见。先至专员公署答谢健中。时全县各界假民众教育馆开欢迎会，小憩即同车往。匆促陈词，略述徽郡大儒均主知行合一，值此国家多难，深盼地方父老昆季有一分力做一分事，即知即行，不特领导全皖，抑将振衰起敝，及于全国。即兴辞，遄②赴万安古城岩。

屯溪公安局罗局长祥符，屯绅刘紫垣、洪朗霄、汪秋圃、曹止斋，中国银行行长陈宝仁诸君及徽州日报记者毕君、卓君、郑君、浩如已先迎候。廖院长更远道自歙来迓。一一欢晤毕，刘专员导观公园。临江对山，清幽特甚。即就膳，时已三时有半矣。肴馔出刘家厨，益丰腆。饭毕，赴省立二中欢迎会，校长桂丹华君先导观各处。学生八百余人，勤俭整肃，无愧"斯文正脉"(中门悬额)，行更大振宗风也。就礼堂演说，词长不赘述。

四时许，仍附刘专员汽车趋屯溪。各界代表复迎诸车驿。下车步行，摄影后同至公安局休息。员警俱精神焕发，可佩！继赴江西会馆民众欢迎会。斜日高悬，余

---

① 鬒(sēn)：头发。
② 遄(chuán)：快速。

阳尤烈，父老兄弟鹄立广场者乃近万人。惶愧之情，曷其可已？于会馆戏台上摄影致词毕，即下赴徽州日报馆参观。职工俱勤奋将事，不可多得。更至中国银行新屋、慰农芜屯路办事处周览一过，即往息于紫垣之紫园。

紫园堂构精雅，花木扶疏，与"眠琴别圃"异曲而同工。余等宿处为新建小楼，尤爽洁，一尘不染，离杭以来最惬意之宿所也。

晚由商会、中国银行、省立二中、省立四女中、罗局长、紫垣、朗霄等公谳。席间四女中校长许惇士君坚邀赴校演讲。时已九时，即离席同往，刘专员并偕行焉。

四女中为余长皖时所创立，居屯溪左约三里。地名隆阜，即戴东原先生故里，曷胜高山仰止之思。抵校，见房舍朴雅，花木繁荣，师生整洁无华。讲词略谓时代虽不同，顾人各有其责任，女子之责其在家庭恒较在社会为重；近意、德诸国盛倡女子复归家庭之说，望加注意。诚在家庭中效法前贤，即知即行，则其所贡于国家民族者，固至伟大云云。刘专员继余致训词，亦谆谆以新生活为言，至午夜十二时始散归，圆月已中天矣。

五月二十八日

晨餐后，已近十时，为四女中书校训毕，匆促仍登慰农自备车就道。刘专员、罗局长暨诸友好送之车侧，新知旧雨，临别依依。刘紫垣君及廖院长另车同行，于午后一时抵歙。车站复晤石县长，相偕入城，至法院午餐。二时许，即兴辞返杭。

车行可六小时。东西天目、玲珑诸山俱似无足观赏，而天都、莲华之胜，合睫即在眼前。黄山之入人，何其深也！

惠九等御车迎于留下，小语即同前进。至西子湖边，则华灯乍上，电炬通明，复又一世界已，至清泰第二旅社宿焉。

五月二十九日

午后小步湖滨，藉纾积困。旋乘五时五十五分沪杭车返沪。

晚十时半抵上海。红尘万丈，嚣声震耳欲聋。适来仙窟，遽堕尘寰，可胜慨叹！且也内地人民连年灾祲，本不聊生；兼之五谷茶叶价值低落、外货倾销，手工业完全崩溃。穷困流离之状，与都市豪华又不可同日而语。诚不知孰为真孰为幻已。

综计此行,往返十日,在山仅四日耳。仓卒未获恣情探讨,黄山之胜未尽什一,憾何如之!惟是尝鼎一脔,朵颐足快。闻本年十月十日东南交通周览会开幕前,汽车即可自歙直达汤口。行更约二三子续往盘桓,归而实我日记。

山灵有知,其仍假之良辰佳候俾畅游踪?剥极必复,国步民生,其亦日即于降盛,俾吾人偶得寄怀山水之间,曾不致有触目惊心之概也乎?

附　　录

次韵敬和
静公夫子慈光寺看天都晚虹之作
徐汇生
鼎湖龙去遗长弓,偶向天都化彩虹。
倘有精诚通帝座,故教幻景现虚空。
紫云光被桃花绚,莲蕊峰为夕照烘。
天地端倪轩豁露,何殊海上望瀛蓬。

登文殊院赋呈静师
徐汇生
天都莲花高入云,文殊寺小岿然尊。
譬如齐楚争雄不相下,犹向宗周表称臣。
玉屏峰下文殊台,登台说法心胸开。
诸天散花来供养,化作奇松怪石非人栽。
蒙境天开选佛场,庄严璀璨辟禅堂。
左狮右象为侍者,天都莲花矗然外护如金刚。
我闻黄山奇观在云海,云起群峰失所在。
我来恰值晴空无片云,不见烟云逞变态。
却喜群峰示我真面目,好友初逢勿错愕。
识得文殊无相真实相,把臂游行归极乐。

从静仁师揆游黄山率成数截
黄伯度
海上追陪又十春,剧怜孺子苦轮囷。
双溪胜处凭谁识,恰待双溪作主人。

(师额所居曰"双溪草堂"。黄山慈光寺下朱沙、桃花两溪合流处有阁亦曰"双溪"。)

墨翠未遮云未封,天都有意作清容。

高山向往诚难至,他日行攀五老峰。

(五老上接天都,形势天然,旧称"五老朝天都")

最爱苍茫数晚峰,并刀莫便剪吴淞。

(近暮抵文殊院时,云海平铺,诸峰皆在其下。同游者谓境地绝似吴淞口外,而近剪刀峰处云稍散碎,故云。)

人间何限丹青笔,画得云山第几重。

榻短檠①寒强自支,多情山月故来迟。

依稀风景桐严道,肠断孤儿是此时。

(晚宿第蓬,枕上听桃花溪涛声,恍忆三十年前宁春江上儿时侍游情况,泪如雨下。)

黄山杂韵
黄伯度

上通斗纪下衡巫(张皋文黄山赋句),名胜东南似此无。

仙境那容凡骨到,时人但解说匡庐。

杖藜停处鹔②飞还,云海苍茫指顾间。

收拾闲情归浩荡,天教元老壮名山。

列岫参差展画屏,山光偏对野人青。

杜陵果有长镵在,好向松根劚③茯苓。

文殊寺外鏁④烟霞,客到山房细煮茶。

山势也含禅意味,一峰高耸现莲华。

省识黄山卅六峰,晚风凉透万株松。

山僧指点云深处,飞瀑纷纷下九龙。

阳开阴阖妙无穷,灵秀千年冠域中。

尽发蕴藏娱众眼,于今巨手藉神工。

午夜松涛入耳清,风来一怒作雷鸣。

仰天苦忆儿时事,七里泷前听水声。

历历山川在眼前,不堪追忆侍游年。

愁人积泪将成海,忍向幽岩看涌泉。

天开奇境远尘氛,除却松风了不闻。

犹愿出山能作雨,紫云岩上度春云。

---

① 檠(qíng):灯架,借指灯。

② 鹔:古同"鹤"。

③ 劚(zhú):挖。

④ 鏁:古同"锁"。

墩归王谢本无常，此日黄山合姓黄。
一卷更从黄石乞，桃源深处筑书堂。

　　　黄山杂诗
　　　　金慰农
路转峰回不计程，溪声入韵又禽声。
尘心到此都消尽，更向白云深处行。
腰脚云疲乐未疲，放眸恰值晚晴时。
攀藤且蹴危岩下，丛密菁深又一奇。
平生最爱家山好，老入黄山爱更殷。
出岫莫酬霖雨愿，何如长作在山云。
破浪归来百不安，又从黄海斗荒寒。
林峦明灭烟云幻，也与沧桑一例看。
山下丹枫山顶雪，一山风物已相悬。
山腰尤觉多灵异，九月秋深绽杜鹃。

黄山初步建设三个月计画[①]

许世英

黄山地区辽阔，名胜繁多。若云毕畅交通，广置亭宇，殊非急切所能收效；且地形地质、水源植物等等未经专家探测，贸然施工亦为事实所不许。爰就最迫切之需要暂定初步建设计画，除十二、十五两项外，期自本年七月一日起至九月三十日止一一完成。率奠初基，徐图进展。

1. 修补原有最要山路并开治新土路，银一千元。
2. 初修山上各处道路并石坡、栈道、小桥，银四千元。
3. 添置修补险路栏杆，银一千元。
4. 迁建半山寺，银八百五十元。
5. 兴复祥符寺，银一千五百元。
6. 莲花峰顶庵基平治费，银一百五十元。
7. 建置九龙瀑布之观瀑亭，银五百元。
8. 建筑桃花、朱砂两溪合流处双溪阁，银一千元。

以上银一万元由世英个人募集。

9. 修设新旧汤池，银五千元。
10. 整理山内外名胜古迹，银二千元。
11. 第一住宅区（桃源）测量费，六百余元。

以上银七千六百余元由安徽省政府拨给。

12. 修筑第一住宅区公路、沟渠经费，银一万六千元。

由放租地价收入项下拨付。

13. 设置旅舍，约银一万元。

由上海银行中国旅行社自行建筑。

14. 居士林一所，银五千元。

由世英邀集居士十人分别担任，每人五百元。

---

① 现写作"计划"。

15. 第一住宅区俟测量完竣、路线划定后,任人照章领租地段建筑住宅,但图样须经黄山建设委员会驻山事务所核定。

游黄山日程及各处风景撮要

昔人游山,多以徽、宁两属各县城为出发点。近自公路完成,由沪、杭往游者取道杭徽路,由扬子江一带往游者取道芜屯路或殷屯路,均可直达黄山山麓之汤口镇,朝发夕至。因以汤口为起点,略述山内游程。大致由前海进,后海出,仍返至汤口止,需时六日。地名下注数字示相距里数,风景则加专名号(＿＿＿)焉。

第一日

汤口,<u>逍遥亭</u>₅,<u>茅蓬(即紫云庵)</u>₅,<u>木莲树</u>,<u>汤池</u>,<u>郑公钓台</u>,<u>祥符寺旧址</u>,<u>小补桥</u>,<u>人字瀑布</u>,<u>桃花峰</u>,<u>虎头岩(即山君岩)</u>,<u>张公背张婆</u>,<u>虎头桥</u>₅,<u>观音坐莲</u>,<u>罗汉点灯</u>,<u>飞来石</u>,<u>紧浅(金漆)碗</u>,<u>停雪石</u>,<u>洗杯泉</u>,<u>醉石</u>,<u>鸣弦泉</u>₂,<u>剑石</u>,<u>横坑庵亭</u>₂,<u>老僧打坐</u>,<u>观音扫净</u>,<u>天眼</u>,<u>石笋</u>,<u>云门峰</u>,<u>笠人石</u>,<u>浮丘峰</u>,云际峰,<u>汤岭关</u>₅,航海庵旧址,<u>吊桥庵</u>₁₀。

第二日

<u>紫云峰</u>,<u>紫云岩</u>,<u>罗汉级</u>,<u>回龙桥</u>,关帝殿址,<u>水帘洞</u>,轩辕碑,丁公庵址,<u>白龙潭</u>,<u>墨浪庵址</u>,丹井,回澜石,藏舟石,呼龙石,听涛,朱砂泉,二天门₁,天王殿,<u>圣泉峰</u>,<u>慈光寺(即朱砂庵)</u>₂,<u>普门塔</u>,<u>千人锅</u>,<u>朱砂洞</u>,<u>朱砂岩</u>,<u>钵盂峰</u>,<u>法眼泉</u>,<u>虾蟆峰</u>,

金沙岭,莺谷石,碰头石,飞来洞,青高峰,半山土地₈,金鸡叫门帘,罗汉对观音,五老上天都,老人峰,观音岩,龙蟠石,三观岭,打鼓墩,姊妹放羊,天门峡,蓬莱三岛,兔儿望月,文殊台,老虎下山,姜太公钓鱼,伍吉问卜,云巢洞₅,观音石,小心坡,蒲团石,卧龙洞,仙人桥,普贤洞,佛掌岩,石臼石杵,一线天,鹦哥石,飞鱼石,罗汉洞,迎客松,天都峰,仙人出轿,老鼠探坛,文殊院₂,玉屏峰,耕云峰,松鼠跳天都,莲蕊峰,金鸡采玉莲,采莲船,凤凰(皇)石,立雪岩,石笋峰。

第三日

阎王壁,转身岩,大士岩,兔耳石,莲花沟,莲花洞,掬月岩,山乐鸟,牛鼻峰,莲花岭₅,上莲花峰顶₃,百步云梯,老僧看海,鳌鱼洞,容成朝轩辕,炼丹峰,天海,大悲院,平天矼,石柱峰,前海,后海,西海,光明顶₅,龟石,鱼石,慈航石,法袋石,石门峰,棋石峰,贡阳山,狮子峰,云外峰,石床峰,观音打坐,松林峰,石榴岩,仙桃峰,薄刀峰,石鼓峰,丹霞峰,团鱼孵子,狮子林。

第四日

麒麟松,凤凰(皇)柏,天眼泉,望仙台,达摩渡江,团鱼晒阳,仙人指路,老松采药,灵龟探海,锦霞洞,将隐岩,清凉顶,始信峰₁,板壁峰,合掌峰,天官赐福,仙人桥1,清凉台,黑虎松,连理松,梦笔生花,笔架峰,仙人桥,接引松,聚音松,扰龙松,上升峰,仙人峰,轩辕峰,望仙峰,白鹅峰,仙人对弈,五老荡船,猴子过山。

第五日

散花坞,扰龙石,小平天矼,龙眼井,猴子㨄桃,波斯进宝,美女照镜,天鹅护蛋,书箱峰,十八罗汉朝南海,关公挡曹,上刘门亭(一名"如意亭")₅,三尊大佛,仙人铺海,仙人补路,宝塔峰,天眼,中刘门亭₅,仙人观榜,天榜,下刘门亭,轿顶峰,观音打坐,太白敬酒,老虎驼羊,童子拜观音,叠障峰,松谷岩老基₅,松谷庵₅,莺石,枕头峰,仰天岩,仙人瞻宝。

第六日

　　介子背母,张公带儿,佛掌峰,皮蓬兜,净瓶口,猿猴岩,双龟石,狼豹洞,澡瓶泉,青蛙峰,仙人游天都,兔儿望月,仙桃,云谷寺$_4$,仙僧洞,圣灯,白沙岭,罗汉峰,锡杖泉,仙人戴伞,仙人会领,丞相源$_4$,江丽田琴台,狮子望球,香炉峰,珍珠岭,开门石,九龙瀑布,天绅亭$_3$,新罗源口$_1$,黄山胜境,继笠庵,苦竹溪$_2$,汤口$_5$。

　　以上系就现有状况而言,如无充分时间,亦可择要游赏。若将来西海等处道路修成,自更多所变动矣。

游山应携物品表

棉衣、厚毛毯（山顶虽盛暑亦须着棉衣，决不可少）
雨衣（雨伞招风不适用）
布鞋
草鞋（雨时可加于布鞋之外）
手杖
罐头食品（山中茹素，且地瘠并蔬菜无之，宜多备食品）
照相机
寒暑表
望远镜（携望远镜可多见人之所不见，至为重要）

黄山游览指南

程铁华 编

《黄山游览指南》，民国二十四年（1935）一月初版，徽州日报馆发行，中国国家图书馆藏。

程铁华（1877—?），名敷锴，安徽绩溪人，南通师范毕业，地理绘图专家，著有《徽州新地图》《屯溪及附近乡镇图》《黄山平面图》，制有《绩溪县全图》等，与人合编《中华民国地理新图》，曾任教安徽休宁中学。

原书中序后、例言前的摄影照片"黄山建设委员会委员长许世英先生"、"刘贻燕氏近像"、"许委员长考察黄山后过屯留影"（郑皓予摄）、"刘秉粹氏近影"、"黄山建设委员会驻山办事处技术组组长金慰农氏近影"、"黄山名胜 福禄寿三星"（刘健中摄赠）、"天都峰之背面"（刘健中摄赠）、"达摩过海×处竖石即达摩也"、"鳌鱼峰之左侧面"（刘健中摄赠）、"鳌鱼洞全景"（刘健中摄赠）、"狮子林"（刘健中摄赠）、"莲花峰"（刘健中摄赠）、"天都峰"（刘健中摄赠）、"五老朝天都"（刘健中摄赠）、"清凉台"（刘健中摄赠）、"慈光寺"（刘健中摄赠）、"慈光寺大门"（刘健中摄赠）、"清凉台一树根"（刘健中摄赠）、"黄山始信峰"（章丽清摄）、"天门坎之天门"（刘健中摄赠）、"莲花峰之百步云梯由此东望风景极佳"（刘健中摄赠）、"小心坡"（刘健中摄赠）、"罗汉级瀑布夏冬不息"（刘健中摄赠）、"莲花峰百步云梯横景"（刘健中摄赠）、"黄山西海奇观"（刘健中摄赠）、"九龙瀑布"（刘健中摄赠）、"天门坎"（刘健中摄赠）、"猴子过山"（刘健中摄赠）、"黄山云海"、"天门坎"（刘健中摄赠）、"莲花莲朵两峰"（刘健中摄赠）、"天门坎悬崖之险"（刘健中摄赠）、"小心坡下文殊洞"（刘健中摄赠）、"姊妹放羊"（刘健中摄赠）、"鳌鱼下有洞名鳌鱼洞"（刘健中摄）、"五老朝天都"（刘健中摄）、"黄山云海"（刘健中摄）、"境幽宜人之丞相源"（刘健中摄赠）、"文殊院前迎客松"（刘健中摄赠）、"丞相源道中之山溪"（刘健中赠）、"屯溪之全景也"（章立菁摄）、"屯溪风景珠塘浣衣"（郑皓如摄），因不合时宜或模糊不清，未收入本书。原书目录编入本书目录。

序

黄山,天下之名胜也。为峰三十有六,雄伟奇秀,实兼五岳之长。山之风景都丽,变化万千。古之人发为诗歌,播之吟咏,代有流传。余督察徽政之二年,适当道建设黄山,余名亦列建设委员之末。偶因公前往斯山,寻幽揽胜,竟日不知倦怠。若夫登极峰,观云海,又恍若置身物外,飘飘欲仙,几忘宇宙间尚有尘寰也。山之醉人可谓深矣!程子铁华,有心人也。今以游览斯山所得,著为《黄山指南》一书。凡举山之奇峰怪石,泉、潭、池、井、顶、梯、级、坞,以及一草一木,无不详加探讨,记载靡遗。而其中风景之写真,尤属绘影绘声,形容毕肖。是诚此书也,既可以便未游黄山者知所向往,而已游黄山者多所印证。其视诸骚人墨客一歌一咏、一游一记,只能尽个别之描写,而不能极全山之状态,其相去殆不能以道里计也。今年冬,毕子卓君将以是书付之剞劂①,嘱余为之序。余爱黄山,尤爱此书之堪为游览黄山指导也。爰述数言,冠之卷首,并质同好云。

民国二十三年②十二月,双江刘秉粹③。

---

① 剞劂(jījué):刻印。
② 民国二十三年:1934 年。
③ 刘秉粹:生卒不详,曾任徽州区督察专员兼休宁县长。

诗 文 杂 录

黄山名胜甲于东南,蒋委员长开发东南交通以后,徽杭、芜屯公路将成时,皖省府即有建设黄山之议。建设厅长刘贻燕策划建设甚力。

许先生咏汤泉诗

我爱朱砂泉,不凉亦不热。下有硫与汞,喷如珍珠结。凿之为方池,其水芳且洁。春雨弗添流,冬日匪凝雪。更有冷冷泉,一线流石穴。涓涓入池中,调温乃擅绝。华清无此奇,汤山亦为劣。浴者日以众,广纳无等列。匪使身已清,益令神复悦。刘侯事探讨,石旁新池设。金侯戒匠人,遑遑勤补缀。叠石置台亭,治途去敧缺。夜登池上楼,山高月朗彻。桃花与紫云,一一恣幽阅。

溪光山色似吾乡,鸟自飞鸣花自香。
采罢新茶春事了,家家犁水又栽秧。
——许世英《蓝田道中口占》

皖省府组黄山建设委员会,第十区行政督察专员刘秉粹氏被推为常委。刘氏亲赴黄山视察,凡数次,而于黄山发现一泉,金氏慰农为题其名曰"刘公泉"。

黄山杂诗

金慰农

路转峰回不计程,溪声入韵又禽声。
尘心到此都消尽,更向白云深处行。
腰脚云疲乐未疲,放眸恰值晚晴时。
攀藤且蹴危岩下,丛密菁深又一奇。
平生最爱家山好,老入黄山爱更殷。
出岫莫酬霖雨愿,何如长作在山云。
破浪归来百不安,又从黄海斗荒寒。

---

① "诗文杂录",原书无此标题,此处为校注者添加。

林峦明灭烟云幻,也与沧桑一例看。
山下丹枫山顶雪,一山风物已相悬。
山腰尤觉多灵异,九月秋深绽杜鹃。

飞虹万丈一弯弓,倒挂天都雨后虹。
云气氤氲蒸削壁,霞光艳绮射长空。
桃花源上花如锦,莲蕊峰头蕊似烘。
古寺朱砂添异彩,料应返照到茅蓬。

——许世英《天都晚虹》

玉屏峰下文殊院,莲蕊天都在眼前。
已识灵台通帝座,定知上界有神仙。
西华泰岱初弦月,南岳匡庐几点烟。
石怪松奇云海绝,人间何处得斯缘。

——许世英

云边缥缈是吾家,欲觅神丹岁月赊。
尽说容成曾到此,至今峰顶出朱砂。

——明·释智舷

清凉台原有一树,在数年前尚余枝干,今则枯萎,惟留一根耳。

黄山建设委员会委员刘紫桓氏曾与安徽第十区行政督察专员刘秉粹同往黄山考察。

九龙潭在丞相源下、苦竹溪上。瀑落为潭,潭复落为瀑,九叠也,故名"九龙"。

——明·方夜

芙蓉辟灵界①,遥渺出天中。穿蹋失猿巧,翩轩绝鸟通。路从莲瓣转,窍比藕根空。半岭出五岳,低峰越九重。云梯银汉近,水渡琐冈雄。狮猛堪拧石,柏香偏逆风。孔淳惮幽崚,康乐快鸿蒙。落雁丹书秘②,环辕赪③穗丰。是松皆谲怪,无石不玲珑。海气水崖左,江流匹练东。峦头识吴马,龙背接茶弓。山莘阻高密,星门陡有熊;贪他呼吸在,任尔险危逢。料混神仙迹,谁媲造化功?应知震旦国④,只此一奇峰。

——明·凌骃⑤

---

① 该诗为凌骃《莲花峰》。
② 秘:闵麟嗣《黄山志定本》作"祕"。
③ 赪(chēng):红色,同"赪"。
④ 震旦国:中国。
⑤ 凌骃(?—1645):歙县人,字龙翰,崇祯进士。原书误作"凌炯"。

秋红海底缀珊瑚,削出芙蓉紫岫里。众峰齐出拱天都,天都巍然仍为百谷主。万顷白云安在哉?高歌拍手文殊台。

——明·许启洪①

丞相源在钵盂峰下,相传为宋右丞相程元凤读书处。

黄山,东南名胜,屯溪、徽州重镇,游黄山者多顺便至屯溪。盖今日之屯溪,似已形成徽州文化经济政治之中心。

---

① 许启洪:生卒不详,字任宇,宜兴人,崇祯举人,知遂昌县。

例　　言

1. 是书第一章"黄山概说"系用科学方法解剖全山。言位置则用经纬度表之；言高度则将山上各处气压、温度实测而得正确之高度；言山脉则考其所自来，并言其所自去，对于本山各脉由干分枝尤为详尽；言水流则以江、浙①分之，寻其源，竟其委，由西而北而东南，依次叙述。

2. 是书第二章"寺院"分现存、已废言之。现存寺院则言其位置，并述其可以住宿或休息。已废寺院本可不言，惟将已废寺院照旧记载，明其所在地点，俾开辟黄山者寻基复建，五里一亭，十里一阁，以便游人。

3. 是书第三章"形胜"，峰峦水流以及岩、洞、池、泉、台、井、坪、矼，异石奇松，分类记载其所在地，俾便游览。

4. 是书第四章"游路"分山上山下言之，并将沿途风景逐一记载，以便游览之用。

末附游山须知，俾游客知所避忌并备需用器具。

---

① 江、浙：分别指长江与浙江。

第一章 黄山概说

第一节 名 称

黄山,旧称"黟山",汉魏以前本黟人所居地,有唐天宝六年①六月十七日始勅改名"黄山"。因山高谷深,上下具寒、温两带气候,故产奇花异草,种类特多。白术、紫芝尤为宝贵,人偶得之,有延年益寿之功,起死回生之力。谚有云:"黄山三十六峰,峰峰有宝,无宝亦有黄连、甘草。"而世遂相传以为,黄帝尝命驾与容成子、浮邱公②同游,合丹于此,且峰峦奇秀,代有高人足迹。宋淳熙二年③罗愿《新安志》称,汉末会稽太守、上虞陈业,洁身清行,遁迹此山,其后又有仙人曹、阮之属,故有浮邱、容成诸峰名,曹溪、阮溪诸水名。

第二节 位 置

山在安徽歙县西北百二十八里,东南属歙,北属太平。文殊院为黄山适中地点,在首都④中经线西三十五分与北纬三十度十分相交之点。

---

① 天宝六年:747 年。
② 浮邱公:也作"浮丘公"。
③ 淳熙二年:1175 年。
④ 首都:这里指当时的南京。

第三节 广　　袤

南北约四十里，东西约三十里，面积占一千余平方里。若以歙人所称为"黄山原"言之，则山之外口在潜口，容溪、曹溪、阮溪、鸦溪、桃溪均包其中，则山之南北有百余里，东西近六十里，面积当占六千平方里以上。

第四节 高　　度

旧志载，天都、莲花两峰均高九百仞；炼丹、紫石诸峰亦高八百余仞。但约略计算，并未征实。民国九年①十月，有北京大学教授、全国生物调查员、浙江镇海钟观光先生来游，问道于予。予托将山上各处气压、温度代为实测，始得正确之高度。列表于下：

高度表				
地点	气压	温度（摄氏）	英尺	中国营造尺
茅蓬	72.2	18	1550	1470
慈光寺	70.6	22	2070	1920
半山寺	65.6	22	4070	3880
天门坎	64.0	25.5	4840	4600
文殊院	62.6	18.5	5350	5100
莲花峰顶	61.3	18	5920	5630
平天虹	62.4	16.5	5450	5190
狮子林	63.1	16	5130	4890
姑信峰顶	62.55	16	5380	5120
白鹅岭	62.4	16.5	5450	5190
云谷寺	68.7	21	2880	2740

---

① 民国九年：1920 年。

第五节 山　　脉

黄山山脉来自仙霞①,即世所称"南条大干",由浙、赣分界处入安徽休宁。南境为马金岭,转西北为扶车岭,为休、婺②间之塔岭,为婺北之浙岭(浙岭为浙水发源处)。再西为休、婺间之平鼻岭,为张公山,为休、婺两县与江西浮梁间之率山。折而东北,为祁门之天马山,转东为祁、休间之安息岭。"东分一支,为白岳③山脉。白岳峰峦秀丽,与黄山比美争妍,南北对峙,故世称'黄山白岳'。此山脉尽于屯溪之西镇。"大干转北,为祁④、黟间之椰木岭,为西武岭,为钓鱼岭。"西北分一支,为大洪岭山脉,尽于江西鄱阳湖口之石钟山。皖南贵池之三十六山、青阳之九华、铜陵之铜官山、繁昌之三山,又其支也。"大干折而东北,为黟与太平间之羊栈岭,东行至歙县界上,即为黄山。突起峰峦万千,古志称"三十六峰",第举其大者而言,以便游人记忆。

黄山之首,为浮邱、云门、桃花三峰。浮邱在西,为南条大干而兼南出之支;桃花在东,迤逦十余里,西半为大干,东半为北支;云门在中,西接浮邱,东连桃花。全峰概属大干,占地数里,其高度逾五千尺。峰巅有两大石,高峙如门,云从中出,故称"云门";以形似剪刀,故俗又称"剪刀峰"。"浮邱之南,分出一支,为天马山脉,右夹溪,左浮溪,尽于渐江与练江合流处之紫阳山。"云门之北,分出一支,为汤岭山脉。

由汤岭东北行,先起云际峰,转西北又起仙桥峰。"西分一支,为石人峰山脉。"正脉北行,为容成峰。至鳌鱼背,又分为二。"东支为百步云梯,为仙鹤、灵龟二石,为莲花,为玉屏,为天都,为紫石。此山脉左为丞相源,右为汤泉溪。东南行凹为芹菜岭,折而东北,尽于太平之谭家桥。""在莲花,南分一支,为莲蕊峰,为圣泉峰。此山脉左为莲花沟,右为甘泉溪,尽于虎头崖桥之上。北分一支,为莲房峰。在天都,南分一支,为耕云峰,为老人峰,为朱砂峰。此山脉左为中沟,右为香泉溪,尽于慈光寺。在耕云峰上,又南分一支,为五老上天都,为青鸾峰,为佛手峰。此山脉左为采药源,右为中沟,尽于慈光寺山门关帝庙。在青鸾峰上,又南分一支。此山脉左为东沟,右为采药源,尽于罗汉级。在天都,北分一支,为仙掌峰。在紫石峰,南分

---

① 仙霞:仙霞岭。
② 婺:婺源县。
③ 白岳:即齐云山。
④ 祁:指祁门县。

一支,为虾蟆峰,为紫云峰。此山脉左为柏木源,右为飞泉溪,尽于紫云庵。在虾蟆峰上,南分一支,左为布水源,右为柏木源,尽于百丈潭。在钵盂峰,东分一支,为眉毛峰,为香炉峰。此山脉左为丞相源,右为九龙瀑布,尽于天绅亭对面。"北支迤为天海。天海为黄山中最坦平处。再北为平天矼。矼长百三十丈,排如凳。矼之东端,为炼丹峰;矼之西端,分出一支,为石柱峰,为蟠桃峰,为石床峰,为云外峰。此山脉南为天海西水,北为松林溪。炼丹峰再北为光明顶,顶为黄山之中心。再北为石门峰,西分一支,为石鼓峰,为松林峰、为丹霞峰。此山脉南为松林溪,北为香林源、铁线潭水。

石门峰之北,为棋(基)石峰。再北至贡阳山之东,又分二大支。"北支为狮子岭、狮子峰,为美女峰,为芙蓉峰,为引针峰,为白马岭。此山脉东为松谷源,西为香林源、青牛溪。在狮子峰北,东分一支,为雄鸡峰,为小平天矼。在美女峰下,东分一支,为书箱峰,为药厨峰。在芙蓉峰之南,东分一支,为叠障峰。此山脉西为阴坑源,东为缘成桥水,尽于松谷庵。在芙蓉峰北,东分一支,为磨盘峰;北分一支,为探头峰,为芙蓉岭。此山脉东为白马源,西为洋湖水,尽于苍龙出海。"东支为白鹅岭、白鹅峰,为探珠峰。至望仙峰,转北行,为五老峰,为飞龙峰,为九龙峰,为道人尖,为太平县之祖山。此山脉西为松谷源水,南为丞相源,东为夫子峰水。在白鹅岭,北分一支,为始信峰。在白鹅峰之东,北分一支,为上升峰,为仙人峰。在探珠峰之北,北分一支,为观音峰,为石笋矼。在望仙峰,东分一支,为仙都峰,为轩辕峰,为布水峰。转南行,为罗汉峰,尽于苦竹溪。夫子峰、槛窗峰又其支也。在飞龙峰,西分一支,为仙榜峰。在九龙峰,西分一支,为枕头峰。在道人尖,西分一支,为采石峰。"

南岭大干,在桃花峰之背,转东南行六七里,落为查木岭,为寨西桥往汤口必经之路。折而东行,"南分一支,为灵津山山脉,即丰乐水与富资水之分水岭。丰乐水上源为浮溪。"大干再东为箬岭,"又南分一支,为锯齿山山脉,即富资水与布射水之分水岭。"大干再东为黄蘖山,"南分一支,为飞布山山脉,即布射水与杨之水之分水岭"。以上三支脉,皆尽于歙县城北。"大干又东行,为仙人岩,为逍遥岩。又南分一支,为问政山山脉,尽于歙城之问政山。严、淳诸山,皆其支。"大干转东北,至浙江余杭之天目山,析为二支:一尽于金陵[①],一尽于杭州。古人所谓"左接金陵,右接杭",即此脉也。

---

① 金陵:南京古称。

第六节　水　　流

　　黄山为南岭大干，江①、浙二水，在此中分。请先言大干山脉以北流入长江诸水。

　　1. 汤岭西水　会云门北溪，西北流至钓桥庵，纳白鹿源及天海西水，入于穰溪河。

　　2. 光明顶西水　西流纳石壁、石室两源；转西北流，又纳黄连源。北流会于松林溪，转西流再纳杏花源，流出西海门，入于穰溪河。

　　3. 狮子峰下之香林源　西流入铁线潭；转北流，为丹霞溪，纳红木源；再西北流，又纳翠微源，流入青牛溪。以上三水，皆在黄山西部，皆流入穰溪河。

　　4. 狮子岭北水　东北流，纳散花坞水；转北流，至上刘门亭，纳阮公源；又北流，至观㠀仙人，龙须源流入弦歌溪来会；再北流，至下刘门亭，百花源西流来会；转西北流至松谷庵前，聚为五龙潭。九龙源发源于九龙峰，西流入九龙溪来会；又西纳阴坑源；转西北流，又纳白马源。至芙蓉岭下，折而东北，绕苍龙出海。白龙源发源于采石峰，西流入白龙溪来会。再西流，纳洋湖水，曲折北流，入于婆溪；经辅村、甘棠、汪王铺与舒溪会。

　　5. 夫子山水　发源于轩辕峰之北；北流绕神仙洞、福固寺；再北流经夫子山脚，至锡溪程家；转东北流，纳由松山寺流来之小水，出近溪桥，与谭（潭）家桥流来之麻水会。

　　以上五水，皆太平县境。

　　6. 丞相源水　上源在莲花峰北麓，东流炼丹源水、石门源水、棋石源水，合流入石门溪，东南流来会；转东南绕玉屏、天都之阴，纳仙都源水，至云谷寺前，紫芝源流入紫云溪。下流名"丞相东源"，南流来会。水聚成潭，四周树木浓阴，中有一石突起，风景清幽，上刻"江丽田先生琴台"隶书；转东南流，绕九龙峰南麓，纳九龙瀑布水及芹菜岭东水；折而东北，经苦竹溪、山岔，绕乌泥关、黄丝墥（王溪党），出歙境，入太平，至谭（潭）家桥，与麻水会。

　　7. 汤岭东水　东南流入白云溪。乳水源发源于云际峰，东南流来会。转东流至虎头崖桥。紫烟源发源容成峰，东南流入甘泉溪。香谷源发源于天都峰，西南流入香泉溪。莲花源发源于莲花峰，东南流入莲花沟。香泉溪与莲花沟会合，南流与

---

①　江：指长江。

甘泉溪会；再东南流出虎头崖桥，与白云溪会。两水既会，易名为"洗药溪"。东流绕桃花峰麓，又改名"桃花溪"，纳桃花源水；东流又纳朱砂溪、采药源、汤泉源、飞泉溪诸水。出小补桥，汤池之水自池之东南隅流出来会，桃花溪始易名为"汤泉溪"。转东南流，纳柏木源、布水源、榆花溪诸水，在清潭峰下又改名"逍遥溪"。绕逍遥亭，转南流，至汤口；再折而东北，出歙境，入太平，至谭（潭）家桥，与丞相源水及麻水会；再北流，经太平县城东。水流至此，可通帆船。至河口与舒溪会；转东北，入泾县境，为赏溪；再东北，为青弋江，至芜湖入长江。

再言大干山脉以南流入浙江诸水。

浮溪，在云门峰之南。上源为五云源，在浮丘峰之东，东南流会云门源。东南流约十五里，至寨西桥，东纳查木岭水，西纳小岭水；再南流，经芳村、金竺坑，至鸦口，纳自江村流来鸦溪之水。鸦溪上源为牛膝坑，在浮丘峰之西，天马山脉之东。浮溪与鸦水会后，水势渐大，可通竹筏。至山口，纳贵岭之桃溪；折而东，至洽舍，纳曹溪水；至容成台，纳容溪水；再南纳呈坎流来之阮水，由金竺山之东、金山之西流入平原，称为"丰乐水"。至石桥、琶村，可通舟楫。再东南流二里，至西溪南，纳潜口流来之潜坑水；五里至岩寺镇，纳西来之颖溪水。岩寺为歙县所辖第一大镇，居民千余户。河流至此，岸阔水深。转东流，经碣田、郑村，至歙县城西，与绩溪流来之杨之水、歙县东北乡之布射水、富资水会，乃名"练江"。由渔梁至浦口，与浙江会，乃名"新安江"。曲折东流，由严州①入浙江。

第七节　岩石及地质

云门峰以来，高峰石骨外露，属火成之花岗岩。在莲花沟，有结晶岩石，成百二十度之六角形小水晶；又有萤石，椎碎入炽火中，起五彩光，俗称"放光石"。天海、北海涧中，亦有水晶。朱砂岩产朱砂。民国三年②春，黄韧之先生来游，折有枯松树皮，内面呈鲜明朱色。同游顾志廉先生，精于博物，验是朱砂。又紫云岩下温泉，旧志称"朱砂泉"。又松谷有一小峰，因产磁石，故名"引针峰"。

---

① 严州：即旧严州府，在今杭州市境内。
② 民国三年：1914年。

第八节 气　　候

汤口、紫云庵、文殊院、狮子林相距皆不过远,冷热当无大异。讵①知山上与山下,寒暑表度数竟大不同。予于九月十九日自汤口上紫云庵,身披单衫,早晚须换夹衣。二十二日上文殊院,途次仍穿夹衣。到横云石憩坐片刻,似觉冷甚,即改穿棉衣。至文殊院尤冷,戴帽,夜覆棉被,兼穿棉衣,犹嫌冷。盖山中初秋气候,宛如严冬云。

国历月日	九月廿一日	二十二日	二十三日	二十四日
地点	紫云庵	文殊院	狮子林	汤口
早	78	67	68	82
午	81	69	70	85
晚	79	68	70	83

温度列表(华氏)

阅袁子才②前辈《游黄山记》,谓端午在文殊院遇雨,寒甚,披裘拥火,犹觉其冷。同学胡景磻丁巳③夏历五月十六日到文殊院日记,谓夹衣、棉衣兼衣一身,犹不暖。夜深更冷,至不能寐。十八日回汤口,晤村人程明德先生,谓近日晚间山下热不能寐,而犹以十六夜为最。山上山下,冷热如此大不相同。据狮子林寺僧宏定言,旧岁夏历八月二十七日山上即下雪,往年九月下旬亦常有雪。溪谷深处日光不能照到,雪即停,积不化,必待来年晚春时节始能消尽。此乃地面出海平线有四千余尺之高故耳。

---

① 讵:岂。
② 袁子才:即袁枚(1716—1798),杭州人,清代文学家和美食家。
③ 丁巳:即民国丁巳年,1917年。

第二章 寺　　院

寺院分现存与已废言之。现存寺院以予足迹所到之次第为先后。

第一节 紫　云　庵

紫云庵在紫云峰麓、汤池之右。庵西南向。康熙末年,僧悟千爱此处风景。右有丹井,左近汤泉,后瞻飞瀑,前面水帘洞。遂结茅于此,故称"茅篷(蓬)"。今则崇闳其殿,庄严其佛,庭额称"第一洞天",居然一大名刹!惟旁门犹署"黄山一茅篷(蓬)"五字,不忘本也。乡人亦仍以"茅蓬"呼之。

第二节 祥　符　寺

祥符寺在紫云庵对山、汤溪之右。寺东向。唐开元天宝间,僧志满创始。天佑九年[①],刺史陶雅建寺,号"汤院"。南唐保大二年[②],敕名"灵泉院",有碑纪事。宋大中祥符元年[③],敕改今名。元丰七年[④],寺僧文太重建。明正统十一年[⑤],僧全宁

---

① 天佑九年:912年。
② 保大二年:944年。
③ 大中祥符元年:1008年。
④ 元丰七年:1084年。
⑤ 正统十一年:1446年。

修之。嘉靖二年①,僧旸谷又修之。万历九年②,李邑、侯邦和捐俸又修之。田广文艺蘅③有志。今则殿宇多圮,惟存后进一间。

第三节 慈光寺

慈光寺在朱砂峰下。寺南向。明嘉靖间,元阳道人结茅于此,称"朱砂庵"。至万历三十四年④,惟安僧入黄山,元阳之徒福阳道人以庵畀之,改创法海禅院。比入都,为大监马进皈依,留住慈太后供佛之慈明庵,见惟安笃实,又符于梦,遂白太后。颁内帑,剃发赐紫⑤,并藏经、四面佛及东宫太悲金佛二尊送于黄山供奉。神宗赐寺额曰"慈光",降敕护持,为一时之盛。至前清咸丰兵燹,殿及前门均被毁,惟存后半。殿高有楼,为黄山中第一大寺。殿右仍存旧客厅及房屋数间。西北隅有六角形塔,前面书"明赐紫开山普门禅师安公舍身塔"。碑铭嵌于壁,明崇祯三年⑥立,详载普门开山事。民国纪元⑦,雪岑住持添造功德堂,重葺前门,均已完成。

第四节 半山寺

半山寺,在中沟,近天门坎。原为土地祠,民国甲子⑧夏江宁观音庵僧明光参游至此,结茅住焉。后改三间佛殿,取名"无量庵",乙丑⑨秋休宁知事韩焘改题"半山寺"。寺虽狭窄,可暂憩息。

---

① 嘉靖二年:1523 年。
② 万历九年:1580 年。
③ 田广文艺蘅:即田艺蘅(1524—?),明代文士,杭州人,田汝成之子。
④ 万历三十四年:1606 年。
⑤ 紫:指紫袈裟。
⑥ 崇祯三年:1630 年。
⑦ 民国纪元:民国纪年起算年,即 1912 年。
⑧ 民国甲子:1924 年。
⑨ 乙丑:1925 年。

第五节 文 殊 院

　　文殊院为黄山现存最高寺院,出海面五千一百尺。屋仅三间,皆石甃①成。亦为普门师所创。正南向,后倚玉屏峰。峰上镌有"天地自明""黄山第一处""此山尊"诸字。门前左石肖狮,右石似象。两石之外,天都卓尔于东,莲花嫣然于西。其余诸峰亦各就班拱侍,开面相迎,彬彬然无少紊者。院前有松十数株,皆千百年物。迎客松在院东,尤奇古。再南为文殊台,平如几案,为观云海绝胜处。台之外,朱砂、老人、桃花、啸狮诸峰莫不低下,真上界清虚之府也。寺院之四周风景优美,局势天成。民国十二三年②,太平陈少峰先生经理修葺,并增房屋两间,游客称便。

第六节 狮 子 林

　　狮子林为后海名刹。寺南向,北倚狮子峰,门额曰"狮子林"。左边一间,门额曰"狮林精舍"。南面贡阳山,开面相迎;东为黄花岭,围抱如臂;西面无山,有奇松万千,以补其隙。附近风景尤为特异:西路有石鼓峰、铁线潭及西海门观落日诸胜;东路有始信峰,登其巅,可览散花坞全景;北有清凉台,可览石笋矼及后海铺云。若由清凉台再登狮子峰巅,四山罗列,尤令我目应接不暇。谚称"不到文殊院,不见黄山面;不登狮子峰,不见黄山踪",信然。

第七节 清 凉 顶

　　清凉顶一名"正顶清凉寺",为卧云楼旧址,在狮子峰南脰、狮子林上。民国己未③,峨眉僧法空由普陀参游到此,感黄山之胜,誓愿建寺以开丛林,得太平劝学所长陈之澍暨乡绅谭复泰,汉商项竹坪、王森甫,沪商汪兰庭、汪蟾清诸护法募捐巨

---

① 甃(zhòu):砌。
② 民国十二三年:1923—1924年。
③ 民国己未:1919年。

款,以成梵宇。供佛于楼,石室翻经,庄严清净。查五台称"大清凉",此处称"清凉顶"。两山皆为文殊显圣之地。将来檀信①辐集,并驾齐驱,香火之盛岂有限量哉!

第八节 中 五 台

中五台庵在贡阳山下。左为狮子峰,右为始信峰,前为散花坞;又梦笔生花、天然笔架诸峰罗列为案。黄山秀异莫过于此。黟僧宗教伐木剪棘开辟新基,创建兰若,殊为难得。护法者,据云以芜商朱晋侯为最。

第九节 隐泉茅蓬

隐泉茅蓬在光明顶西下。僧惟开于民国癸亥②来山,编草索绹③,自筑茅屋四间,越两月告成。次年,悟证由太平城山观至此,结为同参。惟开遂将蓬畀之,云游而去。

第十节 松 谷 庵

松谷庵原名"松谷草堂",又名"松谷禅林",在叠障峰下。宋末张尹甫先生避元乱隐此,称为"真人"。初居松山寺,后驻老庵,再迁此。"松谷"其别号也,因以名堂。太平沟村李姓之祖,与友甚笃,故为之造塔建宇,奉为香火。明宣德间李德庄重建梵宇,金狮绀④象照耀人天,宣、歙、池⑤、太鼎礼云集,遂以名庵。庵额为宁国府知府罗汝芳所书,又题"东土云山"四字。堂后"褅黄"二字为汤祭酒宾尹笔。尹甫塔在座后。天启丁卯⑥,太平县学谕陶珙作"张松谷师遗草引",安徽巡抚骆骎曾

---

① 檀信:指施主、信士。
② 民国癸亥:1923 年。
③ 绹(táo):绳索。
④ 绀(gàn):红青色。
⑤ 池:指池州。
⑥ 天启丁卯:1627 年。

撰庵记。咸丰兵燹,俱为灰烬。光绪间李姓集资重建,左增观音堂,堂左为东古寺。民国六年①,天台顶住持兴云,雅乐清静,退居于此。

第十一节 云 谷 寺

云谷寺原名"掷钵禅院",在丞相源钵盂峰下。本歙县岩镇汪图南书院,明万历己酉②寓安寄公携笠至此,乞地于汪,不数月而成梵刹。潘之恒③题曰"一钵",汤宾尹易为"掷钵"。晨昏课诵,悉禀云栖,管库各有所司,截然不紊。无易和尚更扩增之,僧成滨能继其志。"云谷"二字乃崇祯间歙县令傅岩所题,因遂名为"云谷寺"。有藏经阁,极为严整。徽州郡司马聂炜撰碑纪其事。清康熙至道光时,迭设戒坛,羯磨④后生。咸丰兵燹,佛宇摧残。肇龙伽邪,拆(折)东补西,安陋就简。宣统辛亥,忽遭回禄⑤。李居士法周从旁捐筑数椽,以为游人息足。寺由隆光接住,募化十年,仅竖大殿数柱。风雨飘摇,讵能长此终古,是所望诸护法者。近易僧宝山住此。

第十二节 继 竺 庵

继竺庵在苦竹溪,俗呼"丞相源脚庵",乃云谷寺之下院也。昔年僧人务农,庵中多置农器,名虽称"庵",宛若农庄。咸丰兵燹后山僧寥落,此庵为当地所有。民国甲子⑥,僧宗教将此庵收为狮子峰中五台之别筑,修整供佛。如游人在此憩息,亦颇为雅。

---

① 民国六年:1917年。
② 明万历己酉:1609年。
③ 潘之恒(1536—1621):字景升,歙县人,明代戏曲评论家、诗人,晚年与黄山结下不解之缘,万历年间重编黄山志,取名"黄海"。
④ 羯磨:佛教用语,指诵经拜佛等。
⑤ 回禄:指火灾。
⑥ 民国甲子:1924年。

第十三节 福 固 寺

福固寺在轩辕峰神仙洞下。唐天宝六年①,目轮和尚至此开山,建轩辕古刹。后经咸丰兵燹,改复古寺。光绪戊戌②,鄂僧能学得袭相续师衣钵,重修大殿。太平胡太史继瑗为书寺额,易以"福固"二字。寺右关帝殿额,乃太平周茂才开基所书。近为满光所居。

第十四节 松 山 寺

松山寺原名"花山寺",在望仙乡玉屏峰下。宋绍兴十三年③赐额,户籍太平县望仙乡一甲,自庵自主。清康熙十五年④大殿重建,官邑侯纯心赠"大雄宝殿"四字于扉。康熙间住持智昺、乾隆间住持万竞,皆为黄山僧会司。寺中匾额颇多,类皆苍劲雄秀。咸丰兵燹,幸皆保存无殃。僧明轩卓锡重来,力新佛宇。今为明轩后裔接住,日渐凋零,不无今昔之感也。

第十五节 翠 微 寺

翠微寺在翠微峰下。唐中和二年⑤,麻衣禅师自巴西来,卓锡于此,募洪氏山田(由),建麻衣道场。得其麻缕,可以疗疾。有飞锡泉遗迹。南唐保大(太)五年⑥,敕赐寺额。明洪武辛未⑦,立为丛林。历代以来迭有废兴。至嘉靖间得佛悟

---

① 唐天宝六年:747年。
② 光绪戊戌:1898年。
③ 宋绍兴十三年:1143年。
④ 康熙十五年:1676年。
⑤ 唐中和二年:882年。
⑥ 南唐保大(太)五年:947年。
⑦ 洪武辛未:1391年。

等重修，万历戊戌①洪水冲毁，寺僧本仕修之。弘光乙酉②僧心空从新重建。尚书汪泽民、中丞骆骎曾、孝廉邵朴元俱撰有志，汤祭酒宾尹题食堂曰"隐翠"。清康熙戊辰③，僧超纲大加修葺，并纂寺志，一时名士高僧咸集于此。至咸丰初，香火犹盛，间能开期。自被赭寇盘踞，寺毁为烬。迨同治五年④，僧本微来山结茅，遍叩山下洪村社诸民，助款捐工，建筑左室，而大殿仍付缺如。民国五年⑤四月，金陵二郎庙邵道人飞杖至此，殿宇一新，暂改观名，使其徒宛道人在此修持。计居十年，恪守玄规，能耐劳苦。寺前及上坞腴田二十四亩，自种自食。窃愿云水高人不自望崖而返。近换宗教兼住，则寺之方兴正未有艾也。

第十六节　钓　桥　庵

钓桥庵在汤岭北十里许，介两桥之间。明某道人所建，旋毁于兵。清康熙初年，僧神立复造。厥后兴替无常，半修半圮。咸丰间，岭南横坑庵、岭北航海庵俱被兵火。其间山径险涩，四十里无人烟，行旅经此，不惟寂寞，尤恐意外之危。庵下陈姓捐资重修，输田施茶。奈庵室狭小，不堪栖息。游人陈居士仁梅于光绪庚子⑥筑亭翼之。民国癸亥⑦，更偕族人吉祥捐金三百余，增建数椽，重为修饰。内为经堂，外为茶室。邢邑侯鸣盛为之作记镌壁。前由常州玄妙观韩道人兰圃退居于此，后云游而去，今归慈（兹）光寺脱尘和尚派僧接住。

其余庵舍寺院，或因无僧住持，年久失修；或因咸丰兵燹，不能复建。本可不记，惟予豫料黄山将来必复兴盛，必为世界最有名之中国公园。黄山中以天海为最平坦处，又为适中处。纵有四五里，横约一二里，市场旅馆、亭阁楼台足敷建设。高山中有此平地，真自然之美妙，匡庐、莫干非所及也。惟亭阁尤宜散布全山，五里一亭，十里一阁，以便游人休憩。若为精密之布置，恐尽旧有庵舍基场一一改建，犹嫌其疏。予因是不得不将乾隆旧志所载寺观名称及地点一一照录于后，以便后来经营黄山者，或采用原名，使游人悠然兴怀古之思，或借用旧基，于建筑经济方面亦不无小补云。寺观名称及地点录后：

① 万历戊戌：1598 年。
② 弘光乙酉：1645 年。
③ 清康熙戊辰：1688 年。
④ 同治五年：1866 年。
⑤ 民国五年：1916 年。
⑥ 光绪庚子：1900 年。
⑦ 民国癸亥：1923 年。

1. 大悲院　在莲花峰右，踞四山之中。

2. 桃花庵　在桃花源。源中多桃花，故名。

3. 莲花庵　即唐汤院遗址，僧印我建。

4. 丁公庵　在水濂洞上。山路崭绝，庵废已久。

5. 墨浪庵　在白龙潭上。因僧墨浪主此得名，久废。

6. 云涛庵　在莲花庵东南十里，旧基存焉。

7. 横坑庵　在云门峰下、由汤岭往慈光寺路中。

8. 龙蟠坡庵　在青鸾峰下。

9. 赵州庵　在天都峰下、天门坎之内。

10. 莲顶庵　在莲花峰月池下。今废址存。

11. 贝叶庵　在莲花洞之上。

12. 九峰庵　在紫石峰左。僧毒鼓建。

13. 净土庵　在寨司桥、浮溪巡司前。

14. 浮邱观　在浮邱峰下。唐会昌中折毁，观址犹存。

15. 喝石居　在莲花峰茶庵之左。僧照微建。

16. 净林居　在莲花庵左。

17. 不立名字庵　莲花峰，从兔儿石右向，拾数十级转入三石罅至庵。横可二十筎，短垣辟户如轮光。普门建。

18. 白沙庵　在白沙矼。直降则丞相源，横折则仙灯洞。

19. 宝珠庵　在香炉峰下。僧万缘建。

20. 黄谷庵　在丞相源东北。僧老巢建。

21. 都赛庵　在下丞相源十里许。

22. 中源庵　在丞相源之中。

23. 新罗庵　在钵盂峰下。

24. 皮篷　在白鹅岭下。

25. 仙都观　在仙都峰下。

26. 普贤院　在大悲顶之西。

27. 平天院　在平天矼。

28. 天海庵　地擅后海之秀，久湮榛莽。

29. 弥陀庵　在炼丹台侧。

30. 卧云庵　亦在炼丹台侧。

31. 指月庵　亦在炼丹台侧。

32. 海潮庵　在海子。

33. 兜率庵　在合掌峰下。僧一心建。

34. 万笏林　炼丹台前茆①舍也。僧若水所栖,仅容几席,久废。

35. 梅檀林　在海子。原名"海胜庵",僧隐空建。

36. 光明藏　一名"觉海庵",在光明顶之隈,月塔在焉。智空缚茆其间。

37. 西明庵　在狮子峰旁。

38. 五供庵　在后海。面临大壑,广远百里。近山五岭作庵拱向。

39. 颖林庵　在石笋矼。

40. 散花庵　在散花坞。

41. 大悲庵　在芙蓉峰下。元时僧妙真建。

42. 巢翠庵　元大德六年②僧宗茂建。

43. 吕公庵　在叠障峰下。元佑四年③僧普惠建。

44. 芙蓉庵　距松谷庵三里。

45. 老庵　在石笋峰下。张真人初迁松谷旧址。

46. 松谷脚庵　亦"松谷别筑",距虎岭折足桥里许。

47. 引针庵　在引针峰下。僧一心建。

48. 洋湖庵　在芙蓉峰下。大悲顶西北为洋湖,湖广约十顷。

49. 九龙观　在九龙峰下。

50. 定空室　在始信峰绝顶,仅容蒲团。僧一乘居三年,每从狮子林暮梵毕,虽昏黑大雨雪,必孑影归宿室内。

51. 竹林庵　在伏牛岭下,即仙坛宫旧址。其地为宣、池交衢,下汤岭十余里至庵。

52. 指象庵　下炼丹台,步深壑中可至。

53. 别峰庵　僧天吾建。

54. 白云庵　在白鹿源,径最陡削。僧大量建。

55. 石鼓庵　在石鼓峰右。

56. 慈愍庵　在海门。僧慈愍建。高冈夹道,入谷若村庄农舍。

57. 半禅庵　在海门。

58. 翠云庵　在翠微峰西。僧印生建。

59. 航海庵　在汤岭西下五里,又名"新庵"。

---

① 茆:同"茅"。
② 元大德六年:1302 年。
③ 元佑四年:1089 年。

第三章 形　　胜

第一节　大峰三十六

1. **天都峰**　在文殊院之东,西对莲花峰,南接耕云峰。古志称三十六峰之首,为黄山中最大一峰,平铺占地面积约九(平)方余里。其高度与莲花相伯仲。脉从南条大干云门峰分出,由莲花、玉屏迤逦而东。健骨耸拔,壮熊雄伟;又兼有石台凌空而出;又一石室,可容百人坐;更有棋盘、炉鼎、床几等石:真群仙之窟宅,天帝之所都! 惜径险,非善于攀跻者不易登其巅。昔徐霞客第二次来游,遇游僧澄源,勇而有力,辅之得达其巅。从流石蛇行而上,攀草牵棘,石块丛起则历块,石崖侧削则援崖。每至手足无可着处,澄源必先登垂接。历险数次遂达峰顶。惟一石顶壁起,犹数十丈。澄源寻视其侧,得级挟之以登。万峰无不下伏,独莲花与抗耳。其松犹有曲挺纵横者,柏虽大,干如臂,无不平贴石上,如苔藓然。

2. **莲花峰**　在文殊院之西,东对天都。其巅高出海面五千六百三十尺;其大与天都相等,占地约七八平方里。形如菡萏,秀丽非常。其巅可由背面灵龟石而上,穿四洞以登。遇晴明日,可远望匡庐、九华及江水东流宛若白银一线。岭广可盈丈,中有香沙池。下视绝壑,有石如松鼠,挺尾竖足,作奔跳状,曰"松鼠戏莲"。

3. **云门峰**　乃南条大干,为黄山之祖,前、后海诸峰莫不由此分支。其高度近五千尺,占地数里,西接浮邱,东连桃花。其巅歧为两峰,云从中出,故称"云门"。乡人又称之为"剪刀峰",以形似也。由芳村、寨西桥望之最佳,在郡城河西桥上及歙西各乡村均可望见。待入其山,虽近反不得见。

4. **朱砂峰**　在慈光寺后。高出海面四千余尺,庄严端正,居中独尊。天都峙立于左,莲花屏障于右,紫石环抱于东,圣泉拱卫于西,合朱砂为五峰,形同五台,俗称"五马奔槽"。慈光寺阶前有大方池,为朱砂泉所潜注,如马槽焉。此脉来自天都之耕云,由天门坎、横云而下,中有朱砂洞,产朱砂。

5. 青鸾峰　在朱砂峰之东。此脉亦来自天都,由耕云分出。自慈光寺上金沙岭,两里许即得望见。昔吴廷简先生来游,因仰视高极,误认峰顶有羽士趺坐。众骇异,谓何以至。彼谛视之,乃鸾头一石,称之为"仙人打坐石"。其形如青鸾蹲侍,秀丽莫名。

6. 炼丹峰　在天海之北,近光明顶。峰下有石室,石室内丹灶尚存。峰前有晒药台。

7. 紫石峰　在钵盂峰之南。石色纯紫如玉。在汤口入山,径上观望,为居中最高一峰。

8. 钵盂峰　在天都峰之东南,其脉来自天都。在慈光寺及云谷寺望之,状如覆钵,故云谷寺原名"掷钵禅院"。

9. 桃花峰　亦南条大干,上连云门峰,下至祥符寺。横列如屏,东西十余里,为慈光寺、文殊院之对山。昔有桃树万株,故名"桃花峰",今悉归爨①火矣。峰下为桃花源、桃花溪,分里、中、外三篷。每篷皆有古刹,如汤院,如莲花,如净林,如青莲。惜为兵燹所毁,未能恢复。

10. 狮子峰　为黄山北门锁钥,下为狮子林寺院,峰腰为正顶清凉寺,面对贡阳山。首大于趾,庞然雄踞,有拉虎吞貔(貌)之势。峰之东傍为清凉台,即古之法台也。

11. 石人峰　在仙桥峰与容成峰之西,近白云庵。峰形虽小,颇险峻。峰巅有石如人,振衣屹立。下有驾鹤洞,相传为浮邱公驾鹤处。

12. 云际峰　在汤岭之东,与云门峰对峙争雄。下有藏云洞,长藏白云。乳水源出焉,流入白云溪。

13. 叠障峰　在松谷庵后。聚皱成叠,宛如屏障。下有石乳岩,长滴石髓如乳。阴坑源出焉,流入松谷溪。

14. 浮邱峰　为黄山最西南一峰,在寨西桥可以全望。峰首为南条大干,东连云门峰。峰身东南向,蜿蜒而下。右为牛膝坑,左为五云源,下有浮邱观故址。在汤岭关西望浮邱峰,其巅有石如人戴箬,俗呼"箬帽尖"。

15. 容成峰　北连鳌鱼背,南接仙桥峰。其形如钟,俗呼"钟峰"。下有洞,曰"容成洞"。

16. 轩辕峰　在望仙峰之东,南为仙都峰,下距神仙洞十里。下有紫芝源,水入紫云溪。溪上常有紫云不散,而紫芝丛生溪畔。间有得者,长至五大尺,大如箕。

---

① 爨(cuàn)火:灶膛里的火。

其色紫碧相杂,其臭兰桂相参也。

17. 仙人峰　在散花坞之北,上刘门亭对面。峰上有两石如人,一坐一立,高十丈,冠服俨然。

18. 上升峰　东为石笋峰,西为始信峰。一峰拔地矗立,形如宝塔,旁无依,下无藉。远望势如上举,故曰"上升"。

19. 清潭峰　在逍遥亭对面,即汤口入山首当之峰也。布水源出其下,注而为潭。水澄碧无石,溢流为逍遥溪。溪中时见文鳞游泳,故又称"锦鱼溪"。

20. 翠微峰　在云外峰之西。不与诸峰相接,孤芳自赏,独处一隅。翠微洞下有翠微寺,唐麻衣禅僧开创之道场也。

21. 仙都峰　在丞相东源之上,旧有仙都观,罗汉诸峰附之。按《神仙补阙传》,"黟山北峰是神仙游处。其巅时有彤云拥护,白鹤飞翔"。

22. 望仙峰　在仙都峰北,北连五老峰,为太平县治之祖山。

23. 九龙峰　近九龙峰视之则峰,察之则龙。峰下石廪、石田,可从三海门依稀见之。

24. 圣泉峰　在莲蕊峰之南。上下大,中小,状如腰鼓。绝顶有汤池,人不能到。寒冷时于邻峰望之,势甚腾沸,故知其为汤池也。

25. 石门峰　居黄山之中。上为光明顶,下为棋石峰,两壁夹峙如门。如倚门东望,何异登天堂而视下界。溪出门下,若水关焉。

26. 棋石峰　在白鹅岭之南。南连石门峰,北接贡阳山,东为石门源,西为平天矼(虹),境最幽奇。上有仙棋石,棋石源出其下。

27. 石柱峰　在平天矼(虹)西端。石峰耸拔,刺日撑空,俨然擎天一柱。

28. 布水峰　在轩辕峰之东。布水飘曳如练,高出云端。天晴云卷,峰隐万峰中,孰从辨睹。于是知布水峰之奇,奇以云。

29. 石床峰　在天海极西之峰,北连云外。上有石床,横陈如白玉琢成,其平如砥。下有石室,深十余丈,石室源出焉。

30. 丹霞峰　在松林峰之北,为狮子峰之西障。峰上有石人,如置身烟波上,俗呼"达摩渡江"。峰壁悉赭色,若红云之丽天上。亦有石室。

31. 云外峰　在丹霞峰西,中隔西海,南连石床。上多杜鹃花,云海铺时,众峰俱没,独此峰浮出云外。

32. 松林峰　在平天矼西北,北连丹霞峰。峰上多苍松。

33. 紫云峰　在紫石峰下,中隔虾蟆峰,下为紫云岩。

34. 芙蓉峰　在芙蓉岭之南。青天削出玉芙蓉,惟此峰足当之。

35. 飞龙峰　在芙蓉岭之东。其形如龙,其势欲飞,故曰"飞龙"。

36. 采石峰　在飞龙峰西。多白石如玉。雨后瀑布飞流,水声澎湃如雷。

第二节 小峰三十六

1. 玉屏峰　在文殊院之后,为文殊院之靠山。此山上刻有"天地自明""黄山第一处""此山尊"诸字。

2. 耕云峰　在天都峰西南。其巅有石如鼠,伸颈竖尾。有跃跃欲上天都之势,谚称"仙鼠跳天都"。

3. 莲蕊峰　在莲花峰之南。如菡萏含苞,奇峭不可上登。有石如艇,呼为"采莲船",又称"洪船出海"。旁有鸡形,背蕊面花,称"金鸡采玉莲",均各秀丽奇妙。

4. 鳌鱼峰　在鳌鱼洞上,形如巨鳌。若在平天矼南眺,即俗所谓"鳌鱼驼金龟"是也。

5. 佛手峰　在青鸾峰之南。形如手,中指独高,两旁稍低。

6. 老人峰　在朱砂峰之北,有石伛偻①如人。

7. 牛鼻峰　在莲花沟旁。鼻高而刺天。

8. 虾蟆峰　在紫石、紫云两峰之间。如蟾欲跳,栩栩生动。

9. 仙桥峰　在云际峰之北。桥面平,下有洞。

10. 莲房峰　在莲花峰之北。

11. 仙掌峰　在天都峰之北。由白鹅岭下丞相源,遥眺有五石嵯峨,宛如伸指者,即此峰也。

12. 眉毛峰　在丞相源右山,上连钵盂峰。弱柳新月,峰象似之。

13. 香炉峰　在丞相源(云谷寺)对面。矗然鼎立,宛案间之宝鸭焉。

14. 罗汉峰　在丞相源(云谷寺)之左。峰多奇松,状若罗汉。

15. 青蛙峰　在石门源。挺出一石,巅类蟾蜍,青翠可挹。

16. 合掌峰　在石门源,近皮蓬间。状如膜拜。

17. 槛窗峰　在寨门源上。峰畔有窦如窗,可透隔山天光。

18. 石鼓峰　在狮子峰西南。上为西海口,下为铁线潭。峰形圆矮如鼓;又谓峰有石鼓,击之其声渊渊。

19. 始信峰　在狮子峰之东。峰三面临壑,背北面南,从绝壑凸起,与东南一峰中隔丈许。阔三尺,下临无地。架石为梁,可至峰腰。左垂翳一松,借枝扶手,度桥,即入石圻。窄仅容身,过前去十数步,攀级而上,即至峰顶。顶平如掌,明季僧

---

① 伛偻(yǔlǚ):指脊梁弯曲。

一乘筑室于此,曰"定空室"。峰峦奇秀,无逾于此。按始信者,谓从丞相源至此,而始信其奇也。

20. 薄刀峰　在光明顶下。形如厨刀竖立。

21. 文笔峰　在散花坞。一石挺出,平空耸立,下圆上锐。其状如笔,松贯顶生,覆垂而绕之,又名"梦笔生花"。西有一峰,五石错出,状如笔架。何天造地设如此之巧合也?

22. 浮屠峰　在中刘门亭之上。由松谷庵至狮子林,须绕此峰而上。浮屠矗立,下圆上锐,天然之宝塔也。

23. 雄鸡峰　在狮子岭北下。有振冠展翼、伸颈欲啼之势。

24. 书箱峰　与药厨峰相连,近上刘门亭。观之则箱屉备具,状若抽动。

25. 美女峰　在狮子岭北下。形如美女,对镜而舞。

26. 观音峰　在散花坞中。宛如大士飘海,立于莲花之上。

27. 石笋峰　在上升峰之东。瑶簪森秀,逼肖笋形。下有矼如峰名,谚称"十八罗汉上天台"。

28. 仙榜峰　在下刘门亭对面。形如海船挂帆。前面有石如人,宽衣博带,垂手而立,仰望仙榜,谚称"仙人观榜"。

29. 轿顶峰　亦在下刘门亭对面。形如轿顶。

30. 枕头峰　在松谷庵对面。山外游人枕之,或见羲皇入梦乎?

31. 探头峰　在芙蓉峰之西。头角峥嵘。

32. 引针峰　在芙蓉峰之北。峰顶有碎石,能引针。

33. 磨盘峰　在芙蓉峰之下。东高为磨盘,西低为芙蓉。在辅村南望,状若笔架者,即此峰也。

34. 五老峰　在望仙峰下。有石如五老人。

35. 道人峰　在飞龙峰之北,又名"道人尖",为太平县之祖山。

36. 夫子峰　在神仙洞之北,又名"夫子尖"。下有洞七八处。西边大洞,高丈余,圆如半月,广约二丈,可聚百人。峰东有太白书院故址。

第三节　水源三十六

1. 炼丹源　在炼丹峰丹台之下。炼丹水出焉。
2. 香谷源　在天都峰下。长闻异香馨郁,不辨蔷薇。
3. 采药源　在青鸾峰下。山涯水浒药草生焉。

4. 汤泉源　　在紫石峰下。源水流入汤泉溪。

5. 掷钵源　　在钵盂峰下,一名"丞相源"。深三十余里。

6. 桃花源　　在桃花峰下。从源溯而上,可至莲花庵。

7. 朱砂源　　在朱砂峰下。源深莫测,惟闻水声潺潺然。

8. 香林源　　在狮子峰下。源中嘉树林立,时发芬烈之气。

9. 莲花源　　在莲花峰下。水流入朱砂溪,与桃花溪合。

10. 白鹿源　　在石人峰下。源中昔有白鹿,毛色胜雪。

11. 乳水源　　在云际峰下。下有布水,流入白云溪。

12. 阴坑源　　在叠障峰下。终古不见日景。源水东流入松谷源。

13. 五云源　　在浮邱峰下。

14. 紫烟源　　在容成峰下。常有紫烟笼盖。

15. 紫芝源　　在轩辕峰下。

16. 浮邱源　　在仙人峰下。峭壁崭然。

17. 阮公源　　在上升峰下。

18. 布水源　　在清潭峰下。

19. 翠微源　　在翠微峰下。

20. 仙都源　　在仙都峰下。

21. 龙须源　　在望仙峰上。源中产龙须草,长可织席。

22. 九龙源　　在九龙峰下。

23. 甘泉源　　在圣泉峰下。淙淙然如奏笙筑。

24. 石门源　　在石门峰下。山如门,石如枨①。

25. 棋石源　　在棋石峰下。

26. 石壁源　　在石柱峰下。中有石壁峭举。

27. 云门源　　在云门峰下。

28. 百药源　　在布水峰下。

29. 石室源　　在石床峰下。石室床十余丈。

30. 红术源　　在丹霞峰下。源生红术。

31. 杏花源　　在云外峰下。

32. 黄连源　　在松林峰下。多产黄连。

33. 柏木源　　在紫云峰下。源中多古柏。

34. 白马源　　在芙蓉峰下。溪南有马蹄石。

35. 百花源　　在飞龙峰下。多奇花异萼。

---

① 枨(chéng):古代门两旁所竖长木柱。

36. 白龙源　在采石峰下。有布水自上趋下,其声怒而远闻。

第四节　溪　二十四

1. 洗药溪　在炼丹峰下。
2. 香泉溪　在天都峰下。白石齿齿,出鸣濑间。
3. 汤泉溪　在紫石峰下。
4. 桃花溪　在桃花峰下。
5. 朱砂溪　在朱砂峰下。水东流入汤泉溪。
6. 白云溪　在云际峰下。水东流入桃花溪。
7. 浮邱溪　在浮邱峰下。老梅万树,纠结石罅间。水东南流出寨西桥,三十里与曹溪合。
8. 曹公溪　在黄山之东腋。左皂荚岭,右双岭。
9. 容成溪　源出容成峰下,溪去峰七十里。上有容成台。
10. 紫云溪　在轩辕峰下。常有紫云不散。
11. 阮公溪　在容成溪之东。
12. 逍遥溪　在清潭峰下。溪下多潭,上多洞。洞奇,潭尤奇。洞石或白,或绿,或紫;潭形或曲,或圆,或方。其色于溪为最。
13. 青牛溪　在翠微峰下。
14. 弦歌溪　在望仙峰下。溪水之声在下,步虚之声在上。
15. 九龙溪　在九龙峰下。溪流善折,望之如龙之夭矫。
16. 甘泉溪　在圣泉峰下。水极清冽。
17. 石门溪　在石门峰下。
18. 云门溪　在云门峰下。溪水从二峰中流向东南。
19. 红泉溪　在布水峰下。溪水红色。
20. 丹霞溪　在丹霞峰下。
21. 榆花溪　在紫云峰下。溪多榆,故名。水流入汤泉溪口。
22. 飞泉溪　泉出高原,激迸于石,飞洒入溪。
23. 松林溪　在松林峰下。
24. 白龙溪　溪水明莹若冰壶,山光、树影、草色、鸟迹、兽踪咸摄入水中。

第五节　洞 十 有 四

1. 仙灯洞　在仙都峰下。高数十丈,一壁下隔为二洞,乳滴若雨。阴暗之夜,洞口有灯,朗朗如星月,人谓之圣灯。

2. 朱砂洞　在朱砂峰下。洞如仰盂。

3. 锦霞洞　在狮子峰下。锦霞时时密布,日光穿之,辄成异彩。

4. 莲花洞　在莲花峰下。洞方广三丈许,右劈一峡,耸绝凌洞巅。级而升,前一峰突立如插圭①,正当洞门。顶如二指形,名曰"掏月岩"。旁一树,与峰相蠹,如翼卫然。

5. 驾鹤洞　在石人峰下。

6. 藏云洞　在云际峰下。远望洞口,常蔽叆叇②中。

7. 容成洞　在容成峰下。

8. 仙人洞　在轩辕峰下。

9. 翠微洞　在翠微峰下。

10. 弦歌洞　在望仙峰下。洞中常闻弦歌之声,故名。

11. 九龙洞　在九龙峰下。洞因峰名。

12. 狼豹洞　在石门峰下。

13. 百花洞　在飞龙峰下。洞前多异花。

14. 水帘洞　在紫云庵对山。石色异常,黑白相杂,莹洁如玉。峭壁横立,水淙淙落如帘。出洞左折,复有二小洞,中隔如堵墙,为餐霞洞。

第六节　岩 十 有 七

1. 朱砂岩　在朱砂峰半壁。

2. 华盖岩　岩前可望朱砂洞。

3. 石乳岩　在叠嶂峰下。岩中多石乳,凝膏下垂。

---

① 圭:尺。
② 叆叇(àidài):浓云蔽日。

4. 月胁岩　在赵州庵左畔。

5. 毛人岩　在轩辕峰下。

6. 阮公岩　在上升峰下。

7. 龙须岭　在望仙峰下。

8. 九龙岩　在九龙峰下。颓岩上欲堕不堕,下欲仆不仆,前临深涧。

9. 猿猴岩　在石门峰下。峰旁时有群猿饮于涧,岩乃其窟穴,故名。

10. 石榴岩　在松林峰下。岩上榴树甚奇古。

11. 白龙岩　在采石峰下。石色纯白,横亘如龙。

12. 虎头岩　怪石蹲道如虎。在香泉溪下。

13. 观音岩　在老人峰道中。石鳌暗,与朱砂洞对。

14. 佛掌岩　从慈光寺进里许,有石指三四,俨若佛掌。

15. 法水岩　在大悲顶。

16. 将隐岩　在狮子林。

17. 烂柯岩　从狮子峰前,遥见岩上二石,如二人对弈。

第七节　泉　十　有　九

1. 百丈泉　自汤口行三四里即过此。幽篁古杉,渐逼峭蒨①。又三里至汤泉。

2. 汤泉　在紫云峰下。味甘,性温,无硫气,有丹砂之臭。后壁石罅别有寒泉,流入调和,否则热度太高,不适于浴。

3. 朱砂泉　在朱砂峰下。

4. 法眼泉　在慈光寺后、老人峰下。可供千钵。有片石如云当之,曰"阇石"。

5. 飞雨泉　从汤寺遥望,山高泉落,淙散珠飘。

6. 圣水泉　自汤寺溯桃花溪,二里可至。又二里为鸣弦泉。

7. 鸣弦泉　由丹井上半里,悬石绝壁。下有横石长数十丈,状如琴,中空,丰左杀右。泉从绝壁拂琴上有声。

8. 落星泉　从停雪石入谷,行半里,有泉如龙。注石而成科坎者三,盈科复下,冲激而成坎者五,曰"落星泉",即鸣弦涧。

9. 瀑布泉　在云门峰下。树头百尺,大声出其间,耳为之震,语不得闻。

---

① 蒨:同"茜",草茂盛貌。

10. 澡瓶泉　在石门峰下半壁。壁有石瓶,状如杓①枘②,中有流泉出焉。

11. 胜水泉　在莲花峰胫。微有泉脉,安公疏泉成池。

12. 千秋泉　亦在莲花峰。泉水极清澈。

13. 炼丹泉　在炼丹峰下。供千人不竭,一二人饮亦不溢。

14. 香泉　在天都峰下。

15. 锡杖泉　在钵盂峰下。

16. 三昧泉　近天海庵。其水清且涟漪。

17. 秋泉　在石笋矼下。天成二小池,可留水三四斗。不事甃③治。

18. 天眼泉　在狮子林。小泉滴沥不竭。

19. 普惠泉　在云外峰。

第八节　潭 十 有 二

1. 白龙潭　在药谷。深不盈尺,皆碧石为底。风来荡漾,焕如五彩。每天欲雨,辄起白云一缕,少顷弥漫山谷,甘霖如注矣。

2. 百丈潭　在清潭峰下。潭水乘崖下趋急涧,分映修林,如积雪之未融,如乱云之初起。

3. 桃花潭　在桃花峰下。水流花开,别有天地。

4. 云门溪诸潭　在汤岭之西,地僻境幽。潭底倒影可观。

5. 大清潭　在清潭峰下。

6. 九龙潭　丞相源道中可望。百丈飞泉,从岩巅下注深潭。潭叠为九,或方或圆,水色深碧。

7. 逍遥溪诸潭　盈溪皆石,石隙皆潭。潭不一色,行者银铺,止者黛蓄。凭高望之,有若众星之系于地。

8. 铁线潭　在石鼓峰后。千峰幽窈,神龙宫之。岁旱投黑金扰龙眼,霖雨立应。

9. 五龙潭　在松谷溪中。以其水所受之壁色为名。黑潭在上,形如方印;白潭次之,形狭长如拖绅;三为黄龙潭,其色黄;四为青龙潭,其色青。溪岸石壁上刻有佛像。最下为油潭,又名"日冷潭",状如大釜,水深数丈,其色绿。潭之上有石,

---

① 杓:同"勺"。

② 枘(ruì):榫头。

③ 甃(zhòu):用砖砌。

中凹如锅,俗名"油锅"。山水注入其中,满而溢流于潭,悬挂如布,跳珠溅玉,声如鸣雷,半里外即传入耳鼓也。潭之左,巨石当道,有水由石缝中滴下,俗名"油榨"。名词虽不雅,但形状的肖。

10. 石井潭　在新罗源口。若巨石凿成者,水深无底。
11. 石门潭　在乌泥岭下。潭最宏阔。
12. 荡漾潭　在望仙峰下。

第九节　沟　　二

1. 莲花沟　在莲花峰下。旁即登峰之道,从顶至足,级以万计。
2. 桃花沟　在桃花峰下。前明沟多桃花,沧桑之变,尽殃樵牧矣。

第十节　谷　　四

1. 药谷　即小桃源。
2. 云谷　即丞相源。
3. 香谷　在叠障峰。即白云谷,汤宾尹更名。
4. 松谷　在芙蓉峰。真人张尹甫故宅在此。

第十一节　湖　　二

1. 洋湖　在芙蓉峰。大数十顷,中可筑室。黄山至此,始见巨浸。
2. 阴湖　湖甚小,一勺之多耳。

第十二节 池　　四

1. 香砂池　在莲花峰绝顶。大如箕，不常有水，中有白砂。
2. 洗心池　在松林峰。池面甚小，虽数百人，饮之不竭。
3. 流杯池　在仙人峰巅。纵五咫，衡半咫，凡十二曲，可以泛觞其中。其水大旱不涸，霪雨不溢。
4. 蟹眼池　在仙都峰。泉流如线，数十人酌之不竭。

第十三节 井　　二

1. 丹井　在汤溪中。涧石中坎，缘边隆起，圆似规成。对径若七尺，深相等。北边有尺许稍凹，下水从此流出。
2. 洗药井　在洗药溪中。深咫半，大三拱。水色如丹砂，味苦冽带药气。

第十四节 坪　　二

1. 芙蓉坪　在芙蓉岭。
2. 九龙坪　在九龙峰。蹈之铮铮有声，又名"琵琶坪"。

第十五节 桥　　二

1. 天矼　在云际峰北，仙桥峰之巅。长数十仞，阔数寻，遥望仅如箕大洞耳。登视则不然，盖峰壑深，目力渺矣。
2. 通云　在石门峰。两峰双峙，一石亘之，宛如天桥。

第十六节　石　室　五

1. 在天都峰。
2. 在炼丹峰。
3. 在丹霞峰。
4. 在轩辕峰。
5. 在石床峰。

第十七节　台　六

1. 炼丹台　即晒药台,在炼丹峰下。平广可容数百人,俯临大壑,深不可测。面立小峰,名"紫玉屏",从地耸拔,端方秀削,如一座湖山置于几案。四面峰峦,孕灵包异,变幻无穷,为黄山第一幽细之景也。
2. 文殊台　在玉屏峰文殊院前。天生跏趺迹,为观前海铺云绝胜处。
3. 立雪台　在文殊院西数十步。登台望后海诸峰,参云矗汉,不可胜纪,变幻无穷,不可测也。
4. 容成台　在容成溪。去峰七十里,相隔虽遥,而源水相通也。
5. 钓台　在汤溪。一片石耳,因元高士郑师山玉垂钓得名。
6. 清凉台　在狮子峰左。平广六七尺,下临深壑,为观后海铺云绝胜处。上有破石松,极苍古夭曲,今枯矣。可惜!

第十八节　矼　三

1. 平天矼　在光明顶之南,天海之北。
2. 石笋矼　在始信峰之东。
3. 白沙矼(虹)　在丞相源。

第十九节　石　五十三

1. 弹琴石　水帘洞中石也。今升置桃源庵。
2. 迥澜石　在桃源溪中。泉奔触石，其行也纡徐。
3. 藏舟石　亦在桃源溪中。石首尾如舟，藏停深壑。
4. 醉石　在香泉溪浒。侧弁而逸，若不胜杯棬者。
5. 停雪石　在醉石傍。泉从石壁下，下有石。石色阳白阴黝，如停雪。
6. 剑石　由鸣弦泉谷折而陞，有巨石倚岩折裂。
7. 鳞石　在虎头岩下，距丹井仅数武。
8. 呼龙石　在白龙潭侧。
9. 笠人石　在浮邱峰巅。如人戴笠而立。
10. 朱砂石　在朱砂峰下。
11. 戏蟾石　在朱砂峡后。
12. 龙翻石　由东沟茂林下，历观音岩始见。
13. 横云石　在老人峰北，天门坎下。
14. 观音石、罗汉石　耕云峰畔，有石高三丈余，秀削如观世音；天都峰侧，有石高丈许，肥如阿罗汉。惟妙惟肖，恐雕作坊中无此妙技。一东一西，两相对峙，谚称"观音对罗汉"。昔人游记，谓观音石当握处，适生小树，俗呼"观音洒净"。今我游未见有树，想是枯落。
15. 蒲团石　在小心坡上一线天路中。石平坦若蒲团，可坐多人。
16. 飞鱼石　去一线天数十步。鼓鬣排空，宛如飞跃。
17. 鹦哥石　在一线天。
18. 狮石　在文殊院东。近视甚肖。
19. 象石　在文殊院西。石形如象。
20. 凤凰石　文殊院前可望。
21. 伯乐相马石　登立雪台北望，宛然欲跳。
22. 茶庵前巨石　在文殊院道中。石踞山巅，当庵之顶。
23. 兔儿石　近大悲顶，登莲花峰所取径也。左右皆绝壑，石畔可望白岳。
24. 猫石　在莲花洞。洞前奇峰嶙峋，当峰稍亚。有石笋，笋端石如猫踞，两耳直竖。
25. 龟鱼石　距莲花峰仅数十步。石窄而险，松桧生其上。

26. 仙鹤石　在龟石之西,下百步云梯必经之路。

27. 慈航石　在大悲顶左。石状如航。

28. 法袋石　在大悲顶右。

29. 海螺石　在大悲顶。

30. 飞来石　在海门飞来峰上。石高十丈许,与下石绝不相属。又颖林庵前小峰顶两石如筊①,复一石寄一筊上,恍若飞来。又翠微寺西峰堂侧一小石,亦云"飞来石"。

31. 杵臼石　在炼丹峰下洗药溪中。

32. 双龟石　在石门峰。两山相通,山半壁有大石,横架其上。两畔相对,各有大石如龟,形长数丈,通人行。中又有石塔圆如月,上大下小,如刻成。又白龙潭侧一石,亦类龟。

33. 砚山石　在丹台紫玉屏上。

34. 仙棋石　在棋石峰。

35. 马迹石　在芙蓉峰下。石上马迹二三十,深者尺,浅者二寸,如印。

36. 龙吟石　在龙吟寺后。以蜀桐作杖击之,声如龙,大击大响,小击小应。

37. 猿猴石　在双龟石左侧。动静各肖其形。

38. 芗石　在珠湖山下。

39. 莺石　在松谷道中。

40. 天牌石　在松谷道中。仙篆数十,曾有译得一字者,雷即击去。再转则皆绝壁。壁半一穴,中空类半规,可透隔山天光。

41. 乌纱石　在松谷中。

42. 马头石　在青牛溪上。昂其首,如仰鸣状。

43. 石鼓石　在石鼓峰顶。

44. 海船石　在石鼓峰后。

45. 扰龙石　由散花坞鸟道历二阜,巨石耸立,石顶有扰龙松。

46. 听法台石　在狮子林右麓。石方正平削,纵横皆长丈许。

47. 三仙共伞　在始信峰附近。

48. 丞相观棋　在始信峰附近。

49. 所思翁石　在始信峰附近。如人反手而立,若有所思者。

50. 八公石　在石笋矼。赋形逼似。

51. 立佛石　亦在石笋矼。

52. 净瓶石　在皮蓬前。石形若瓶。

---

① 筊(jiǎo):笋。

53. 波斯进宝石　在颖林庵后。

第二十节　海　四

1. 前海　在文殊院之前。
2. 后海　在始信峰之北。
3. 天海　在鳌鱼背之北、光明顶之南。
4. 西海　在炼丹峰之西。

第廿一节　岭　十　有　四

1. 柘木岭　由查木岭西南行三里,从此至寨西桥分歧:一南行沿浮溪至芳村,一西行往江村。
2. 查木岭　距汤口里许。水分江、浙,为南条大干,岭不过高。
3. 金丝岭　由汤口至脚岩,路右折至三汊,左折至丞相源。
4. 芹菜岭　在汤口东里余,至苦竹溪必经之路。
5. 汤岭　在云门峰之北,由汤口往太平焦村必经之路。
6. 芙蓉岭　在松谷寺之北。
7. 金砂岭　由慈光寺登观音岩,陟岭眺天都。
8. 三观岭　在老人峰背。
9. 梅檀岭　从光明顶达炼丹台道中。香炉高峙百仞,石笋二峰,大者不可登,小者矗天而上。石数片,匀置数方如户。
10. 象眼岭　在天都峰麓。
11. 白沙岭　由皮蓬达丞相源道中。沙软滑,履之如积雪。
12. 白鹅岭　唐温伯雪隐此,李青莲有诗赠之,称"白鹅峰"。
13. 尚书岭　在望仙峰西。高百余仞。
14. 兴岭　逾岭而南,黄山三十六峰,峰峰入望。

第廿二节 奇　　松

1. 迎客松　在文殊院东。
2. 鹤盖松　在立雪台下。
3. 锡杖松　在文殊院道中。
4. 蒲团松　在光明顶西。
5. 接引松　在始信峰。
6. 扰龙峰　在始信峰谷中。
7. 棋盘松　在始信峰。
8. 仙盖峰　在石笋矼道中。
9. 文松　在夫子峰。
10. 破石松　在狮子峰清凉台。今枯。
11. 春睡松　在天都峰。
12. 倒挂松　在莲花峰道中。
13. 缥缈松　在轩辕峰下。
14. 耕云松　在耕云峰上。
15. 翁仲松　在轩皇台下。
16. 盘龙松　在狮子林。
17. 麒麟松　在狮子林。

第四章　游　　路

分山上、山下言之。山上之路为游山之路，山下之路即环山一周之路。请先言山上之路。

第一节　由汤口至紫云庵路程八里　附沿路风景

汤口　为歙北乡一小乡村，居民程姓。缘溪而上，东有铜钱山、猴子口、自然山，西有倒破、外山坑、桐树坝，皆入山夹道之名称也。四里至逍遥亭。亭在逍遥溪旁，虽小，可暂休息。

扁担石、香炉石　均在（在均）逍遥亭附近。

逍遥溪诸潭　有白沙、棺材、锅底、孩儿诸潭，均以形似得名。

布水源　自逍遥亭上行半里即至，在对山。水瀑如布，白练长垂。上为清潭峰，下为百丈潭。

张公背张婆　再上二里，迎面北山，有大坳者，即汤岭关也。距此可十二里，关下桃花峰旁，有石伛偻，如负人状，俗呼"张公背张婆"。

小补桥　即古之卧龙桥也，已被蛟水冲毁。后有旌德人来游，捐资重建，以便游人，谓不无小补云尔。

祥符寺　在桥南桃花峰麓。门东向，无僧住持，现已倾坏。

青龙潭、白龙潭　一在桥上，一在桥下。现潭水均不过深。

郑公钓台　在白龙潭旁。一小石耳，以郑师山高士隐此垂钓得名。

汤池　在小补桥北。温泉自池底砂中涌出，非常之热。幸东北隅石壁中，有冷泉一缕来调和；否则过热，不适于浴。

紫云庵　在紫云峰麓。康熙末年，僧悟千爱此处风景，结茅于此，故称"茅蓬"。

今则崇闳其殿,庄严其佛,庭额称"第一洞天":居然一大名刹！惟旁门犹署"黄山一茅蓬"五字,不忘本也。乡人亦仍以"茅蓬"呼之。殿前一阁颇宽敞,可以寄宿。

第二节　由紫云庵至慈光寺路程三(里)

　　紫云庵山门前绿竹千竿。又有木莲二株,四月花开,芳香袭人;七八月结果,其果可治肝气病。吴太史廷简谓为"稀世之宝",非过誉也。

　　人字瀑布及罗汉级　紫云庵后。有水来自天都,至石岩分两道泻下,形如人字,谓之"人字瀑布"。两布水之间,石壁挺立,上凿石级数十。相传明时由此挽铜罗汉上山,谓之"罗汉级"。

　　回龙桥　人字瀑布水,由此桥洞下流入桃花溪。

　　桃花峰　在紫云庵对面。昔有桃树万株,今则悉归爨火矣。桃花峰分里、中、外三篷,各篷皆有古刹,如汤寺,如桃源,如莲花,如净林,如青莲……星罗棋布,亦足以点缀溪山。粤乱遭燹成墟,今则满山荆棘矣。

　　水帘洞　在桃花峰上。一窦黝然,有水从石渗出,缕缕如垂旒,即水帘洞也。

　　丁公庵、轩辕碑　碑在洞右,庵在洞上。路极艰险,不易上达。今虽庵倾碑裂,犹有古迹存焉。

　　丹井　在桃花溪中。涧石中坎,缘边隆起,圆似规成,对径约七尺,深相等。惟北边有尺许稍凹,水满由此溢出。相传黄帝炼丹,在此取水。

　　墨浪庵　遗址在丹井之旁。

　　洗药溪及药铫、药瓢　在丹井之上。谓之"洗药溪""药铫、药瓢",均以石形相似得名。

　　回澜石　在洗药溪旁。石上刻有"回澜石"三字,是江中丞崃之所题。

　　藏舟石　又有石,形如小艇,潜藏于此。

　　呼龙石　在桃花溪侧。有石上刻"呼龙"二大字。昔吴太史廷简来游,见有物似鱼,长而有角。殆真有神物居之欤？

　　关帝庙　在回龙桥之上。此处有两路分歧:一西往汤岭,一北上慈光寺。

　　得心亭　上慈光寺路上,有亭跨路而立。又名"听涛亭"。

　　慈光寺　未入山门,则两山隔塞;一入山门,则局势开宕。寺基宏开,昔日之壮丽矞皇①,犹可想见。朱砂峰耸于前,天都峰峙于左,莲花峰立于右,紫石峰拱于

---

①　矞(yù)皇:辉煌。

东,圣泉峰卫于西。如庙堂朝会,公孤群辟,冠裳毕集焉。盖一路为密林修箐,掩翳游目;至此豁然敞朗,眼界一开矣。

第三节　由慈光寺往文殊院路程十五里

慈光寺　原名"朱砂庵",以正当朱砂峰下也。明万历敕建改今名。广厦万间,多毁于咸丰兵燹。前殿及头门均被毁,今仅存后殿一进、右边客厅及僧房数间,现增添功德堂。游客至此,可以住宿。

朱砂岩、朱砂洞　皆在寺后。皆以朱砂名者,以其地富于汞养也。

钵盂峰　在天都峰之南。在寺前观之,形最相似。

法眼泉　在朱砂庵西。有片石如云当之,曰"阖石"。

虾蟆峰　在紫石、紫云两峰中间。栩栩生动,有欲跃天都之势。

普门塔　在寺之西北隅。碑铭嵌于壁,载普门事甚详。

千人锅　在寺之右。可想见当年僧侣之盛。

金砂岭　由慈光寺东北隅,上山里许即至。

碰头石　逾金砂岭里许即至。

飞来洞　过碰头石即至。

度生桥　由飞来洞上去两里即至。桥由陈居士兆轩捐建。

佛手岩　在青鸾峰之南。有石指三四,俨如佛手。

观音岩　又名"打鼓墩",可暂休息。

青鸾峰　在观音岩对面。峰极秀丽,峰顶有石人打坐(座)石。

半山寺　原为半山土地,近僧明光建屋,休宁知县韩煃题名"半山寺"。

龙翻石　由东沟茂林下,历观音岩始见。

金鸡叫门帘　在东面山冈。有石如鸡,独立鼓翼伸颈,作欲啼之势。

老人峰　在朱砂峰后有石如老人。石旁一矮石对峙,俗称"罗汉对观音"。

五老上天都　再上数步,回顾金鸡石,向移形易,宛若五老上天都,肩摩踵接,面向天都,曰"五老上天都"。前有石如老人,伛偻扶筇①,若为导者,曰"仙人引路"。

横云石　再上,有石横卧,长约丈许,孙太史晋鑱②"横云"二字于上。

三观岭　由此入香谷源,走莲花沟,出虎头崖桥山径。今则径荒路塞,无有问

---

① 扶筇(qióng):即扶杖。

② 鑱(chán):凿或铲。

津者矣。

姊妹放羊　由横云西望莲蕊峰下坳处,有石似姊妹两人,并肩而立,前有石似羊一群,曰"姊妹放羊"。

天门坎　转东行,升级数十,有两山夹峙如门,中仅容一人过,曰"天门坎"。

赵州庵　进天门坎数步即至。遗址尚存。

月胁(协)崖　在赵州庵遗址之左。

兔儿望月　在赵州庵望天门坎下即见。

老虎下山　在赵州庵西望文殊台侧。有石如虎,作下山之势。

姜太公钓鱼　在赵州庵西望莲花峰畔,有石似姜太公钓鱼。旁有石人,或谓之"伍吉问卜"。

云巢洞　由赵州庵西行两里,一石当前,释称"真如关"。洞名乃曹太史铅所镌。今则由洞边另开新径,可以不必穿洞而出矣。

观音对罗汉　耕云峰畔有石三丈余,秀削如观世音。天都峰侧有石高丈许,肥如阿罗汉。两相对峙,谚称"观音对罗汉"。昔人游记,谓观音石当握处,适生小树一株,称"观音洒净"。今则树枯枝落,可惜!

小心坡　山径转西数十武,一石壁峙于北,深壑倾于南,路由斜坡而上,谓之"小心坡"。今则坡上凿以阶级,前面护以石栏。许太守宁曰"可改名'放心坡'",不吾欺也。

蒲团石　由小心坡而上,一石形如满月,可趺坐①十余人,曰"蒲团石"。

卧龙洞　由蒲团石转北行石洞中。昔有古松,横生洞内,如龙之偃卧也,谓之"卧龙洞"。

仙人桥　又名"断凡桥"。桥临深壑,如临九渊。仰视天都,犹在霄漠。群峰矫矫,旁无所依,下无所借,渣滓淘尽,只存劲骨。青天削出玉芙蓉②,惟此处足以当之。

一线天　越仙人桥,则又两山岕③立,中开仄径,径叠石级。级高且狭,愈高愈险,愈险愈奇,所谓"一线天"是也。

蓬莱三岛　出一线天,立足回顾,则两石壁夹立之一线天。左边另有一石,壁立与彼二石相若。上各有奇松数株,苍古幽雅,谚称"蓬莱三岛"。飞鱼石蹭于上,鹦歌石出其旁。昂首欲鸣,鼓鬣欲跃,矗立排空,宛然生动。

文殊洞　原名"转身洞"。距蓬莱三岛行不数武,又入一洞,深黑且湿,疑若路断途穷。凿空梯而上井口,如阳神之出泥丸,绝处逢生。自云巢洞至此,路若三里,

---

① 趺坐:盘腿端坐。
② 唐朝李白《登庐山五老峰》诗中有"青天削出金芙蓉"之句。
③ 岕(jiè):两山之间。

而文殊院将至矣。

文殊池　出洞后,右行十数武,有小池,为文殊院饮水。高山得此泉水,至为宝贵。

小清凉　左行二步,有石壁上镌"小清凉""仙云万状""松寿"诸字。

迎客松　至此,径亦稍夷。路旁有老松一株,大可合抱,一枝东向,作伸手迎客之势,曰"迎客松"。

仙人出轿　至此回顾天都,则有"仙人出轿""老鼠探坛"诸景,亦颇悦目。

文殊院　再西行则文殊院至矣。院仅用石甃成屋三间,踞万山之巅,地已如掌。玉屏峰拥其后,朱砂峰拜其前,天都耸于左,莲花峙于右,秀丽崇巍,各呈其妙。古人有言,"不到文殊院,不见黄山面",信然。

仙鼠跳天都　由文殊院东南望耕云峰顶,有石如鼠,伸首弭耳,作势欲奔天都,曰"仙鼠跳天都"。

金鸡采玉莲　由文殊院西望莲蕊峰畔,有石如鸡,背蕊面花,曰"金鸡采玉莲"。

洪船出海　莲蕊峰畔又有石如船,桅樯毕具,曰"洪船出海",又曰"采莲船"。

狮石、象石　文殊院前左右两石对峙,一则如狮,一则似象。

文殊台　文殊院前陡起石台,广不盈丈,上有天生跏趺①迹,为观前海铺云绝胜处。

凤凰台　由文殊院西行数十武即至。在台旁可望后海诸峰,台旁有石如鹤独立,向北望有伯乐相马石。

第四节　由文殊院往大悲院路程十五里

大小阎王壁　由文殊院西南向山谷中行,里许即至。小者阔丈许,大者二丈余。石壁峭绝,下临深壑,上凿足迹,游人必依痕以过。近为休宁韩知事焘偕何继昌、崔吟涛诸居士筹款平治,化险为夷。

大士崖　再下里余,巨石横斜当路,形似小心坡,亦一危险处。

莲花沟　莲花源水由此直下,游客可踏石以过。

莲花岭　介莲花、莲蕊两峰之间。高近三里,极陡峻,以天然岩石强叠为级。级有高二尺者,参差不一。攀登之难,似为黄山路中最不易之处。

莲花洞　在莲花岭脚。为掬月崖,耸峙凌空。

---

①　跏趺(jiāfū):修禅者的坐法,即双足交叠而坐。

仙人把门　　上莲花岭头休息，东望天都，有若屋宇者，有若门第者，有若人立者，曰"仙人把门"。

　　莲花茶庵遗址　　在莲花岭上。遗址尚存，庵久倾圮。

　　灵龟石　　至灵龟石，路分两歧：一东上莲花峰顶，一西下百步云梯。石壁上刻"上莲花峰"四字。

　　莲花峰　　由龟石斜坡而上，峭壁上镌"转身崖"三字。其旁新辟一径，稍平，可绕避转身崖之险。再转即觉陡峻，下临无地，宽不盈尺，沙砾满地，滑甚，幸丈许旋入洞。洞尽而险如前，如是者四。洞或锐末丰腹，或口大壁斜，各各不同。要①皆曲折，巨石重叠，如浮屠中之有螺旋梯而不板滞。昔徐霞客谓人如下上楼阁中，竟忘其峻出天表。曹文埴谓人如在藕节中行，缘本入瓣。两公皆善于喻。再上，稍平，抵莲花庵旧址。由址侧转上，愈峻。以腹贴崖，以手摩壁，始达其巅。广可盈丈，中凹为沙池，水不常有，可容坐二十人。四山俱伏，惟天都与抗耳。天气晴明，远可望匡庐、九华及江水东流宛若白银一线而已。

　　莲房峰　　在莲花峰之北，距离稍远。似瓣之已谢者。

　　莲蕊岭　　在莲花峰之南。似含苞未放，其石纹理真如莲脉，极清晰。自顶至踵长不可度，秀丽亦非常。

　　猛虎戏莲　　自莲花峰顶东向俯视深壑中，有石如猛虎，作欲跳之状，谓之"猛虎戏莲"。

　　天然池　　在莲花峰上。水常不涸，浣之可愈目眚（shěng）。昔安公疏之而成，题曰"胜水"。自灵龟石至莲花峰顶，往返计程四里。

　　仙鹤石　　在灵龟石西大路之旁。有向天欲鸣之状。

　　百步云梯　　由仙鹤石西行，下百步云梯。梯约二百余级，曰"百步"者，举成数也。

　　老僧看海　　由百步云梯西望，有石若人跌坐，曰"老僧看海"。

　　鳌鱼洞　　洞乃高岩峻壁，中开一三角窦，宛如凿成。叠级数十而上，穿出洞口，若久秘帐中揭之而出，忽然眼界大开矣。

　　容成朝轩辕　　离鳌鱼洞数十武，回顾莲花峰下，有上下两石如冠临朝，俗呼"容成朝轩辕"。面目缕析。

　　容成洞　　鳌鱼洞后脉，上接容成峰。其峰成钟形，俗名"钟峰"。下有洞，宝篆丹书，蝌蚪鸟迹，令人莫敢扪读。

　　天海　　居黄山之中，为黄山最坦平处。长若三四里，广若一二里。市场旅馆听其建筑。匡庐、莫干非所及也。

---

①　要：古同"腰"。

大悲院　在天海之北部,古称"大悲顶"。明万历间,僧普门感邀宸眷,因供奉皇太子赐大悲观世音像,故名。院遭粤乱,久没无闻。

平天矼　在天海北端。矼长百三十丈,丰广三丈,平横如凳。矼之东端为光明顶及炼丹峰,矼之西端为石柱峰。

第五节　由大悲院往狮子林路程五里

光明顶　居四山之中,天都、莲花之亚。登其顶,可远望匡庐、九华。松桧巘壑亦疏亦密,亦幽亦奇。顶之北为石门、棋石两峰。北连狮子林朝对之贡阳山也。

西海　在光明顶之西。西部最高者为云外峰,南连者为石床峰。

观音打坐　石床之旁有石如观音打坐。

团鱼孵子　在石门峰南角回顾光明顶之东,有石如鳖伏,曰"团鱼孵子"。

万松林　在贡阳山北麓。古松万千,亦苍亦翠。中多山乐鸟,善鸣,如奏丝竹。

狮子林　在狮子峰南麓。旁有屋数椽,曰"狮林精舍"。僧房独多,游客可以多住。附近风景极佳,可以眺览。麒麟松在其左,凤凰柏在其后,尤为苍古。

清凉顶　在狮子峰腰。为古卧云楼旧址,乃新建兰若也。民国己未①,峨眉僧法空由普陀参游到此,感此处风景,募捐新建。

中五台庵　在贡阳山下。左为狮子峰,右为始信峰,前为散花坞;又梦笔生花、天然笔架诸峰罗列为案。黄山秀异莫过于此。为僧宗教募捐所建。

清凉台　在狮子峰左。平广六七尺,下临深壑,为观后海铺云绝胜处。上有破石松,极苍古夭曲,可惜现已枯老。

狮子峰　为后海锁钥。由清凉台左行即登其巅。西望丹霞峰坳中,曰"达摩渡江",曰"团鱼晒阳",曰"仙人指路",曰"老僧采药",枰比棋布,目为眩晌。南望贡阳山,翠拥螺环,宛然屏嶂。贡阳山左下坳处为白鹅岭。岭东凸立者为白鹅峰,俗呼"板壁峰"。贡阳山右,上为棋石峰;再上,圆如覆钵为光明顶。西南望为平天矼。矼下有石似桃而长,形如合十,四无依托,拱立石端,曰"合掌峰"。再上,若峡者为西海口。触石出云,弥漫上下,洋洋巨壑,直可乘槎。西为石鼓峰,下为铁线潭,东望始信峰。在岫有五星石,又称"天官赐福",形状毕肖。古人有言,"不登狮子峰,不见黄山踪",信然。

---

① 民国己未:1919年。

第六节　由狮子林往始信峰路程三里

渡仙桥　由狮子林将至始信峰,路忽中断,下临深壑,直似巨灵掌劈者。中驾一石,横于两崖,状若飞虹,曰"渡仙桥",又名"仙人桥"。石壁上刻"祁西汪启邦造"诸字。

接引松　桥西石罅中生一苍松,有一枝横卧桥畔,状若扶栏。人欲过桥必扶枝以过,庶免恐怖,曰"接引松"。其根犹盘旋石缝中,游客过桥西,再踏其根两步始得过去。

始信峰巅　登顶俯视,光怪陆离,莫可殚述。峰峦奇妙,见者始信,故黄太史习远锡①以此名。盖亦无能名而名之耳,故厚庵又题"无能名"三字。

琴台　巅有石如椅,下刻"江丽田弹琴处"诸字。前有数松,环侍左右,曰"聚音松",相传能聚江丽田琴音。

定空室遗址　昔狮子林开山和尚一乘每晚宿此,风雨无间。江节愍书"寒江子独坐"五字于扉。虽室圮迹湮,今尚传为佳话,知高僧逸士自有真也。

散花坞　在始信峰之西北。坞内多奇石,如人,如鸟兽,如虫鱼,怪怪奇奇,无所不有。古人有言,"不到散花坞,不知天下有奇石",信然。

上升峰　在始信峰之东。一峰拔地矗立,形如宝塔,旁无依,下无藉。远望势如上举,故曰"上升"。

石笋矼　在上升峰之东。石笋林立,秀挺非常。肩摩踵接,宛如联袂偕行,故又称"十八罗汉上天台"。

仙人对弈　在始信峰之南,白鹅峰之下。有石如两人对弈,曰"仙人对弈"。又其旁有石如人,宽衣博带,曰"丞相观棋"。

五老荡船　在仙人对弈之东。有石如五老人摇船而去。

猴子过山　在仙人对弈之西。有石如猴子一群越山而过。

梦笔生花　在始信峰之北散花坞内。有峰下圆上锐,宛如笔势。峰顶一松,破石而生,高数丈,曰"梦笔生花"。

---

① 锡:古通"赐"。

第七节　由狮子林往松谷庵路程十八里

　　由狮子林过狮子岭,东北行,下岭三里许,西望狮子峰北,有美人照镜、天鹅孵蛋。是殆吴刚之斧追琢①而成,故使人一见而知为某某也。

　　猴子掱桃　在始信峰之北,东望即见。有石如猴子掱桃。

　　波斯进宝　亦在始信峰之北。有石如波斯进宝,形状毕肖,东望即见。

　　书箱峰、药箱厨　再下二里,西望即见。书箱峰箱屉备具,状若抽动。

　　小平天矼　矼上山旁有井曰"龙眼",深不可测,未有敢探其底者。

　　关公挡曹　在路东山上有二石,上则气概雄威,下则形状狼狈,均各形容毕肖。

　　上刘门亭　由狮子林至此,路已五里,可暂休息。

　　三尊大佛　在亭对山有三尊大佛,妙相庄严,有世尊说法、众生谛听之熊②。

　　浮屠峰　对山一峰,下圆上锐,迎面挺峙,耸入云霄。

　　仙人观榜　浮屠峰之下有石若衣冠丈夫,垂绅揩笏而立,仰首前望。

　　仙榜峰　下有一山,岩壁中间有石风化为沙,现苍黄色之长方形,大如海船挂帆,又似城楼直匾。中央一行生有绿草,俨若张旭草书,巧自天成。游人莫不驻足。

　　中刘门亭　自(白)上刘门亭至此,路又五里,游客又可憩坐。

　　观音打坐　在浮屠峰之旁又有观音打坐,宛如大士现身。

　　太白敬酒　在仙榜峰之侧有石类太白敬酒。又有一石类老虎驼羊。

　　下刘门亭　由中刘门亭涉水过溪右,又由溪右涉水过溪左,未几而下刘门亭又至矣。路尽阶级,游客莫不休息。

　　轿顶峰　在下刘门亭对面,有峰形如轿顶。

　　松谷庵　老基是张真人初居之地,药炉丹灶久已成墟,惟修竹千竿、古松几树而已。

　　缘成桥　乃李法周募捐新建,以便行人。

　　松谷庵　在叠嶂峰下。庵东北向,张真人尹甫修道于此,"松谷"乃其别号,因以名庵。河涧考槃③,自然幽雅。旁有东古寺,昔本十方丛林,久毁于兵,今又经营伊始矣。

　　枕头峰　在松谷庵对面。

---

① 追(duī)琢:雕刻。
② 熊:古通"雄"。
③ 考槃:指架结木屋,避世隐居。

五龙潭　　在松谷庵前面溪中。以其水所受之壁色石。黑潭在上,形如方印;白潭次之,形狭长如拖绅;三为黄龙潭,其色黄;四为青龙潭,其色青;最下为油潭,又名"日冷潭",其色绿,状如大釜,水深数丈,为黄山水流最深处。潭上有石中凹如锅,俗名"油锅"。路旁有巨石,水由石缝中流出,俗名"油榨"。

第八节　　由松谷庵往松谷脚庵路程七里

　　志成桥　　阴坑源水由其桥下流入松谷源。为太平谭居士芝屏所筑。
　　芙蓉岭　　在芙蓉峰下。岭上有洞,岭下有亭及桥,皆袭芙蓉名。盖缘近芙蓉峰,亦以便游人记忆,非真若凌波仙子分外玲珑也。
　　黄龙出海　　岭之右冈随流直下,势若长虹,谓之"黄龙出海"。下为汪波潭,渊澄泓净,令人心魄俱清。对面高峰蜿蜒空际,作势升腾,曰"飞龙峰"。
　　马蹄石　　在芙蓉峰麓有马蹄石,如马蹄之印泥中,深者尺许,浅者二三寸。相传黄帝乘马经此。
　　半边石屋　　在芙蓉岭下有石屋,广约八尺,尚堪容膝。栖真者常居之。
　　阴湖(潮)、阳湖　　阴湖在东,不甚大;阳湖在西,广数顷,又名"洋湖"。可半里至引针峰麓,略上有小路。往西南上山,约四里,可达洋湖庵。
　　松谷脚庵　　由松谷庵至此,路已七里。再前行三里,即达辅村,为由太平来游山之路。

第九节　　由狮子林往云谷寺路程二十里

　　由狮子林东南行,里许,路分三岔:东行为往始信峰之路,南行为入丞相源、往云谷寺之路。
　　白鹅岭　　岭不过高。东为白鹅峰,又名"板壁峰"。在白鹅岭右横望,则见有张公带儿、介子背母诸景。古人谓黄山景物,易向则形异,移步则状殊,未可以胶柱求之。岂不信哉!
　　澡瓶泉、狼豹洞　　在石门峰东麓均可望见。
　　双龟石　　在石门峰上有两大石如龟,峙立相对。
　　猿猴崖　　在石门峰双龟石左侧,动静各肖其形。

皮篷遗址　在白鹅岭下。

兔儿望月　在玉屏峰之阴,有石如兔儿望月。

雪庄和尚塔　在白沙岭旁。俗呼"黄帝坟"。

招隐亭　在雪庄塔之后。近为李法周所修。其北有别峰庵遗址,西有看云台古迹,皆可悦目。

白沙岭　在天都、玉屏两峰之阴。沙软滑,履之如积雪。

仙灯洞　在仙都峰下,正对钵盂峰。由白沙岭旁有径可通。方外人居洞中而成道者,代不乏人。洞口有灯,朗朗如星月,岁时一现,间有见之者,亦奇矣哉!

仙掌峰　在天都峰之北。遥望有五石嵯峨,宛如伸指;又似五老人,曰"五老上天都"。

仙人戴伞　在丞相源道旁有古松一株,其下有石如人,谓之"仙人戴伞"。

仙人会饮　又有数石攒聚,若团坐酬错者,曰"仙人会饮"。

锡杖泉　在钵盂峰下,又名"灵锡泉"。相传东国神僧卓锡时有泉涌出,至今不涸。

云谷寺　在仙都峰下。原名"掷钵禅院",以其正对钵盂峰也。"云谷"二字,乃崇祯间歙县令傅岩所题,因遂名为"云谷寺"。宋丞相程元凤退位后隐居于此,故又名"丞相源"。

檗(bò)庵和尚塔　在云谷寺之旁。

异萝松　在云谷寺前后各一株,同干异叶,乃翠柏与苍松合体;施于高枝,并不著土;嫩绿深蓝,浓阴满院。盖千百年物也。

狮子望球　在丞相源与丞相东源两水会流处,有石凸起,形如狮子。又有石圆如球,曰"狮子望球"。上刻"已移我情"四字,乃程部郎振甲所书。

琴台　狮后有大石,如四几相拼。相传江丽田常携琴于此鼓之。石下有"江丽田琴台"五字,系嘉庆乙丑①所镌也。

香炉峰　在丞相源,为云谷寺之对山。矗然挺立,宛如圭璋②然。

第十节　由云谷寺往汤口路程十五里

步云亭　由云谷寺东南行里许即至。

---

① 嘉庆乙丑:1805 年。
② 圭璋:玉制礼器。

眉毛峰　在钵盂峰之右。弱柳新月,峰象似之。

渐入佳境　路旁石上刻有"渐入佳境"数字,左刻"醉吟"。又有徐明府士业刻"通幽"二字。虽藓痕斑剥,而笔致均遒逸可喜。

仙人榜　再里许为仙人榜。一巨石上镌"仙人榜""来者有缘"诸字。

开门石　再里许,两石夹立如门,称"开门石"。门外又有阿弥陀佛石。

九龙瀑布　其水来自天都,至九龙峰下注为潭,潭复注为瀑。一曲一潭,累累岩壑之阿者凡九,曰"九龙瀑布"。遇久雨则瀑尤肥,飞挂如龙,真大观也!

天绅亭　在九龙瀑布对面。

新罗源口　有新罗庵故址。旁有石井,水深莫测。

黄山胜境坊　在新罗源口之下有四柱石坊,上刻"黄山胜境"四字。乃乾隆三十二年①两江总督高晋所建。

苦竹溪　在黄山胜境坊对溪,歙县北乡一小乡村也。原名"古迹西溪",土音讹为今名。

继竺庵　在苦竹溪。本云谷寺之脚庵,近为宗教所修。

岭脚下　距苦竹溪两里半,亦歙县北乡一小乡村也。

芹菜岭　在岭脚下与汤口两村之间。过岭里许,即抵汤口矣。

山上之游已毕,再言环绕山麓之一大周圈。由南而东,而北,而西,或由西而北,而东南,悉听游客之便。

第十一节　由苦竹溪往福固寺路程四十里

若由东路起点,即从苦竹溪向东北行,五里至山岔,可观鹅鼻石;又六里逾乌泥岭,可观布水峰;又四里逾黄丝岭,为歙、太两县分界处;又三里至排亭,可望槛窗峰及诸怪石;又四里经桃岭汪家,一小村落,可暂休息;再三里至谭(潭)家桥,为太平东南乡一小市镇,可以寄宿。由谭(潭)家桥北行三里至戚梓里,路分两歧:直行十五里至迄溪桥,又十二里至山口,再十里至太平县治;由戚梓里转西北行,经罗村、碧山两小村,七里至夫子山脚,转南行五里至福固寺。

夫子峰　在黄山之东北部,又称"夫子尖",土人呼为"蜡烛峰"。

夫子洞　在夫子峰下有石洞高丈余,圆如半月,广约三丈,可容百人。光明轩敞,颇可回翔。洞口东隅有一小洞,高二丈余,宽仅尺许,时有水滴下,其声丁东焉。

---

① 乾隆三十二年:1767年。

第十二节　由福固寺往翠微寺路程四十里

福固（固福）寺　在轩辕峰神仙洞之下。唐天宝六年①，目轮和尚至此开山，建轩辕古刹。后遭咸丰兵燹，改"复古寺"。光绪间鄂僧能学重修大殿，太平胡太史继瑗为书寺额，易以"福固"二字。

由福固寺过重兴桥，南折入壑，二里半至转身洞。石碙天开，不容直入，斜折而升。又二里半至挟身洞，洞口狭窄；又里许而神仙洞至矣。

神仙洞　又名"观音崖"。宽八尺，深五丈；前高六尺，后高二丈。中供大士三尊。龛后有池，水清而浅，石液盈盈，名为"流杯"。右隅有小窦，缝裂数寸，常有风透出，冬温而夏凉。尤奇者，神座右石壁上斜穿大窦，圆如满月，光线透射，不啻濯魄冰壶。中设木梯，扪石登足窠，蚁行猿升，丈余出窦口。遥望九华数点、长江一线均在西北落照间也。

由原道回福固寺，至夫子山脚。转西北行三里至锡溪程家，二里逾杨田岭。下岭三里而松山寺至矣。

松山寺　在玉峰下。原名"花山寺"，宋绍兴十三年②赐额。清康熙十五年③大殿重建，官邑侯纯心赠"大雄宝典"四字于扉。康熙间住持智昺(bǐng)，乾隆间住持万竞，皆为黄山僧会司。自宋迄清，历四朝代，出高僧法嗣。故吕廉访正音、王太守国柱、朱观察之翰、潘督部锡恩暨歙、太两县长官四十余人，皆赠有匾，可为黄山诸寺之冠。其书法劲苍雄秀，无美不备。咸丰间寺毁于寇，匾得无殃，可云幸矣。

由松山寺西北行，三里至沟村；又五里至辅村；转南行三里至松谷寺脚庵；西行十里逾白马岭至焦村；折而南，三里至陈家。再二里至拦路坊，路分两歧：东南行七里至翠微寺，可以住宿。

---

① 天宝六年：747 年。
② 绍兴十三年：1143 年。
③ 康熙十五年：1676 年。

第十三节　由翠微寺往汤岭关路程三十二里

　　翠微寺　在翠微峰下。唐中和二年①，麻衣禅师自巴西来，卓锡于此，募洪氏山田建麻衣道场。南唐保大（太）五年②敕赐寺额。明洪武辛未③立为丛林，至嘉靖间得佛悟等重修；万历戊戌④洪水冲毁，寺僧本仕修之；弘光乙酉⑤僧心空从新重建。清康熙戊辰⑥僧超纲大加修葺；至咸丰初，香火犹盛；后为兵燹所毁。至同治五年⑦，僧本微来山结茅，遍叩山下诸民，加款捐工建筑左室，而大殿仍付缺如。民国五年⑧四月，金陵二郎庙邵道人来此，殿宇一新。近换宗教兼住，则寺之方兴正未有艾也。

　　西峰堂　由翠微寺后上山，路约五里即至。其旁有一小石覆于大石之上，上下似不相连属，曰"飞来石"。

　　翠微洞　在翠微峰麓，又称"麻衣洞"。

　　青牛溪　在翠微峰下。相传昔人见青牛在溪上，形色瑰异，欲牵逐之，入水不见，因以名溪。

　　马头石　在青牛溪上有石如马首，作仰天欲鸣之状。

　　方来亭　由翠微寺沿青牛溪西北行，二里即至。汪文节曾题"翼然"二字。

　　麻衣塔　距方来亭再下一里。塔为麻衣僧所建，玲珑纤秀，亦自怡情。

　　由麻衣塔再西北行，三里至拦路坊；路折而南，五里至栗溪坦——一小村落。又五里至伏牛岭。岭麓古有竹林庵。又五里至吊桥庵。庵居寿延桥、续古桥两桥之间。后为经堂，前为茶室，可以住宿。庵后有罗汉趺坐。其东坞石人峰上有石如人而立。下有驾鹤洞，相传为浮邱公驾鹤处。由吊桥庵转东南，五里至航海庵。现只一亭，可暂休息。又五里，逾海云亭而达汤岭关。关为泾阳张中丞苇所建。关之北壁有甘泉一缕，大旱不竭，以为游人止渴，饮之清冽异常。

---

① 中和二年：882 年。
② 保大（太）五年：947 年。
③ 洪武辛未：1391 年。
④ 万历戊戌：1598 年。
⑤ 弘光乙酉：1645 年。
⑥ 康熙戊辰：1688 年。
⑦ 同治五年：1866 年。
⑧ 民国五年：1916 年。

第十四节　由汤岭关往慈光寺山门关帝庙路程十里

自汤岭而下,沿云门峰麓及桃花峰而行,古划八沟,每沟秀异,若鬼斧神斤[①],曰"石笋",曰"天眼",曰"观音洒净",曰"老僧打坐"。沿途南望,一一毕呈。五里至横坑庵。庵遭兵燹,有亭可以休息。

剑石　自横坑庵东行里许,有巨石中裂如切。

鸣弦泉　又里许,历长短梯。"路若梯状,是以名之。"至鸣弦桥。桥上有石若舸,壁崖横叠,长三丈,高五丈,状如琴,中空,丰左杀右。泉从绝壑拂琴上,袅袅有声。冬寒结冰时,琉璃满壁,俗呼"珍珠挂门帘"是也。琴石上有"鸣弦泉"三字,又"洗杯泉"三小字,皆李青莲遗笔也。

醉石　在鸣弦泉之下。侧弁而逸,若不胜杯棬者。昔李青莲游此,绕石醉呼。

停雪石　在醉石旁有石阳白阴黝,如积雪状,曰"停雪石"。

乌鸦伏地、林莺打兔　均在桃花峰上。罗列当前,令人悦目。

罗汉点灯、观音坐莲　亦在桃花峰上。两石并峙,遥遥相对。

虎头岩　又名"山君岩",在虎头桥下。有石如虎,昂首咆哮,状若搏噬,曰"虎头岩"。

沿桃花溪而行,桃李梨杏摇曳缤纷,兰茞[②]芷蕙,缛[③]绿红嫣,殊有应接不暇之态。未几而慈光寺山门,关帝庙至矣。自汤岭至关帝庙一段,风景极佳。如游客因日期关系不能环绕山麓,而此一段切不可交臂失之。

---

① 斤:古代砍伐工具。
② 茞(chén):古书中一种草的名称。
③ 缛(rù):繁密的彩饰。

附游览须知

——游侣至少三人。因山高谷深,游时人少,难免不生恐怖。倘遇云雾,恐有迷途之患,不可不慎。

——宜带棉夹衣。虽炎暑六月,山上气候宛若深秋。倘遇阴雨,则冷如初冬,非重棉不暖。

——宜带罗针、寒暑计、铅笔、手表、热水瓶、望远镜、行杖、雨具、茶食、干粮、罐头。因山高物稀,以备不虞。能带照相器沿途摄影尤佳。

——宜带浴布。以备入汤池洗澡之用。

——游山以三月至九月为最宜。惟霉天多雨,亦不甚宜。凡平地越热,游山越宜。春冬不宜者有三:一忌雨雪连绵,不能上山;二忌寒冰滑溜,不能举趾;三忌山风彻骨,不能抵御。

——游山莫怨雨,遇寺便投宿。此诗吟之颇有味。如遇雨须俟天晴,步履为快,风景易观。雨固不宜,阴亦不宜。黄山天阴即有云雾弥漫,云雾退则峰峦毕具,云雾来则对面不见。

——黄山避暑最相宜者,莫若紫云庵之前厅、慈光寺之东阁。窗虚轩朗,名胜罗列,且近汤池,便于洗澡;又汤岭大道由庵前经过,添购食物不费周章。

——在狮子林、清凉顶避暑亦佳。上有一最怡情之事,清晨旁晚可登清凉台、始信峰诸处观铺云。

——文殊院不宜避暑,因屋小而天气大寒,食物亦不便。

——昔年游客至山,多不识路,须雇住庵之佣工或沙弥引之。孰知佣工、沙弥亦多系新来之人,游客随路有所问,引者即随口乱答。故数百年峰峦部位被若辈颠倒错乱殆尽,即文人游记亦多舛误,皆因以讹传讹,良可叹也。阅名人游记,文字虽佳,考据失实比比皆是。

——本指南对于峰峦部位、庙宇庵舍业经考定。游客携此而往,沿途按图索骥,所有风景自无遗漏。

黄山游观录要

姚文采　钱启震　编

《黄山游观录要》，民国二十五年（1936）天都文物社印行，中国国家图书馆藏。

姚文采（1893—1958），歙县九沙人，曾任安徽中学校长、黄山管理局局长等职，创办黄山天都文物社。

钱启震，生平不详，曾在南京燕子矶小学任教。

原书中例言之后、目录之前的摄影照片"朱砂峰下之慈光寺""金鸡石下望半山寺远山若溪桃花峰也""文殊院及玉屏峰""上始信峰道中四望狮林精舍之景"，因模糊不清而未收入本书。原书目录编入本书目录。

黃山遊觀錄要

東培山民題

王孝煃(1875—1947),南京人,字东培,近代诗书画印艺术家。

序

　　徽郡处万山中,自晦庵朱子①以来,通经术、能文章与夫嵚奇②磊落之士,代不绝书。论者每谓山川灵秀之气钟于人者独厚,岂其然欤?夫歙州溪山源委出黄山,黄山之胜不特高峰嵯峨、峦岫回互、林壑幽邃、潭瀑清奇足以冠冕东南。至于烟云晦明、淑气孕毓,凝而为危岩怪石,发而作瑞霭祥花,神变不测,景象万千,世之人惊为天帝所都。盖造物之弘伟若斯,人无得而名之矣。惟是昔之游者,溯桐江③,循岩濑而上,舟逆急湍行,邪许④推挽⑤,至于歙境。沿途风物之美虽无逊阳朔清漓,而行路之难亦仿佛蜀江⑥三峡。是以有山水之好者,每闻而却步,显赫遂不逮匡庐、莫干⑦。然浑金璞玉终难久掩。年来公路开辟,皖南交通日便,昔旬而达者,今则朝发夕至。许静仁先生乃组织黄山建设委员会从事经营,数年以来蜚声全国,有游山癖者接踵而至焉。文采籍隶歙县,于黄山建设忝列名字,殊以无所建白⑧为愧。因念我徽文风夙著,名产甚多,爰于黄山设天都文物社,搜集文物供给士林,以扬徽国之光,兼为名山点缀。顷又鉴于游客以少导游之籍为憾者,因托驻山社友钱君启震编纂是册,聊助登临,其亦爱山水之士所引以为快者乎?

民国二十五年⑨七月一日　姚文采

---

① 晦庵朱子:即朱熹(1130—1200),号"晦庵",南宋著名理学家。
② 嵚(qīn)奇:亦作"嵚崎",即险峻不平。
③ 桐江:即富春江在桐庐县境内河段。
④ 邪许:号子。
⑤ 推挽:前牵后推使物体向前。
⑥ 蜀江:即原四川境内长江。
⑦ 匡庐、莫干:即庐山、莫干山。
⑧ 建白:建议。
⑨ 民国二十五年:1936年。

例　言

1. 黄山为中国东南名胜，年来交通便利，建设进步，已成全国著闻之游览区。本书根据现状编纂，记景物之略，备游者作参考。

2. 凡风景建置之有历史价值者，悉依据昔人志记而增述现况，俾不谬于古而违于今。

3. 本书记叙力汰冗芜，凡无关重要及旧志所载而今不可考者悉从略。

4. 凡风景佳处皆附印摄影铜图，以增观感。至若烟云飞瀑等之为摄影所不易传神者，更择印名家写真数帧，以弥补缺憾。

5. 本书述名胜古迹，每采录古今人诗文，以便读者参证。

6. 本书篇末附录旧志提要表若干种，借供笃古之士有所稽考。

7. 本书编纂次序如左：

（1）概说　概述黄山史、地、自然之大略。

（2）导游　统叙游览路程及沿途风景名胜，借作游客引导。

（3）山水　记峰、峦、岩、洞、溪、涧、潭、瀑之胜。

（4）建置　记寺院、亭、阁、桥梁等建筑物。

（5）旅游琐述　杂记季节、交通、住宿、夫役等，为游览黄山者所应知之事。

8. 本书匆促编成，遗漏訾谬，实所难免，尚望读者指教，俾资增订。

9. 本书参考黄山旧志及近人著作之处颇多，并此志谢。

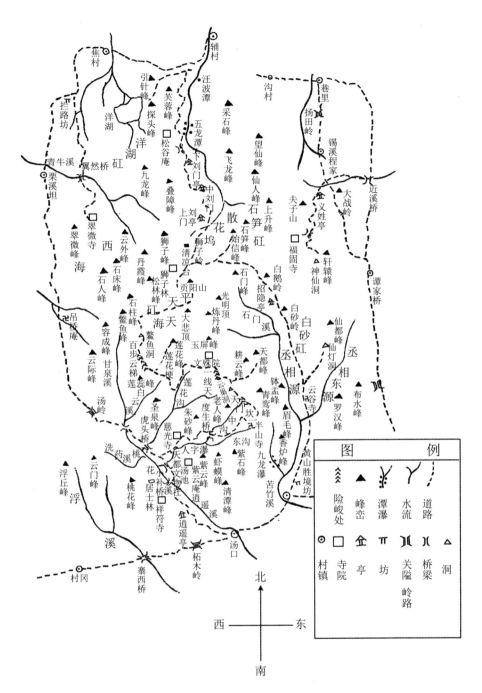

黄山平面简图（按原图重绘）

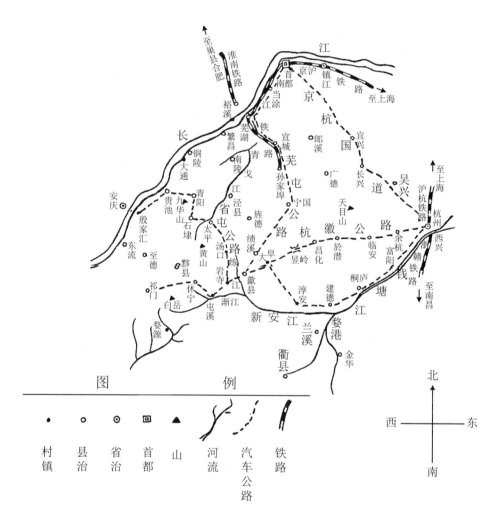

黄山交通简图（按原图重绘）

紫云集天都文物社及汤池

迎客松左望耕云天都两峰

第一章 概　　说

第一节 名　　称

　　黄山旧名"黟山",为古黟人所居地。唐玄宗天宝六年①敕改今名。

　　按黄山为"三天子都"之说始见于《山海经》。而《周书异记·神仙传》称:"昔轩辕黄帝问道于广成子,受胎息于容成子,吐纳而谷神不死,获灵丹于浮丘公。遂思超溟渤,游蓬莱。乃告浮丘公曰:'愿抠衣躬持修炼!'浮丘公曰:'凡择贤而师,学必精奥;栖隐胜地,则业易成。炼金成丹,必假于山水:山秀水正,则其药乃灵。唯江南黟山据得其中,云凝碧汉,气冠群山,神仙止焉。地无荤辛,境绝腥腐;古木灵药三冬不凋,名花异果四季皆有。山高木茂,可为炭以成药;迸泉直泻,状如飞瀑。下有灵泉,香美清温,冬夏无变。若能斋心洁己,沐浴其中,饮之灌肠,万病皆愈矣'。黄帝遂命驾,与容成子、浮丘公同游此山,得道上升……"云云。其说或出于秦汉间方士所造,然黄山境地之灵胜与肇名所自,固亦有由来矣。

　　又山以观云胜,世有"黄山云海"之称,明人潘之恒更创为"黄海"之名,流传迄今。

---

① 天宝六年:747 年。

第二节　位　　置

黄山位于安徽歙县西北、太平县南。东南属歙,北属太平。中心部分约在东经一百一十八度十一分、北纬三十度十分之交点。

第三节　境　　域

全山峰峦重叠,溪谷深邃。西部一带尚多人迹罕到之区,故无正确之疆界可凭。兹以黄山建设委员会所制形势图为范围稽之,则南北约四十里,东西约三十里,面积占一千余平方里。

四周村镇:山南有汤口,为自歙县屯溪入山之门户;苦竹溪在山之东南,距汤口约五里,为入丞相源之路;巷里在山之东北,由此上神仙洞;辅村居山北,为自太平入山之孔道;焦村、栗溪坦为西北村庄,合径于拦路坊,可登翠微寺。又自栗溪坦南行,经吊桥庵、汤岭关,转东南过紫云、桃源以达汤口,为西路大道。黄山游历区域当以上列村镇及道路所经之内为限。

山自昔相沿分前海、后海两大部,以平天矼为中心。矼南称"前海",矼北称"后海"。又平天矼与鳌鱼洞之间称"天海",平天矼之西称"西海",则因风景及地势关系而另称之二小部分也。

第四节　山　　系

黄山为南岭干脉,来自仙霞岭。从浙、赣分界处入安徽休宁南境为马金岭;转西北为休、婺间之塔岭,为婺之浙岭;再西为平鼻岭,为张公山,为休、婺两邑与江西浮梁交界之率山;折而东北,为祁门之天马山,为休、祁间之安息岭(东支为白岳齐云山,峰峦秀丽,与黄山齐名)。大干转北,为黟、祁间之椰木岭;复折而西北,为黟、祁间之西武岭,为钓鱼岭;转东北为太平与黟县间之羊栈岭;再东,遂为黄山,北太平而南歙。南岭大干由黄山再东北行,入浙为天目山,至余杭支为二:一入苏为茅山脉而尽于金陵,一东至杭州而尽于海。

云门为本山主峰,西接浮丘,东连桃花,同为南岭大干。自云门北分一支为汤岭,至鳌鱼脊析为二:一东亘百步云梯,起莲花、天都两高峰,支分盘曲为紫云、紫石、殊①砂等前海峰峦;一北经天海为平天矼,起光明顶,支为云外、石门、狮子、叠障、芙蓉等后海诸峰及前海、丞相源诸山。又翠微峰飘然远举西海外,则鳌鱼脊西北行之另一小支也。

第五节 水 流

旧志述黄山水流有三十六源、二十四溪之记载,惟是溪、源、沟、涧命名既无一定之标准;而山深源远,今之人亦每不能确指其地其名。兹举其要以见水流经行之一般:

前海溪流之大者,有浮丘溪(亦名"浮溪"),为云门、浮邱两峰间水之合流,出寨西桥;浮溪之东有汤溪,源于天都、莲花之阳,汇紫石、紫云、清潭、桃花诸峰间水;其上流有桃花、逍遥等溪名,出汤口;汤溪之东为苦竹溪,综炼丹、天都、石门诸峰间水,南下为丞相源,更汇丞相东源及九龙瀑之水,东流称"苦竹溪",绕苦竹溪村,出乌泥岭下。

后海溪流之大者,西有青牛溪,上源为狮子峰下之香林源,西流入铁线潭,转北流为丹霞溪,纳红术源,更西北流出翠微峰下,纳翠微源,遂称"青牛溪",出栗溪坦附近;北流者为狮子岭北之水,纳散花坞水,迤逦北流,会阮公源、弦歌溪、百花源诸水,转西北流至松谷庵前,聚为五龙潭,更下纳九龙溪、阴坑源、白马源、洋湖等水,入于婆溪,出辅村;东北流者有夫子尖水,发源于轩辕峰北,北流绕神仙洞、福固寺,经夫子山麓,至锡溪程家,转东北流出近溪桥。

溪水因南岭大干西,自羊栈岭,经云门、浮丘、桃花诸峰以东接于柘木岭。东西绵亘,势限南北,遂为浙、皖两水之分水岭。大干南者为浮溪,下流会曹溪、容溪、阮溪之水而称"丰乐水";至歙县城西,与扬之水、富资水会,名"练江";更下与渐江会,称"新安江",东流入浙为钱塘江。大干北者,西部之水下流皆入穰溪河,松谷之水则入舒溪,汤溪、苦竹溪之水入麻水;更下俱入赏溪,东流汇入青弋江,至芜湖以入长江。

---

① 殊:当为"砵"或"朱"之误。

第六节　地　　质

黄山诸高峰，岩骨崚嶒，多属火成之花岗岩，间亦有石灰岩及页岩。莲花沟中产萤石及各色之晶状岩粒，天海西隅有水晶岩井，引针锋上产磁石，朱砂峰产朱砂。此外，亦间有磁铁矿及石墨类矿石之发现。至详细之质地状况，则尚有待研究。

第七节　高　　度

旧志言黄山高三千七百余丈，天都、莲花两峰俱高九百仞，则概计之耳。至近年登山作科学考察者取证于所携气压仪之高度纪录，已有多种，惟亦未尽相符。兹采钟观光、李寅恭两先生所测者如下，以供参考。

钟测（民国九年①十月）		李测（民国二十三年②十一月）	
地点	高度（英呎③）	地点	高度（英呎）
茅蓬	1550	茅蓬	2700
慈光寺	2070	慈光寺	3050
半山寺	4070	半山寺	4750
天门坎	4840	莲花岭	6500
文殊院	5350	文殊院	6100
莲华峰顶	5920	莲华峰顶	7000
平天矼	5450	—	—
狮子林	5130	狮子林	6200
始信峰顶	5380	—	—
白鹅岭	5450	松谷庵	2300
云谷寺	2880	云谷寺	4200

---

① 民国九年：1920年。
② 民国二十三年：1934年。
③ 英呎：现作"英尺"。1英尺约为0.305米。

第八节 气　　候

山中气候以高度而异，山愈高则温度愈冷。如文殊院地势高峻，较之慈光、云谷相差约二十度；慈光、云谷较汤口又相差十五度以上。据黄山建设委员会温度记录，则紫云、桃源区夏季最高温度不过八十五度，与平地相差约二十度，正与匡庐、莫干等避暑区纪录相仿佛。山中多雨，春夏之交雨量更多。冬季晴寒，山顶九月即见霜雪，至来年春末，犹时见山阿积雪皑皑也。

第九节 物　　产

黄山物产，矿物有磁石、萤石等，而以花岗岩为大宗，可供建筑材料。植物种类繁多，松、杉、柏、榧等常绿植物到处皆有，竹类亦多。此外，若椿、槐、楮、枫、牛耳楠、杜鹃等类植物亦繁殖颇广，而尤以茶叶、竹笋、香菇、药材等为富经济价值。动物种类亦繁，如猿、鹿、蜥蜴、蝾螈、山乐鸟、画眉、黄鹂等皆产之，禁止随意捕捉。山上无工艺品之出产，邻近各县则固以产纸、墨、笔、砚等著称也。

第十节　建　设　管　理

黄山昔分属歙、太平二县治。民国二十三年[1]，安徽建设厅因鉴于皖南公路开辟，交通便利，乃有黄山建设委员会之组织，推许公世英为委员长，并于黄山设驻山办事处，派技术组组长一人主持山上建设工作。民国二十五年[2]改设黄山管理局筹备处，仍归委员会节制，以统筹全山建设管理之责。

黄山治安向乏专司，建设委员会成立后，乃自江西庐山调用警察一队以维持山上公安，便利行旅。近改组为黄山警察所，隶属于安徽省政府。

---

[1] 民国二十三年：1934年。
[2] 民国二十五年：1936年。

第十一节 交　　通

黄山交通以汤口为门户，省屯公路经此，有公共汽车行驶。歙县、屯溪两地则为外埠联络之枢纽，游客多于此转程。兹录黄山与外地主要交通路线如左：

（一）省屯线　本线以皖南大镇屯溪为终起点，自屯溪经岩寺至汤口约一百二十余里，更北行经太平、青阳（旸）以达贵池。（自贵池至安庆对江之殷家汇一段不久亦可通车。）

（二）芜屯线　本线亦以屯溪为终起点，经岩寺、歙县、绩溪、宁国、孙家埠、宣城以达芜湖。东更达于京①芜线。自孙家埠至芜湖一段与江南铁路并行，旅客之至自京、沪、淮南等地者皆可衔接。

（三）杭徽线　此路由杭州直达歙县西门，再由歙县西门与芜屯合辙，二十里至岩寺，转入省屯路以达汤口，为苏、浙、上海等地来山最捷之径。此外，若休宁、婺源及江西景德镇等地亦已完成公路，公共汽车亦可于屯溪等处相联络。至于通附近各地之旧有道路，因无关重要，兹从略。

第十二节 寺　　院

旧志载黄山寺院庵观之数几将近百，惜屡经沧桑，大半残毁，迄兹犹存者，统计不过十余所。今就较著者述之：

文殊院位近山之中央，地势最高。半山寺、慈光寺、紫云庵、祥符寺俱在其南，狮子林、松谷庵则在山北；云谷寺、福固寺居山之东部，吊桥庵、翠微寺在山之西隅。各寺院所奉菩萨有观音、文殊等，每岁秋季香汛颇盛。

---

① 京：指南京。

第二章 导　　游

第一节　引　　言

年来公路开辟，内地交通日臻便利。黄山为安徽省屯公路所经，有杭徽、省屯等线公共汽车通行。游客之至自京、芜、沪、杭等地者皆能直达山麓之汤口镇。自汤口上山至逍遥亭一段，复另筑汽车道约五里，以便游山专车之行使。至于登山道路，则向经各善士之修筑，颇称便利；近黄山建设当局更时加整顿，益见完善。

山上路程距离向系约计，去岁黄山建设委员会曾就游览必经之路，以逍遥亭为起终点作环形测量。兹录其里数表如左：

逍遥亭（起点）

紫云庵脚　二里五十丈

慈光寺　三里一百二十丈

半山寺　六里六十丈

云巢洞　八里十丈

文殊院前　八里六十丈

莲花峰脚　十里一百丈

平天矼　十二里六十丈

狮子林前　十五里百七十丈

白鹅岭　十七里二十丈

丞相源云谷寺前　二十三里四十丈

黄山胜境坊　二十九里七十丈

苦竹溪　二十九里百四十丈

汤口村　三十五里

逍遥亭　三十八里一百十丈(终点)

入山游览程序,虽因季节、气候及游者兴趣之不同,而未可一概言之,然循径揽胜,踪迹亦大致相仿。兹述自汤口登山,游程所经,凡名胜古迹以及食宿、休止之处,撷要叙录,借作游山引导。

第二节　汤口至紫云桃源区游程

(一)沿途撮要　汤口、逍遥亭、百丈潭、黄山警察所、中国旅行社、汤池、紫云庵、人字瀑、双溪阁、小补桥、祥符寺、居士林、桃花峰、丹井、虎头岩、鸣弦泉、汤岭关。

(二)单程里数　汤口,四里至逍遥亭,三里至紫云、桃源区,三里至鸣弦泉,五里至汤岭关。

汤口位黄山东南,据汤溪上。山林环匝,村舍栉比,溪水及公路介其间,风景优美;民业为农为商,生计裕如,亦山乡乐土也。自汤口缘溪行,清流潺湲,爽气飘拂。更上,陂陀渐峻,路亦纡曲。沿途树木蓊翳,黄山峰峦骈列遥迎。四里余至逍遥亭,可坐憩片刻。亭下为逍遥溪,溪水萦洄,潭静若镜,水中时有锦鳞鯈然。清潭峰隔溪峙立,峰半有布水源。其下为百丈潭,水自石壁下倾,落而为潭,更溢分数道飞泻而下,素练千尺,与青山绿水相映。雨后观之,景绝奇丽。由逍遥亭上行约里许,抵黄山警察所。其前为紫云桥,桥临桃花溪上。溪南为桃花峰,北为紫云峰。两峰之下,近辟作桃源住宅区、紫云商业区,将为繁荣黄山之中心。游者至此,可投宿于中国旅行社或附近寺院,以息尘劳也。

中国旅行社在紫云桥北紫云商区内,建筑精雅,设备完善,招待指引,更极周到,旅客称便。其右为天都文物社,经售宣纸、徽墨以及书籍名画等,选择精审,考究至详,意在宣扬我国固有文物。其旁为著名之汤池,新建池上楼以憩嘉宾。游者于道途仆仆之后,实行洗尘,快何如之?由汤池右拾级而上,路旁石壁有刻"东南邹鲁""游自是始"等字,修竹千竿,苍崖百丈,径殊幽丽。约数十武达紫云庵,额题"黄山一茅蓬。"门前有木莲树,枝柯虬曲,数百年物也。大殿后有紫云崖挺然崛立,旁无所倚。崖之后峭壁耸峙,上凿级痕,名"罗汉级"。人字瀑布于级旁分泻而下,夭矫如双玉虹。瀑水翻滚,直注紫云庵旁回龙桥下。度回龙桥,登双溪阁。阁临桃花、朱砂两溪,于此观瀑听涛,足涤尘虑。

汤池之前有新建之揽胜亭,亭畔有桥曰"小补"。桥堍[①]有新辟之溪南、溪北两公园。其下为郑公钓台,乃元时郑师山氏游钓之所。越小补桥,则达桃源区,有居士林,建筑宏敞,黄山管理局驻焉。其前为古祥符寺。寺肇创于唐,久成废墟;近始重筑数椽,聊存古迹。寺后桃花峰悬岩下有水帘、餐霞二洞。洞前有瀑布,飘洒若垂帘。雨后在溪上望之,如睹画图。由居士林西行,望紫云、朱砂两峰,丹碧相映,景颇绚烂。约半里,至白龙桥。桥北通双溪阁,亦所以联络紫云、桃源两区者也。桥下溪中有白龙、青龙两潭。潭水澄碧,夹岸竹树,照影摇曳。由白龙桥溯洗药溪(即桃花溪之上段(叚))访丹井,传乃昔黄帝洗药炼丹之处。寻藏舟石、回澜石诸胜,赏水石之奇。更上则幽泉鸣谷,野花遮路,仿佛桃花源上。诚山居佳境也。

由双溪阁西行,过慈光寺山门、关帝庙故址。(拾级上行则至慈光寺。)缘溪而西,遵汤岭故道行,约里许,有石耽耽蹲路隅,名"虎头岩"。旁为虎头桥。过桥上行,峰峦夹溪亘崎。上多奇石,俗所称"张公背张婆""罗汉点灯""观音打坐"诸景,次第入目。道旁杂树葱茏,芳草芊绵,亦绕泉石之胜。歙经师汪仲伊先生殁社在焉。经紧浅碗、飞来石,二里达鸣弦泉。涧水激石,琤琮若韵。其下为洗杯泉,旁为醉石。两泉皆有唐李白题字,传太白当日曾醉歌于此。由鸣弦泉左折入,可探鸣弦涧、落星泉。泉水四射,冲石成坎,哗哗下注。遵大路更前,历长梯短梯,过剑石,约四里余,即登汤岭关。峭壁森立,雄踞岭巅,望云门、浮丘、云际诸峰,云山掩映,风景绝美。更前行约十里,可至吊桥庵。景亦清丽,惜路僻人稀,往游者殊鲜。

第三节　紫云区至文殊院游程

(一)沿途撮要　慈光寺山门,听涛亭,慈光寺,金砂岭,半山寺,龙蟠坡,横云石,天门坎,云巢洞,天都峰顶,小心坡,仙人桥,一线天,蓬莱三岛,文殊洞,迎客松,文殊院,文殊台,立雪台。

(二)单程里数　慈光寺山门,一里半至慈光寺,六里半至半山寺,三里至天门坎,二里至云巢洞,三里半至文殊院。

双溪阁之西数十步,有废墟尚余残碑剩础者,为慈光寺山门故址(一名"关帝殿")。由此右折而上,道路峻整,松杉蔽日,半里许抵一亭,额曰"听涛"。朱砂泉经亭右,汩汩有声。盘折而上,桃花、紫云、紫石、圣泉诸峰时来眼底。更一里,达二天门,而慈光寺至矣。层峰连岫,蔚为大观。虾蟆峰介紫石、紫云间,栩栩欲跃,尤极

---

① 堍(tù):桥头靠近平地的地方。

生动之致。慈光寺在朱砂峰下,自昔称黄山大刹,游者可小憩或食宿于此。寺内局势开旷,天都、莲华静峙眼前,令人悠然神往。寺左有普门塔,为明万历间本寺开创者普门和尚藏蜕处。其旁有千人锅,可想见昔日僧侣之盛。寺之附近又有朱砂岩、朱砂洞、法眼泉诸胜,暇则亦堪一览。

由慈光寺后拾级上行,径愈仄,坡愈陡,而所见亦愈广。逾金砂岭,过莺谷石,穿飞来洞。山径缘壁而辟,凿岩成级。沿中沟西岸盘旋仰登,越打鼓洞,仰望石栈连云,栈外护以铁栏以便游人攀扶。三里至度生桥,跨涧入老人峰东坞,簾荫覆路,松翠侵裾。北行二里许,达半山寺。地仅数弓,僧舍寂寞,可茗坐憩劳。寺前望青鸾、天都间可赏"金鸡叫门帘""罗汉对观音"诸景,翩翩庄严,各极其妙。又里许,至龙蟠坡(俗名"打鼓墩")。望天都峰下,有连峰若伛偻接踵而行者,曰"五老上天都"。五老之前有峰若支筇①为导者,即老人峰也。更前行,至横云石。方广数丈,可坐憩。四望峰峦秀峙,松石玲珑,更历峻级数十武,即达天门坎。道旁两崖壁立,仅容身过,极壮严崇峻之观。进天门坎数武,有赵州庵遗址。其旁有月胁岩、龟鱼石。游目四瞩,则俗所称"姊妹放羊""兔儿望月""老虎下山""姜公钓鱼"诸景。争奇斗异,形形式式,令人目不暇给。更西行约二里,抵云巢洞。穿洞而上,如出幽井。今则于洞外另辟一径,坦直易行多矣。更上,有新辟路登天都峰,巍然踞众山之上,可饱览云海山川之大观。

下天都峰,循原路盘折而升,达小心坡。左绝涧,右峻壁,昔称畏途,后人凿级护以石栏,行者便之。坡上有蒲团石,可趺坐十余人,过此者每坐而息也。又前从巨石劈裂中行,名"卧龙洞"。曲折而上,左右石壁屹立如堵,一盘一曲,绕山脊若关隘然。转而过仙人桥,有石凳可坐憩。仰视天都,犹耸霄汉;俯瞰涧壑,如临九渊。群峰矫矫孑立,翛然②尘外。人生到此,俗念为蠲③。越桥,则又两山岕立,中开仄径,级险而奇。天光自岩顶下射,景象幽窅④,名曰"一线天"。过一线天,回望夹峙之两山,其左更有一山,与成鼎足。三山俱姿态奇兀,石痕苔锈,古色斑斓,老松四五,盘郁岩隙间,鹦哥、飞鱼二石跃跃然蹲踞其上;光怪陆离,望若仙境,是名"蓬莱三岛"。再上,为文殊洞。缘梯而上,有孤松自洞侧出,伛偻苍古,状若拱揖,即著名之迎客松也。旁有石,镌"小清凉"等字。过此即达文殊院,游者每投此食宿。

文殊院在玉屏峰下,方广十亩,禅宇数间。踞万峰高处,天都、莲花左右耸峙;余峰若雁行肃侍,更饶穆穆雍雍⑤之致。而奇岩诡幻,如"松鼠跳天都""金鸡采玉

---

① 筇(qióng):筇竹。
② 翛(xiāo)然:超脱貌。
③ 蠲(juān):去掉。
④ 窅(yǎo):深远。
⑤ 穆穆雍雍:和谐融洽貌。

莲""洪船出海"诸景更点缀于其间,游者每为叹美景之万千。院前有狮、象二石,妙相天成。南为文殊台,乃观云海最胜处。三五之夜趺坐赏月,尤称佳绝。西为立雪台,登台北眺后海、石笋等峰,南瞻北岳①齐云,俱楚楚眉睫间。

第四节　文殊院至狮子林游程

（一）沿途撮要　阎王壁,大士崖,蒲团松,莲花沟,莲花岭,"上莲花峰"石刻,莲花梗,莲花峰顶,百步云梯,鳌鱼洞,天海,平天矼,光明顶,炼丹峰,石柱峰,西海,贡阳山,狮子林,清凉顶,清凉台。

（二）单程里数　文殊院,五里至上莲花峰石刻,二里至莲花峰顶;上莲花峰石刻,二里至鳌鱼洞,五里至平天矼,五里至狮子林。

出文殊院,西南循山谷中行,里许至阎王壁。石壁峻峭,下临深壑,壁山凿级,行者翼翼。下转身岩,出大士崖,径皆险绝。路旁有蒲团松,枝叶团团如盖,亦黄山一奇松也。更下为莲花沟,清流溅溅,怪石错列,砂砾载途,行走颇艰。沟产萤石及各色晶石,游者得之,可供清玩。西北行上莲花岭,穿莲花洞。洞前有掏月崖,凌空耸立。更上,阶级高峻。达岭顶,可坐而瞩天都诸峰及"仙人把门""丞相观棋"等景。度岭而上,见石壁题"上莲花峰"四字。至此路歧为二:一西下百步云梯,一东上莲花峰顶。上莲花峰者,径曲折异常,谓之"莲花梗"。路尽则穿洞而行,洞尽则又级,级尽则又洞,凡历四洞而达莲花峰顶。莲花峰高与天都伯仲,雄伟秀丽,夐②出尘表。峰顶有圆月池、香砂井诸胜。踞顶环瞩,极目万里,足下峰峦绰约秀削,簇簇如萼,观赏不尽。

下莲花峰,西折下百步云梯,鸟道崎岖,达鳌鱼洞。高岩峻壁,一窦中开,宛如凿成。穿洞而上,若久祕帐中揭之而出。西折登冈,则天空地阔,一望无涯,所称"天海"者是也。海中地势夷旷,诸峦错列如锦。履天海北行,览大悲院故址。北上为平天矼。矼长百三十丈,广约三丈,居黄山之脊,亘若长虹。其南称"前海",北称"后海"。光明顶耸其东,孤标独秀,与莲花、天都成鼎足之势。炼丹峰在其旁,上有炼丹台,可登眺。矼之西为石柱峰。其西名"西海",云海苍茫,峦屿浮沉,极目无际。下平天矼,缘石门峰西麓至贡阳山下。经松林中,古木萧森,绿阴如画,而狮子林在望矣。

---

① 北岳:当为"白岳"之误,齐云山又称"白岳"。

② 夐(xiòng):远。

狮子林在狮子峰南麓,狮林精舍在其旁。梵宇清静,松石幽奇,栖迟于斯,心身俱快。附近有凤凰柏、麒麟松,威仪天生。远眺诸峰间,则俗所称"达摩渡江""仙人指路""老僧采药""灵龟探海"诸景竞集眼底,目为之眩。清凉台、清凉顶皆在其附近。登临望远,云外、石床、松林、丹霞等峰,雄伟秀丽,各尽其妙。而西海口外云涛浩渺,观者其将发乘槎浮海之兴乎?

第五节　由狮子林登始信峰游程

（一）沿途撮要　狮子岭,中五台庵,散花坞,梦笔生花,扰龙松,慧明桥,度仙桥,接引松,始信峰顶,琴台,石笋峰,石笋矼。

（二）单程里数　狮子林,一里至中五台庵,一里至往丞相源岔道口,一里至度仙桥,半里至始信峰顶。

自狮子林东行,过狮子岭,望始信峰左岫,有五星石,形容庄古,宛若天吏。北折度仙人桥,为登清凉台之路；转东南行,则经中五台庵。其南为散花坞,奇石错落,尽态极妍,古松郁拂,枝叶劲茂。坞中景清奇艳丽,言语所难形容。昔人谓"花非花,石非石,凡眼频看那能识",其所感为何如哉？至若梦笔生花、笔架山、扰龙松诸胜,凡为骚人墨客所吟咏赞叹,尤为坞中景之最著者也。由中五台庵越慧明桥,行里许,道岔为二：右上者达丞相源,左出者往始信峰。道中竹树青葱,芳气袭袂。过始信茅蓬,前达度仙桥。两崖咫尺,下临绝壑。石梁中架,行者赵趄。乃有虬松生北崖,蜿蜒偃卧。迤桥而南,度者攀枝（技）而过,稳若扶栏,名"接引松"。过桥行石罅间,折而上,入始信峰。巅有江丽田琴台、定空室故址等古迹。松石清丽,岩壑幽深。游目四望,则上升、石笋、仙人、轩辕、望仙、白鹅诸峰,飞逸峻美,超超尘外。白鹅峰下有"仙人对弈""五老荡船""猴子过山"诸景,更奇诡不可以言语状。黄山风景之神奇实无逾于始信者。由始信峰东望石笋峰,挺然秀出,神彩朗然。其下为石笋矼,昔人称"其峰石之怪,罄天地所有物象,摩不备具"。矼内有颖林庵故址,四周奇石罗列,而立佛石、八公石、波斯进宝石等尤著名。游始信者,更探石笋之奇,鲜有不叫绝焉。

第六节　始信峰至丞相源游程

（一）沿途撮要　白鹅岭,石门峰,招隐亭,雪庄塔,白砂岭,白砂矼,丞相源,云谷寺,檗庵塔,天绅亭、九龙瀑、黄山胜境坊,苦竹溪,汤口。

(二)单程里数　始信峰下岔道口,一里至白鹅岭顶,十里至招隐亭,七里至云谷寺,七里至天绅亭,三里至苦竹溪,五里至汤口。

下始信峰,过始信茅蓬,抵前所经之岔道口。折而上,登白鹅岭,丛竹夹径,风吹戛然。越岭巅,可望天都、佛掌等峰。东望山阿,则有"张公带儿""介子背母"诸景。绕石门峰东麓,峰下有双龟石、猿猴岩、狼(浪)豹洞、澡瓶泉诸奇。登观云台,奇峰怪石罗列眼前,风景宜人。更前,憩招隐亭,访雪庄塔,跰①白砂岭,细砂如雪,路滑难行。下为白砂矼。北望仙都峰,南望天都、青鸾、钵盂诸峰,每移向而易形。由白砂矼南行,鸟道盘曲,苔藓贴地,乱石齿齿涧水间。约四里,望钵盂、罗汉两峰间,松竹丛茂,而云谷寺至矣。

云谷寺临丞相源,有新建之云谷客堂(即掷钵轩)。窗明几净(静),花木扶疏,可资息尘。寺旁有锡杖泉、异罗松及"仙人戴伞""仙人会饮"诸奇,颇值观赏。丞相源溪水澄明,幽篁翠树,倒映成画。有丞相东源来会于云谷寺前里许处,汇口有狮子望球石。狮石后为江丽田琴台,亦一清境也。

出云谷寺山门行,经檗庵塔,有碑铭可观摩。更前,经丽田墓、钓月台诸古迹,眺眉毛、香炉诸峰,古朴靓美,别饶风致。路旁石上有刻"仙人榜""来者有缘"等字,可想见昔人踪迹。度珍珠岭,至天绅亭,可坐憩。仰望九龙瀑布,溅玉抛珠,滚滚激泻。瀑落为潭,潭溢为瀑,凡九折而下,为黄山第一奇瀑。自天绅亭而下,行修篁杂树中,三里许至黄山胜境坊。坊在苦竹溪村。溪水湜湜②,田畴如锦。省屯公路缘溪而辟,南行五里即达汤口。

(附记)游者于游始信峰后,每转入丞相源,游云谷区而归汤口,遗松谷、翠微、福固诸胜区不游。兹仍述松谷等三区游径于后,以免揽胜者之遗憾也。

第七节　狮子林往松谷庵游程

(一)沿途撮要　上刘门亭,中刘门亭,宝塔峰,下刘门亭,叠障峰,缘成桥,松谷庵,五龙潭,芙蓉峰,松谷脚庵,引针峰,洋湖,辅村。

(二)单程里数　狮子岭,五里至上刘门亭,五里至中刘门亭,五里至下刘门亭,五里至松谷庵,七里至松谷脚庵,三里至辅村。

---

① 跰:古同"步"。
② 湜湜(shí):水清澈貌。

松谷庵有五龙潭之胜,惜以北居后海叠障峰下,游者每因路僻舍焉。然自狮林往者,晨兴而发,午膳于松谷,而仍回宿于狮子林,亦不过一日之劳耳。

出狮子林,陟狮子岭北行,岭路陡峻,四顾清旷,散花坞美景历历在目。五里达上刘门亭,望"三尊大佛""关公挡曹"诸景。东望石笋矼诸峰,肩摩踵接,若联袂偕行,即所谓"十八罗汉朝南海"者,尤为神似。更前行,望书箱、药厨二峰,箱屉备具,状若抽动。沿途径颇险仄,五里至中刘门亭。亭前可望"仙人观榜""天眼"诸景。更前行,经宝塔峰,巍然矗立;而俗所称"太白敬酒""老虎驼羊""观音打坐"诸胜亦于途次第入目。五里至下刘门亭,飞龙、叠障两峰,夹道绵延,岚岫起伏,更饶胜致。经松谷庵老基,度缘成桥,沿溪行,五里达松谷庵。

松谷庵在叠障峰麓。宋末张尹甫隐此,号"松谷真人",因以名庵。地僻境幽,前临清溪。溪有五龙潭之胜,明人方夜游此,坐潭观水,至谓"无色可似,无语可赞",称为水之至美者。

于松谷庵北望,芙蓉峰居中耸峙,清超拔俗。峰下有庵,庵西有岭,岭巅有洞,岭下有亭及桥,俱以芙蓉名。芙蓉峰上有马蹄石,传为黄帝马行遗迹。下芙蓉岭,岭之右冈随流而下,势若长虹,谓之"黄龙出海"。下为汪波潭,溪水所汇,渊静泓深,鉴人毛发。更下为松谷脚庵,距松谷庵已七里。旁绕引针峰麓西折而入,约五里达洋湖庵。览洋湖之胜,汪汪数里,青峰四绕,山中水之大观也。下松谷脚庵,沿溪行,三里至辅村,为山北大集。欲续作福固、翠微二胜之游者,可投宿于此。

第八节　神仙洞福固寺游程

沿途撮要　夫子山脚,义姓亭,大战岭,黄帝坑,跑马矼,麟趾桥,福固寺,重兴桥,转身洞,仙道洞,挟身洞,神仙洞,流杯池。

福固寺在轩辕峰下,其上为神仙洞。游客自汤口往者,经苦竹溪、乌泥关、黄丝岭、谭家桥、大战岭而上,约五十里。自辅村入者,经沟村、巷里,越杨田岭,过锡溪程家,而至夫子山麓、义姓亭,约二十里。义姓亭下里许有岔道,即达大战岭。岭下有跑马矼、黄帝坑诸名胜。

义姓亭东,高峰插云、锐然挺峙者为夫子峰(一名"夫子尖")。峰下有石洞高丈余、圆如半月者名"夫子洞"。穿义姓亭,沿涧行,涧水潺潺乱石间。拾级而上,茂林荫路,景殊萧森。可五里,抵麟趾桥。桥西翠竹成林,梵宇数椽,僻处其中,额题"福固禅寺",肇建于唐,为山中古刹。由寺东行,度重兴桥,南折入壑。路出谷中,径仄磴(dèng)高,举步维艰。二里半至转身洞,斜折而升,如登旋梯,历数十级而出。更上,径益艰,达仙道洞,深广丈余。依洞旋升,至洞顶(项),有巨岩便便若罗汉腹,外倚石壁,上连而下离,裂缝尺余,侧身始得入,是名"挟身洞"。扪石攀级而跻,更数武,达神仙洞口。由转身洞至此,计程约二里有半。洞额镌"简默洞天"四字,内供大士像三尊。龛后有池名"流杯",求子女者探池取石一枚,长者兆男,圆者兆女,谓有奇验。右隅有小窦,裂缝数寸,时有风习习吹来。神座右石壁上斜穿大窦,圆如满月,光线透射,清晖遍洒。下设梯可缘升窦口,遥望长江如线,九华点点烟云间。

第九节　翠微寺游程

沿途撮要　拦路坊,麻衣塔,方来亭,翼然桥,青牛溪,马头石,翠微寺,西峰堂,翠微巅。

翠微峰居西海外,飘然孑立,不与诸峰相群。翠微寺在其下。游者之往自汤口者,经紫云区,出汤岭关,过吊桥庵、栗溪(丘)坦而至拦路坊,约二十五里。山北往者,由辅村西行十里至焦村,又南折五里至拦路坊。两道合径于拦路坊。

自拦路坊东行,过石桥,沿河而上,绿水空明,游鳞可数,溪水潺湲,激石成韵。四里至麻衣塔,玲珑纤秀,亦自怡情。过塔,历峻级,曲折而登。有亭翼路畔,曰"方来亭"。缘溪而行,清冷幽邃,远绝尘嚣。度翼然桥,下为青牛溪,碧水潾潾,影落成画。溪上有马头石,昂首若嘶。过桥则曲径回环,依山北转,四里达翠微寺。寺为唐麻衣禅师所创,屡经兴废。今则殿宇数间,尚足点缀清景。方外人居此亦自有缘。由寺后迤逦而上,可五里至西峰堂。面山临涧,风景清丽。更上为翠微巅,云烟叆叆①,东眺黄山峰峦,每恍惚若有无。

附　　录

中国旅行社订:各种游程膳宿表
一日游程:
甲种(游前、后海):由本社早膳出发——午膳于狮子林——回宿于本社。(附注:宜于少壮之人春秋季天晴之日。)

---

①　叆叆(ài):云盛貌。

乙种（仅游前海）：由本社早膳出发—午膳于文殊院—回宿于本社。

二日游程：

第一日：由本社早膳出发—午膳于文殊院—晚宿于狮子林。

第二日：由狮子林早膳出发—午膳于云谷寺—回宿于本社。

三日游程：

第一日：由本社早膳出发—午膳于文殊院—晚宿于文殊院。

第二日：由文殊院早膳出发—午点于莲花峰—晚宿于狮子林。

第三日：由狮子林早膳出发—午膳于云谷寺—回宿于本社。

四日游程：

第一日：由本社早膳出发—午膳于慈光寺—晚宿于半山寺。（附注：十人以上宜宿于文殊院。）

第二日：由半山寺或文殊院早膳出发—午膳于文殊院—晚宿于文殊院。

第三日：由文殊院早膳出发—午点于莲花峰—晚宿于狮子林。

第四日：由狮子林早膳出发—午膳于云谷寺—回宿于本社。

五日游程（前三日与上开四日游程第一、二、三等日相同）：

第四日：由狮子林早膳出发—午膳于松谷庵—晚宿于松谷庵或狮子林。

第五日：由松谷庵或狮子林早膳出发—午膳于云谷寺—回宿于本社。

七日游程（前五日与上开五日游程相同）：

第六日：由本社早膳出发—午点于翠微寺—晚宿于焦村或辅村。

第七日：由焦村或辅村早膳出发—午点于福固寺—回宿于本社。

第三章　山水云海　奇树附

第一节　峰峦、岩、洞、奇石、矼、坞

　　黄山峰峦数十里,绵延起伏,好峰之足资欣赏者数不胜计。《歙州图经》载炼丹、天都、青鸾、钵盂、紫石、紫云、清潭、桃花、云门、浮丘、云际、圣泉、朱砂、莲花、容成、石人、石柱、松林、石床、云外、丹霞、石门、棋石、狮子、仙人、上升、仙都、轩辕、望仙、布水、叠障、翠微、九龙、芙蓉、飞龙、采石,称"三十六峰"。然神奇如始信、秀拔如莲蕊者,俱置之小峰之列,则犹不免疏漏。兹编所载乃就登临者杖屦所至、足怡情悦目者,撷其梗概,而岩洞、奇石、矼、坞等并述焉。

　　1. 云门峰　云门远据西南,为本山主峰。瑰伟高耸,人在百里外俱能望见。顶歧为双峰,有若天阙。云气常从中往还,称曰"云门"义颇确切。从省屯路寨西桥望此峰,秀削绚丽,神采飘逸,令人游兴倍增。浮丘峰在其西,顶有浮丘公仙迹,山深谷邃,下临浮溪。溪南以产茶著。

　　2. 清潭峰　在逍遥亭对面,汤口入山首当之峰也。峰上有清潭,流水倾泻,飞瀑百丈,与翠树清溪相映照,景绝佳胜。

　　3. 桃花峰　上连云门峰,下至祥符寺,隔溪与紫云诸峰相对。此峰土质丰腴,草木滋茂。昔人曾艺桃花千树于上,因以得名;今则寥落数株,徒引人遐想矣。近自黄山建设委员会划为桃源新村区后,力加经营,如古祥符寺之重建、居士林之建筑等,大为名山增色。行将日见繁荣,而成山中名区。

　　4. 水帘洞　在桃花峰祥符寺后山腰。深约三丈,内有子洞若堂奥。双瀑从洞前下泻,有似垂帘;雨后自桃花溪遥望,美若画图。旁十余步,有餐霞洞。洞口为二,中隔如堵墙。洞右有轩辕碑,今毁。

5. 紫石峰　自汤口入山,望清潭峰后居中最高峰即是。石色纯紫如玉,朗朗与霞光斗丽。

6. 紫云峰　邻紫石峰。峰上时见紫云笼绕,因名。山多土壤,竹树青葱,望之蔚然。山下今辟作紫云商区,为中国旅行社、天都文物社及著名之汤池所在。

7. 紫云崖　在峰下紫云庵大殿后,有程振甲题字。崖后为人字瀑布。雨瀑间岩壁凿有级痕,仅容茹趾,名"罗汉级"。昔山径未开,行者取道于此。

8. 虾蟆峰　介紫石、紫云两峰间。栩栩如生,有踪跃天都之势。在慈光寺二天门观之,尤肖。

9. 汤岭　在云门峰东坳。岭上有关,南建紫云庵,北通吊桥庵,为黄(山)西路交通孔道。

10. 笠人石　在汤岭上。如人戴笠而立。

11. 剑石　在汤岭南道上、鸣弦泉附近谷中。

12. 醉石　在鸣弦泉左侧。昔李白游此,绕石醉呼。

13. 停雪石　在醉石旁。泉淙淙从石壁下。下有石,阳白而阴黝,如停雪。

14. 虎头岩　一名"山君岩",在鸣弦泉南路旁。怪石昂首,蹲道如虎。

13. 朱砂峰　邻紫云峰,在慈光寺之后。纯骨无肤,宛若削成。山色如渥丹,藻以簇簇苍松,绚丽无比。

14. 朱砂岩　在朱砂峰半壁,产丹砂。径断壁悬,人不能到。

15. 朱砂洞　在峰下。洞如仰盂,泉盈时有丹砂流出。

16. 金砂岭　由慈光寺后陡岭,可眺天都峰顶。莺谷石,亦名"碰头石",在金砂岭下。过石遵大路而上,有飞来、打鼓诸洞。

17. 青鸾峰　昂立朱砂峰东。矫首振翼,状如青鸾。与天都峰相对,俨若大臣端笏而立,又如天女靓妆觐帝。异地而易形,妙相无穷,真奇观也。

18. 佛手岩　在青鸾峰南。有石指三四,俨如佛手。

19. 仙人打坐石　在峰顶。望之若羽士趺坐。

20. "金鸡叫门帘"　青鸾峰顶岩石。自半山寺视之,若金鸡对天门坎引吭长鸣,因称之。

21. "五老上天都"　自龙蟠坡回视金鸡,向移形易,宛如五老人肩摩踵接以向天都。老人峰则支筇为之前导,景象逼真。

22. 老人峰　在天都峰下、青鸾峰前。伛偻如人,若为"五老上天都"之导者。下有观音崖,传为大士化身。

23. 龙蟠石　即龙蟠坡,又名"打鼓墩",在朱砂峰北大路西南。沿路可望"五老上天都"之胜。

24. 天门坎、三观岭　在老人峰后。明普门禅师谓此处"东望文殊院观文殊,是曰'智观';西北望大悲顶观观世音,是曰'悲观';又西望普贤殿观普贤,是曰'愿观'",遂名为"三观"。路旁两崖夹立,仅容身过,名曰"天门坎"。近人游记称其"如伊阙之辟、龙门之凿;星辰可摘,气象乔皇",亦可想见其形胜矣。附近有月胁岩及赵州庵故址,可望"太公钓鱼""伍吉问卜""老虎下山""兔儿望月"诸景。

25. 横云石　在岭南大道上。大如虎邱之生公台,可坐数百人,石上刻"横云"两字。旁嵌民国十五年①孙以燮撰书"创修黄山道路碑记",载陈兆峰、汪蟾清诸君捐修道路及慈光寺住持脱尘师董理经营事。

26. 天都峰　天都为黄山最高峰,西对莲花,东连钵盂,巍峨峻极,卓立天表。悬崖峭壁,非善攀跻者不易陟其巅。昔江阴徐宏祖霞客二次游黄山,借游僧澄源之助,备历险阻,得达峰顶,"视万山无不下伏,独莲花与抗衡耳"。近自云巢新辟径登峰,探奇者有所茹趾矣。峰顶平坦,有石室嵌立,可容百人;内罗列钟鼎几床之类,均属天然石品。旁有甘泉潋溢如琼浆。怪岩森列,古藤缭绕,下结苔藓,斑斓若夏鼎商彝②。置身其间,几疑登九天而觌③群仙。俯仰空中,则云山飘渺,天风泱泱,海岳潜形,日星耀彩,感"天之无不帱④也,地之无不载也",叹观至矣。

明袁中道记曰:"乃坐草间,以手扪足而视天都峰:大约亭立天表,奇骨峻嶒,其格异;轻岚淡墨,被服云烟,其色异;玉温璧润,可飡可餐,其肤异;咫尺之间,波折万端,其态异;无爪甲泥而生短松如翠羽,其饰异……"峰外观峰,所言略足仿佛其容态,然神韵万千,则惟游观者得亲悟于语言文字之外耳。

27. 云巢洞　天门坎西行约二里即至。释称"真如关",洞名为清曹铅所镌。洞为大路所经,自下升者历三十五级而达上,如出幽井。今洞侧另辟一路,阶级整齐,颇便行走。再上,经别有天。天都照映,云烟万状。明黄鲁峰刻"观止"二字于右。

28. 小心坡　在"观止"石刻上。左绝涧,右峻壁,路仅容足,侧身始过,素称最险之处。后人凿级,护以石栏。太守许宁曾谓:可改名曰"放心坡"矣。

29. 蒲团石　在小心坡上。石平坦如蒲团,正对天都峰,可趺坐十余人。游者至此,辄坐以息足。

30. 卧龙洞　亦名"卧龙涧",在蒲团石前。巨石劈裂,中通一径,昔有古松横生洞上如龙,因名。更前,达仙人桥,其下沟旁有普贤洞、佛掌岩等。

31. 一线天　由卧龙洞越仙人桥,有两山岈立。中门仄径,石级峻险,天光于岩隙下射,景象幽奇,名"一线天"。旁有鹦哥、飞鱼两石。

---

① 民国十五年:1926年。
② 彝:盛酒器。
③ 觌(dí):相见。
④ 帱(dào):覆盖。

32. 蓬莱三岛　出一线天,立足回顾,则夹立之两壁,其左复有一山与之并峙,上各有奇松数株盘郁岩隙间。石上苔藓斑驳,古色盎然。旁有飞鱼石,鼓鬣欲跃;上蹲鹦哥石,振翼若飞。光怪陆离,依稀海上仙山,称曰"蓬莱三岛"。

33. 耕云峰　傍天都而立。巅有石如鼠,耸耳竖尾,有跃跃欲上天都之势,俗呼"松鼠跳天都"。峰畔有石细削如观音,昔有松生于肘,如持杨枝,称"观音洒净"。

34. 玉屏峰　在文殊院之后,上石壁刻"天地自明""奇松怪石""黄山第一处""此山尊"等字。文殊院左顾天都,右览莲花,为黄山风景中心。

35. 文殊洞　即转身洞,又名"罗汉洞"。其洞螺旋而上,深黑且湿,疑若路绝。山僧驾梯丈许,倚石侧缘梯以登,从石隙中出,有绝处逢生之趣。洞口有迎客松。更前数武,石上凿"小清凉"三字。此处回顾天都峰,可览"仙人出轿""老鼠探坛"诸景。

36. 文殊台　在文殊院前。相传文殊跏趺成道处。登此观前海铺云,最称佳绝。附近有狮、象二石,妙相天成。

37. 立雪台　在文殊院西数十步。登台北眺后海,南瞻白岳,历历如画。台旁有石如鹤。又可望凤凰石及"伯乐相马"等景。

38. 阎王壁　由文殊院西南向谷中行,里许即至。石壁峭绝,下临深壑,凿磴道以行,为黄山奇险处。下为转身岩、大士崖,皆道路险绝。途中经蒲团松,松叶团团如盖。

39. 莲花峰　峙玉屏之西。瑰伟壮丽,与天都伯仲。花萼层叠,骨秀神清;风华绝世,仪态万方。环侍诸山皆及肩而止,更饶雍容肃穆之致。登峰者自"上莲花峰"刻石缘莲花梗而上,纡回曲折,穿四洞始达峰巅。顶有圆月池、香砂井诸胜。举目四瞩,其景象万千,共天都仿佛。

清曹文埴莲花峰诗:"黄山峰峰莲花同,何独莲花名一峰?谛观擢秀插晴碧,自茎至萼形肖工。上丰下锐圆且直,外肤滑净中虚空。呀然四洞递相接,各锐其末一线通。日光斜漏四五窦,宛若藕孔穿玲珑。亭亭抽柄绿玉色,妙花绰约临天风。周遭石片簇莲瓣,一石如菂①当其中。宽平恰受结趺坐,爰肯说法祇林丛。群芳惟莲品最贵,无染无垢心抱冲。濂溪比以君子德,合教俯视青芙蓉。嵯峨匡庐共九子,尚未及肩聊齐胸。只余天都近与并,若兄及弟追高踪。軨軿②羽节众仙集,手把清供霏香浓。云生万顷即秋水,靓妆摇曳波溶溶。"写景尚得其概。

40. 莲花岭　介莲花、莲蕊两峰间。路陡峻,攀登颇难。下岭,度大一线天,览灵龟石。至此路分为二:一东上莲花峰顶,一西下百步云梯。石壁刻有"上莲花峰"

---

① 菂(dì):莲子。
② 軨軿(líng píng):有窗和帷的车。

四字。

41. 莲花洞　在莲花岭下。洞方广三丈许,洞右一峡耸出洞顶。级而升,前一岩凌空突立,正当洞门,顶如二指形,名"掏月岩"。岩旁有树如盖。

42. 莲花梗　由"上莲花峰"石刻上行,石级陡峻,下临无地,砂砾满途,举步维艰。路穷则洞,洞穷则级,级穷则又洞,凡经四洞始达莲花峰顶。洞极奇险曲折,曹文埴曾谓"人如在莲节中行,缘本入瓣",形容颇妙,称曰"莲花梗"。月池、香砂井,池圆若月,井形如罐,产细砂,嗅之有松脂香。其下为天然池,普门禅师疏之而成,题曰"胜水",水常不涸。池、井俱在莲花峰顶,昔人记咏之者颇多。

43. 兔耳石　亦呼"兔儿石",近文殊院登莲花岭道中。左右皆绝壑,石畔可望白岳,远餐秀色,如指掌列眉。

44. 莲蕊峰　在莲花峰南。宛如菡苕含苞,峰奇峭不可登。上有石如艇,呼为"采莲船",又称"洪船出海"。旁有石形如鸡,背蕊面花,称曰"金鸡采玉莲",均妙丽非常。清曹文埴有咏莲蕊诗,录下:"一茎分得蕊相鲜,太华休夸少华连。应有花将开并蒂,方知藕更大于船。心空本是玲珑石,性净仍含浑沌天。四面松盘圆似盖,风摇认作叶田田"。

45. 圣泉峰　在莲蕊峰下。峰腰中细,顶有汤池。自邻峰观之,势甚沸腾,惜人不能攀登。按《周书异记》,浮丘公谓黄帝曰:"黟山中峰之顶有汤池,水味甘美,可以炼丹煮石。"盖指此。

46. 鳌鱼峰　亦称"鳌鱼脊",在莲花峰下。形如巨鳌,若在平天矼南眺,即俗所谓"鳌鱼驼金龟"是也。按黄山脉自云门北行,起云际、仙桥、容成诸峰,至鳌鱼脊析为二,为前、后海峰峦所自起。

47. 百步云梯　在莲花峰西胁。凿石为级,护以石栏。北达鳌鱼洞,南通莲花岭,东上莲花峰,梯约二百余级。曰"百步"者,举成数也。清曹鈖有诗咏之:"境以险乃奇,奇以穷乃胜。绝壁凭深渊,无罅通幽径。谁向半天中,齿齿凿危磴。同侣顾之走,尽阻登山兴。余也数往还,未觉力不劲。尚欲周七衡,百步宁束胫。何处是坦途,寸心当自定。"

48. 鳌鱼洞　在鳌鱼峰胁。高岩峻壁,中开三角窦,宛如凿成。穿洞口而上,若久祕帐中揭之而出。西折登冈,则天空地阔,一望无涯,所称"天海"是也。

49. 大悲顶　为天海中主峰,与平天矼、光明顶并峙,岩险无级可登。西南麓有大悲院故址。

50. 平天矼　在天海北。为黄山之中部,如屋之正梁也。横长一百三十丈,宽广三丈;道路平整,可舒攀跻之劳。矼之东为光明顶,西为石柱峰(峰之西为西海);矼南称"前海",矼北称"后海"。陟矼四眺,全山景物,尽罗眼底。

51. 光明顶　连接平天矼,据黄山之中,天都、莲花之亚也。状如覆缶,旁无所依,秋水银河,长空一色,名实相符。

吴庸侯云:"平天矼者,前、后海所从分也。矼之绝顶高阜曰'光明顶'。秋空澄霁,凡日月出没,霞采孤飞,长天一色。及夫积雾新晴,朝曦高映,山云布护,涌雪堆缔①,横波叠浪。俄而青螺点点,矗立银涛之上,是名'铺海'"。

52. 炼丹峰　近光明顶。相传浮丘公炼丹于顶,经八甲子始成。黄帝服七粒,不借云霭升空游戏。上有石室,内尚有丹灶存也。

53. 炼丹台　从炼丹峰下行百数十武,石皆紫色,平舒旷衍,可容万人。台上有丹池。自右稍降,俯深壑,乃炼丹源也。台前一小峰名"紫玉屏",峭然端拱,宛若几(凡)案间物。

54. 晒药台　在炼丹峰前。传浮丘公晒药处。

55. 贡阳山　在光明顶北,面对狮子林。翠拥螺环,宛然屏障。四顾皆石壁,惟此山有土质,杂树千章,团阴结翠。黄山此处,又别有风味。

56. 石床峰　在西海、狮林间。上有石如床,如枕。传为昔容成、浮丘侍轩辕寝息之所。下有石室深十余丈,俗呼为"观音崖"。

57. 松林峰　在平天矼西北。山顶苍松郁然,中无杂树。惜岩险不可登,只能在峰下松林溪畔餐其色、聆其涛耳。

58. 丹霞峰　在松林峰北。峰壁悉赭色,若丹霞之丽天。峰上有石室,又有石曰"达摩渡江"。

59. 云外峰　后海最高峰也。南接丹霞,东邻狮子。云海铺时,独此峰巍然云外,大有孤高自赏之概。

60. 狮子峰　面对贡阳山。庞然雄踞,形势非凡,为后海锁钥。其下即著名狮子林。

61. 狮子岭　在狮子峰东。岭路通始信峰、丞相源、松谷庵等处。

62. 清凉台　原名"诵法台",又曰"法台石",在狮子峰。由狮子岭转西,折而上。台方正平削,纵横丈许。台侧有著名之破石松,惜已枯落。登台北望,晴空寥阔,极目无际。

63. 清凉顶　在狮子峰腰。顶有小楼供文殊。登此望西海,众峰环拱,云海苍茫,如在画图。望仙石在顶后冈上,望太平县境甚清晰。

64. 石鼓峰　在狮子峰西,状如鼓。上有石如龟,作引领下俯之状,名"灵龟探海"。下为铁线潭,传有龙藏此。

65. 始信峰　在狮子峰之西,自狮子林登此约三里。峭壁奇崖,步步入胜。路经绝壑,下临无地,架石为梁(梁),以接两崖。梁(梁)左有松垂翳若栏,游者攀枝以

---

① 缔(chī):刺绣。

过。度桥即入石圻,窄仅容身过。更前,拾级而上即至峰顶。顶平如掌,有琴台、定空室遗址等古迹。叠巘礁硗①,得未曾有,所谓"妙不可言,说也弗信;岂有此理,到者方知"。峰名乃明黄习远所题。始信峰风景之神奇,咏之者颇多,兹录二首于下:

明吴廷简:"亦知理外事难穷,想见成时竭鬼工。鏊似五丁曾开凿,桥悬独木竟凌空。坞香天女花争散,柯烂仙人局未终。莫虑结茅无取汲,雨余先控饮江虹。"

清曹钊:"险绝疑无路可从,天然石壁引长松。侵衣云气都成雨,应谷涛声欲扰龙。夜半常闻吹玉笛,岭头时一遇仙踪。凭君指点身亲历,始信人间有此峰。"

66. 琴台　在始信峰顶。清乾隆时隐士江丽田于此鼓琴。旁有聚音松,谓能聚琴音。

67. 定空室故址　明季僧一乘所筑。江节愍天一书"寒江子独坐"五字于扉。清初汪洪度于鼎易为"始信草堂",偕弟隐此。其遗址即在琴台左右。

68. 散花坞　在狮子岭、始信峰间。诸峰环布若城郭。坞中苍松怪石,古木奇葩,应有尽有。如梦笔生花、扰龙石、扰龙松诸胜,俱在于此。

明吴光胤云:"今人家园圃中得拳石丈许,色鲜质丽者,若获拱璧。此则万千罗列,令人应接不暇。短者径寸,长者千尺;或峰顶若锥,大石覆其上,宽广数倍,黏附依稀,恒有落势,皆不可以理度者……散花坞去狮子林不远,自北而西入谷,宛然门户。四面诸峰布列,高峙若城郭,下临深壑。古松怪石穿插成行,上下参差,千态万状。黄山之胜不待言,而一片幽奇秀郁之致,造化独钟于此方。若绳谓'不到散花坞,不知有奇石。'迪庵谓'一步一叫绝,今则一步十叫绝',两人足当此山知己。

69. 梦笔生花　在散花坞内。石峰高数丈,圆耸而上锐,宛若巨笔。顶有一松,破石而生。

70. 笔架石　在梦笔生花侧。五石错列,状若笔架。

71. 扰龙石　由散花坞鸟道历二阜,巨石耸立,名"扰龙石"。石顶有古松一株,亦名"扰龙"。

72. 石笋峰、石笋矼　邻始信峰,挺秀若笋。峰下即石笋矼,平坦如掌,有颖林庵故址。怪石奇松,环列四周,见者惊为奇绝。

明黄汝亨云:"石笋峰列图经。"据《仙记》所载,则称黄帝上升,双石笋化成峰,疑谓是也。其山神秀特出,皆触睛眩。或断或续,或峻或衍,或喷或谷,或尺或寻……每一巅,或覆平石如台笠,或覆怪松如雨盖。余指谓老僧曰:"上界西方,应无过此。"老僧合掌赞叹而已。

清汪晋榖云:"石笋矼百万千矛森列错刺,如常山蛇势。东望有立佛,西望有贡宝番,附于矼胁有游仙。裁石肖形,无毫(亳)发遗恨。佛宜冠,冠之;番宜弁,弁之;

---

① 硗(qiāo):地坚硬而不肥沃。

仙宜剑,剑之。宜佩,佩之;宜髻,髻之;宜巾,巾之。造化狡狯,一至于此,大奇大奇!"

73. **立佛石** 在石笋矼。从颖林庵右隅瞻望慈容,如紫金范就,立身峰巅。

74. **波斯进宝石** 在颖林庵后。石贴峰壁,宛如波斯人,凹目高鼻,手贡奇珍。

75. **八公石** 在石笋矼左。冠带飘飘,赋形逼似。

76. **石门峰** 踞山之中部,上为光明顶,下为棋石峰。两壁夹峙如门。倚门东望,景色非凡。石门溪水中自门下注,若水关然。峰上有双龟石、猿猴崖,麓有澡瓶泉、狼豹洞,均可于往云谷道中望见之。

77. **白鹅岭** 在棋石峰下,其东称"白鹅峰"。为往丞相源必经之路,丛竹夹道,景最清幽。唐时温白雪隐此,李白有诗赠之。于白鹅岭右望,则见有"张公带儿""介子背母"……诸景。

附李白赠温处士诗①:"黄山四千仞,三十二莲峰。丹崖夹石柱,菡萏金芙蓉。伊昔升绝顶,俯窥天目松。仙人炼玉处,羽化留遗踪。亦闻温白雪,独往今相逢。采秀辞五岳,攀峦历万重。归休白鹅岭,渴饮丹砂井。凤吹我时来,云车尔当整。去去陵阳东,行行芳桂丛。回溪十六渡,碧嶂尽晴空。他日还相访,乘桥蹑彩虹。"

78. **白砂岭、白砂矼** 岭在白鹅岭至丞相源道上,下段称"白砂矼"。砂软而滑,如履积雪,践之不慎辄倾仆。

79. **仙都峰** 在丞相东源之上。《神仙补阙传》称,"黟山北峰乃神仙游处,时有彤云拥护,白鹤飞翔",即指此峰。

80. **仙灯洞** 在仙都峰下,正对钵盂峰。由白砂岭旁,有径可通。俗传洞口有灯,朗朗如星月,岁时一现,间有见之者。

81. **钵盂峰** 在天都峰之东,峰腰与天都相连。如在慈光、云谷两寺观之,状如覆钵。峰顶有两潭相并,中有虬松间之,在天都峰顶望之殊历历。

82. **佛掌峰** 在天都峰背左。由白鹅岭下丞相源遥眺,有五石嵯峨,宛如伸指者,即此峰也。

83. **罗汉峰** 在丞相源云谷寺之左。峰多奇松,状若罗汉。其旁有香炉峰,在云谷寺对面,俨若几案间宝鸭。

84. **眉毛峰** 在丞相源右,上连钵盂峰。峰形清秀,顶产云雾茶,为黄山最上品,惟不易得。

85. **仙人峰** 在散花坞北。顶石奇幻,有若诸仙,衣冠坐立,形容俨然。峰下石壁巉削,即猨鼯②亦不可登。山畔有"三尊大佛""关公挡曹"等景,可于上刘门亭

---

① 即唐李白《送温处士归黄山白鹅峰旧居》。
② 鼯(wú):鼠名。

86. 上升峰　邻石笋峰。峰由溪隈①矗立，形似宝塔，旁无所依，下无所借，渣滓淘尽，只存劲骨。相传昔有仙人阮翁于此上升，因名。山中人亦称之曰"阮峰"。

87. 叠障峰　在狮子峰北，飞龙峰与之夹道相对。层峦叠岫，宛若屏障。松谷庵在其麓。

88. 宝塔峰　与叠障峰相望。由松谷庵至狮子峰，须绕此峰而上。玲珑矗立，天然之舍利也。

89. 书箱峰、药厨峰　两峰相连近。于上刘门亭观之，则箱屉备具，状若抽动。

90. 望仙峰　为黄山之北峰。传黄帝于此乘龙从峰顶上升登仙，山下人望之，闻云中有弦歌之声。

91. 龙须岩　在望仙峰下。黄帝乘龙从峰顶上升，群臣攀龙髯堕地，化成龙须草，今犹生之。

92. 弦歌洞　在望仙峰下。洞内尝闻弦歌之声。

93. 天榜石　一名"天牌石"，直黄如榜，在松谷庵以上，中刘门亭对面。籀②篆数十，策策勒勒，非波非磔③，奇古不可辨识。旁有石如衣冠丈夫，俗呼"仙人观榜"。

94. 天眼　在天榜石东绝壁。壁半中空一穴，可透隔山天光云影，俗呼"天眼"。又吊桥庵南山巅有天星洞，景与此相仿佛，亦有"天眼"之称。

95. 九龙峰　邻叠障峰。峰峦虬缦，宛若龙飞。（又丞相源九龙瀑布上，亦名"九龙峰"。）

96. 芙蓉峰　在九龙峰北。东连磨盘峰，西为探头峰，于辅村望之，错列如笔架。山下石上有马蹄迹二三十，深者尺许，浅者二三寸，传为黄帝马行迹。

97. 芙蓉岭　在芙蓉峰北。上有芙蓉洞，额题"请观"二字。

98. 引针峰　在芙蓉峰下。上产石能引针，盖即磁石也。

99. 轩辕峰　在望仙峰之东，其南为仙都峰。顶有石室并石座、石几之类，相传为黄帝受胎息于容成子之所。下有福固寺、神仙洞诸胜。

100. 转身洞　在福固寺上。石磵天开，不容直入；斜折而升，若登旋梯。更上为仙道洞，传有道士在此登仙。

101. 挟身洞　在仙道洞上。巨岩倚石壁，上连下分，裂缝尺许。游人过此，衣擦壁索索有声。

102. 神仙洞　亦名"仙人洞"，内祀观世音，又名"观音崖"。在挟身洞上，下距福固寺约五里。额镌"简默洞天"四字，相传容成子所题（提）。洞宽八尺，深五丈；

---

① 隈（wēi）：山水弯曲之处。

② 籀（zhòu）：大篆。

③ 磔（zhé）：汉字笔画之一，即捺（nà）。

前高六尺,后高二丈。观音座后有池。池水盈盈,名曰"流杯"。传求子女者以手探池中,各摸石一枚,长者兆男,圆者兆女,谓有奇验。右隅有小窦,可透清风。右壁上斜穿大窦如满月,天光由此照入。窦下设小梯,可缘登窦口,望见长江、九华之景。

103. 夫子峰　在神仙洞之北,一名"夫子尖"。巉岩峭壁,干霄入云。山麓多洞,最大者名"夫子洞",高丈余,圆如半月,广约二丈,可容百人。

104. 大战岭　在夫子峰下。岭麓有跑马矼、黄帝坑诸胜。

105. 翠微峰　在云外峰之西。峰脉出自鳌鱼脊,不与后海诸峰相属。登峰者须绕道北麓而上。高峰耸峙,苍翠满山。下有翠微寺,为黄山名刹。

明潘之恒云:"客问翠微何以称胜?"余曰:"由万峰得一峰,则孤胜;由百境会一境,则幽胜。翠微之在黄山,犹云中鹤、渊中龙,咸借珠光自耀。"又客语余曰:"黄海诸峰与翠微不可以大小、尊卑论矣。在翠微则黄海诸峰伏而不见,见黄海诸峰则翠微亦隐。大小、尊卑之若相摄而不相乘,相避而不相凌也。"固如是哉,可谓善言山之概矣。

106. 翠微洞　又名"麻衣洞",为隐士念一旧居。在翠微峰下。

107. 袈裟池　在翠微寺内。相传唐麻衣禅师浣袈裟处。池水长清不浊。

第二节　溪、源、潭、瀑、井、泉、汤池

昔人有言:"山本静,水流则动。"黄山奇峰异峦,神态活泼,已极飞逸生动之致。而水泉所经,为溪涧,为潭瀑,奔泻腾跃,萦回汀蓄于其间。于是山光水色,既相映而倍丽;木韵涛声,复交奏而成籁:使动静各得其宜,而登临者将感山水之乐于无涯。惟是黄山胜景,广博繁富。凡目击所及,无非佳趣;志籍所载,仅具大略。初不必尽循名而求实,按图而索骥也。明方夜曾言:"黄山千仞成峰,峰落即成涧,故山中无涧不峰,无峰不涧。"又言:"深即成潭,折即成瀑,奇变不竭,几与此山争胜。"亲历之语,足为黄山泉流之奇下一结论。

1. 逍遥溪　一名"锦鱼溪",在清潭峰下。其上为桃花溪,下称"汤溪"。溪中多潭,潭上多洞,形色各殊。由汤口入山者,得次第浏览。溪产锦鳞鱼,花纹美丽,常荡漾溪石间。

2. 布水源、百丈潭　源在清潭峰。水从山崖喷出,奔射如布,下潴于潭,名"清潭"。水更由清潭下泄,成数道飞瀑,迸珠碎玉,光芒四射。其下更汇为深潭,名"百丈潭"。更下泻而入逍遥溪。此景于雨后在逍遥亭侧路上望之最佳。

3．桃花溪　在桃花峰下。上流为白云溪、洗药溪、桃花源等水。下经清潭峰，乃名"逍遥溪"。溪内怪石错列，奇潭络绎。水涨则浪泛涛奔，势若涌雪；晴久则潭静波澄，空明一片。景物之富为黄山别开一境界也。

桃源胜迹，清施润章有诗纪之："黄山峰峦几千曲，客游先就桃源宿。杖底殷殷雷绕身，楼头汹汹涛奔屋。清梦全醒风雨声，深林匹练中宵明。晓起白龙掉长尾，四出飞瀑来喧争。怪石礌砢①排盾戟，寒潭冰雪澄空碧。隔溪古寺断疏钟，偃木垂藤缠绝壁。匡庐三叠天下稀，嵩岳九龙称神奇。何如此地独兼并，咫尺众壑蟠蛟螭。复磴丛箨白日暝，还溯药铫寻丹井。轰磕不闻人叫呼，倚杖空亭发深省。问君莲花庵在无？连朝细雨山模糊。屋角一主破云影，青鸾舞处看天都。药谷仙源难具陈，琪花紫翠秋为春。凭君传语武陵客，笑煞桃源洞里人。"

4．郑公钓台　在桃花溪上、小补桥边。郑公名玉，字子美，号"师山"，为元代名儒。至正间，隐居读书于祥符寺，常垂钓于此。今汤池旁题壁尚存。

5．丹井　在桃花溪南岸洗药溪中。口圆如镜，径可寻丈；涧石中凹，缘边隆起。涧水于北边微缺处下泄，声颇清远。传为黄帝汲水炼丹之所。其上更有药铫、药瓢两潭，以形似得名。其旁桃花溪中更有回澜石，若砥柱中流，足回狂澜。溪畔有藏舟石，若小舟之潜泊深港。

6．白龙潭　在慈光寺山门前桃花溪中。传黄帝汲水，曾遇白龙于此。其下为青龙潭，竹树倒映，水色深碧。

7．鸣弦泉　缘桃花溪，经虎头岩上行，二里许至鸣弦桥。桥上有石中空若琴，泉从山涧下拂琴上，袅袅有声。琴石刻"鸣弦泉"三大字，传唐李白所题。其旁"洗杯泉"三小字传亦白所题。更缘鸣弦涧左折而入，有落星泉，水势激射，注石成坎，盈而复下，亦奇观也。

8．朱砂泉　在朱砂峰下。水行岩石丛薄间，汩汩有声。可于往慈光寺道中听涛亭听之。

9．法眼泉　在慈光寺，可供千钵。有片石当之若睫者，曰"阇石"。

10．中沟　在天门坎南下。由慈光寺赴文殊院必沿此沟而上。（沟与溪无异，姑袭用旧称。）

11．莲花沟　在莲花峰下。其水出虎头桥，入白云溪。由文殊院上莲花峰道中经之。怪石磊落，清流凝碧。中多各色晶石，玲珑可爱，游者每喜拾取之。

12．三昧泉　在天海中天海庵旧址附近。水清且甘，为天海第一名泉。

13．香林源　在狮子峰下。源中嘉树林立，时发芬芳之气。水西入石鼓峰下之铁线潭。在悬岩幽壑中，传为龙眠之所。更下流入丹霞溪。

---

① 礌砢（léiluǒ）：众多委积貌。

14. 石门溪　在石门峰下。纳棋石、石门两源之水,于悬崖夹立中潺潺下泻,东入于丞相源。

15. 澡瓶泉　在石门峰半壁。有石瓶状如杓,柄中有流泉出焉。

16. 丞相源　一名"掷钵源"。上流综莲花、炼丹、石门、仙都及玉屏、天都诸峰山阴之水,经钵盂峰下称"丞相源"。盖因宋右丞相程元凤读书于此而得名。其左坞之水曰"丞相东源",出自轩辕峰下之紫芝源,下入紫云溪,流荒谷密菁中数十里,来会于云谷寺前里许处。更东流纳九龙瀑之水及芹菜岭东之水以入苦竹溪。

丞相源之景,以幽静冷僻胜。清汪士铉诗:"荒径渺难臻,沙浮跼微步。涧流趋正绝,荆榛眩回顾。隔崖钟磬声,冷从白云度。扶筇一翘首,见松不见路。飕飕风满林,日午竟如暮。拨云问精庐,贴石飞瀑布。晏石向山房,竹香染衣屦。仰见掷钵巅,依稀新日吐。一点空明中,峰峰光影赴。肃然响梵音,孤衷有深悟。"其幽寂之趣,亦有令人体味不尽者。代有高人乐此清境,栖隐读书,亦自有真意存也。

17. 锡杖泉　在云谷寺前。传为东国神僧卓锡涌出。

18. 狮子望球石　在丞相源与丞相东源会流处。溪中一石突起如狮,又有石圆如球,名"狮子望球"。狮后有四石相拼若几,名"琴台",亦江丽田弹琴处。

19. 九龙瀑、九龙潭　丞相源道中望见之。其水来自天都,至九龙峰飞瀑下注而成潭,潭溢而复成瀑,凡九折而下。黄山瀑布以此为最奇伟。

明方夜云:"九龙潭在丞相源下、苦竹溪上。涧落为瀑,瀑落为潭,潭复落为瀑,九叠也,故名'九龙'。平时涧枯水缓,则潭色澄碧,如悬片玉,远观不畅。雨过则水急潭深,盘旋飞挂,真白龙矣。"

明谢肇淛诗:"九道寒冰泻遥岭,苍苔凝翠芙蓉冷。白日时听雷雨声,丹崖倒挂蛟龙影。帝子乘龙去不归,空余紫气朝暮飞。与居一酞①尘心尽,醉枕寒流看翠微。"

20. 五龙潭　在松谷庵前溪中。缘涧而上:左乌龙潭,右白龙潭;下为黄龙潭,更下青龙潭。巨石横其后,水自石罅中下注于潭,声潺潺然。最下为油潭。油潭上路有岩石横叠,水自石缝中流出,曰"油榨";路北石如瓮,曰"油缸"。乌龙潭北岸有石凹如锅,曰"炒子锅"。昔人有嫌潭名之俗者,为易"珠渊""瑿(yī)泽"等名。然意晦字僻,亦无足取也。

方夜曰:"入松谷看清②龙潭,坐石上望潭,无语可赞,无色可似。人多与黄龙潭并称。黄龙潭虽不及青龙潭,然逆石而上,沿而下,大亚于青龙,而澄碧与青龙无异者,不可什伯③计。天下水色,至此极矣。当无复有出其上者。"

---

① 酞:饮。
② 清:也作"青"。
③ 伯:古代兵制,百人为伯。

21. 汪波潭　在芙蓉岭下,岭之右冈。随波直下,势若长虹,谓之"黄龙出海"。其下即汪波潭,为山北溪水所潴,渊深清澈,鉴人毫发。

22. 洋湖　即阳湖。在九龙、芙蓉两峰下。周广数里,水涨时一片汪洋,为黄山中水之大观。湖中有洋湖庵,湖旁有洋湖矼,其后复有九龙矼,俨若天然堤障。游者须由松谷脚庵上行,至引针峰麓西折而入。又芙蓉岭东座盘石下,有阴湖,面积甚小。

23. 汤池　原名"汤泉"。在紫云峰下、小补桥之北。有新旧两池,兹分述如下：

甲、第一汤池（旧池）肇建甚古,声名远著。池长一丈五尺,广半之。上有岩石突出,因凿成半圆形,覆池之半,周砌以石。上则有新建之池上楼,几窗洁净,设备周全,所以款嘉宾之来浴者也。池水深约三四尺,热度调和,冬夏常在摄氏四十八度左右。水无色,无味,无臭。据中央建设委员会矿业试验所之化验,其成分为二养化釩①、养化铝、养化铁、养化钾、养化钠等矿物质。无毒能饮,适于营养,为温泉中之不可多得者。池底为细砂,履之绵软,着（著）肤不刺。池畔石罅,有冷泉一缕注池中,以调节温度。池左有孔,水由此出,垢腻亦随之排除。虽日浴千人,而池水常澄清。

乙、第二汤池（新池）在旧池之左。民国二十三年②黄山建设委员会疏凿而成。池分内外两部,方广各丈许。上覆以亭,附有更衣室等。池水与旧池相仿,惟温度较低,调节排垢,不若旧地之天然,故不免略逊一筹矣。按《大清一统志》载,"汤泉在歙县西北黄山第四峰下,为朱砂泉,浴之可疗疾"。旧志亦言："池脉通朱砂峰,下蕴朱砂,与骊山等泉水之含硫气者异,浴之能愈百疾,增精神,延年益寿。"诗人咏歌亦每及之,兹录数首：

唐贾岛："维泉肇何代,开凿同二仪。五行分水火,厥用谁一之。在卦得既济,备象坎与离。下有风轮煽,上有雷车驰。霞掀祝融井,日烂扶桑池。气殊礜石③厉,脉有灵砂滋。骊山岂不好,玉环污流脂。至今华清树,空遗后人悲。邈哉哲人逝,此水真我师。一擢三沐发,六齿还希夷。伐毛返骨髓,发白令人黟。十年走尘土,负我汗漫期。再来池上游,触热三伏时。古寺僧寂寞,但余壁上诗。不见题诗人,令我长叹咨。"

唐释道云："暖泛朱砂石壁幽,轩皇曾浴上丹丘。阴阳相煮连珠浦,今古长煎泻镜流。紫气晓笼烟色淡；锦霞明照火光浮。何妨为洗身轻后,便跨飞龙到十洲。"

---

① 釩:同"矽",硅的旧称。
② 民国二十三年:1934年。
③ 礜(yù)石:一种矿物,制砷和亚砷酸的原料。

许静仁先生世英："我爱朱砂泉,不凉亦不热。下有硫与汞,喷如珍珠结。凿之为方池,其水芳且洁。春雨弗添流,冬日匪凝雪。更有冷冷泉,一线漏石穴。涓涓入池中,调温乃擅绝。华清无此奇,汤山亦为劣。浴者日以众,广纳无等列。既使身已清,益令神复悦。刘侯（键中）事探讨,石旁新池掘。金侯（慰农）戒匠人,遑遑勤补缀。披榛置亭台,治途去欹缺。夜登池上楼,山高月朗彻。桃花与紫云,一一恣幽阅。"

第三节　附述：云海、奇树

（一）云海

闵麟嗣曰："按山川原无定名,惟人所名。五岳四渎,载在经传而不敢易。黄山称'黄海',以山中云涛奇幻,异于天下名山。潘公之桓创为此名,相传已久。太傅姚文蔚谓：'登光明顶则诸峰罗列似儿孙,远视万山层叠,渺茫无际。顷之,白云自山麓上腾,弥漫渐布。近者兜罗,远则黄金,纡衡旷视,直与天接。山顶浮翠若岛屿,在银海中与波涛上下。奇观哉！'"

黄海散人陈少峰曰："黄山以云铺海为最奇绝。三海中均常出云,时而白云坟起,乍伏乍昂,若断若续；时而黑云数片,依远荡漾,若岛屿在银海中与波上下。远近松涛仿佛潮声澎湃。文殊院前、清凉台下皆有之,而游者则可遇而不可求矣。"又曰："黄山又称'黄海',其奇处尤在云。或黄昏黎明,或晴天之夜,云来顷刻,弥漫无际。山视青天,无纤毫之障。下视诸壑,有浓絮之铺,若大海然,故谓之'黄海'。"

按黄山以平天矼为中心,其南称"前海",北称"后海"；矼西石柱峰之西称"西海",鳌鱼洞与平天矼间称"天海"。诸海中常有云涛出没,而夏季润气流行,是项幻景更层出不穷。观云以光明顶、文殊院、狮子林等地为胜。而文殊院前南有文殊台可观前海铺云,西有立雪台可眺后海云涛,实为最适中之地点。又狮子林前黄花岭、清凉台等处,观后海云亦佳。西海口在丹霞峰南仙桃、石鼓两峰间。平衍广袤,可望西海中奇岩怪石,仿佛石笋矼。云出弥漫,汪洋浩渺,夕阳返照,锦采飞射,奇景更不可究诘。

（二）奇树

黄山气候高寒，云气滋润，植物种类之分布状况，盖起于暖带之中部，而终于温带之北部。奇卉异木之为常人所不能识者，实不胜计。至于古松老树，为千百年物，足以点缀风景者，亦随在可见。兹择其尤啧啧人口者录之：

1. 扰龙松　在散花坞扰龙石上。清初许芳城有《帝松歌》咏之，兼可见黄山松奇郁矫激之一般。

帝松歌：

惟黄山松奇命岩罅，饱吸石髓，养成沈蔚壮激之气，以受霜雪之变。所云："干不暇枝，枝不暇叶；轮囷逼仄，拳腹短鬓，无小无大，多入散圣。"独散花坞一柯，志名"扰龙"。嵯峨伟干，张鼍挐①天，酣与峰门。峰化而镠轕②，其势有坐临百辟③、驱役群雄之尊。三千年之蕴成飞节，"十八公"之戴为元首。混沌以来，不知其几岁月也。山泽飓言，爰作帝松之歌：

"不知世界有奇观，不到黄山散花坞。乔柯百仞飞游龙，屈铁蟠根无寸土。狰狞奋鼍挐青穹，紫甲铜皮绣雷斧。破峰门石怒不休，万马奔腾向空舞。下枝拂壑云不收，上枝盘旋蔽风雨。玄霜赤电增威仪，日月星辰营脏腑。毕宏老手画难就，孔明庙柏敢俦伍？离奇放诞何处求，造化生时亦无主。苍颜衮衮空徂徕，震旦有松俱臣卤。轩辕黄帝曾种无？秦家大夫归版图？根由试问抱朴子，鸿荒未辟原称孤。"

2. 迎客松　在文殊院前文殊洞口。大可合抱，一枝东向，状若拱揖迎客。
3. 接引松　在始信峰度仙桥旁。根生桥西石罅中，一枝偃卧桥畔，状若扶栏。过桥者必扶枝以度，庶免恐惧。
4. 蒲团松　在大士崖道旁。团团如盖，绝无怒枝怪干，为黄山之特异者。
5. 棋枰松、凤凰松　在平天矼，各以形似得名。
6. 耕云松　在耕云峰上。
7. 倒挂松　黄山岩壁间常见之，而莲花峰下一株最大。
8. 连理松　在莲花岭上。
9. 笔花松　在梦笔生花石之顶。松破石而生。
10. 雨盖松　在鳌鱼洞上。
11. 鹤盖松　在立雪台下。
12. 麒麟松　在狮子林左。形如世俗所绘之麒麟，苍翠可玩。

---

① 挐：同"拿"。
② 镠轕（jiāogé）：纵横交错。
③ 百辟：诸侯。

13. 凤凰柏 在狮子林后,状若凤凰。树属刺柏类之一种,在黄山不易多见。

14. 异萝松 在丞相源云谷寺。前后两株,同干异叶,乃翠柏与苍松、黄杨木之合体。施于高枝,并不著土;嫩绿(缘)深蓝,浓阴满院。盖数千年物也。

15. 木莲树 干高数丈,凌冬不凋,叶深绿如桂而厚大无脊。四月初始花,二旬即谢;花如莲花,其瓣九出;色白缕紫,浓香馥郁。其实朱色,状似猪心;实含苞内,苞开实即出。山僧藏之,谓能治心腹诸疾。昔慈光寺有一株最著名,今已枯落。现紫云庵大门前一株,枝柯繁茂,当不逊昔日慈光。游客到山,亦每临此抚玩。按木莲即牛耳柟,黄山繁殖颇广,惟大者则不多觏耳。

第四章 建　　置

第一节　寺院庵堂　僧塔附

1. 祥符寺　在桃花峰下。创始于唐,初名"汤院",南唐时改"灵泉院",宋大中祥符元年①敕改今名。清乾隆五年②夏,山洪暴发,寺宇悉被冲毁,遂成废丘。近黄山建设委员会于旧址重构小阁一座,仍题旧名,以存古迹。

2. 志满禅师塔　在寺后山上。禅师于唐大历年间南游至此,遂结茅于汤泉之畔,为祥符寺之最初开辟者。

3. 紫云庵　在紫云峰下。清乾隆时僧悟千所建。殿额题"紫云禅林",门首额题"黄山一茅蓬",故俗多以"茅蓬"称之。庵供文殊为主座。僧舍十余间,前楼数楹。四周竹树阴森,境颇幽静。门前有木莲树,大殿后为紫云崖,崖后有人字瀑、罗汉级诸胜。游者颇足流连。

4. 慈光寺　在朱砂峰下,旧名"朱砂庵"。明万历间僧普门入京感宸眷③,神宗颁经送佛,敕建此寺,赐额曰"慈光寺"。清康熙间增建大殿等,壮丽为徽宁梵宇之冠。咸丰间遭乱,寺屋毁坯,景象萧瑟。此后僧人抱残补阙,渐次修建。今则殿阁整齐,佛像壮严,固不失为黄山首屈一指之大刹也。寺前景色开旷,风物清美。僧寮寂寂,几净(静)窗明,无一般庙宇之幽郁气。寺右客堂内悬吴稚晖先生"黄山为中国之标准好山"题字,寺左有普门塔、千人锅,寺后有朱砂岩、朱砂洞,寺西有法眼泉,皆可浏览。寺内旧藏有佛牙,有清圣祖御题"黄海仙都"匾额。又传有二神鸦,

---

① 大中祥符元年:1008年。
② 清乾隆五年:1749年。
③ 宸眷:帝王的恩宠。

能预报客至。昔有木莲树一株,为今紫云庵前大株所自出,惜已枯落。读清许青岩"秋来风味更空寥,昏晓香厨乞一瓢。五白僧埋黄叶脚,一双鸦出白云腰。珠函宝笈填香海,仙梵潮音出紫霄。长记石莲花瑞现,神宗皇帝盛明朝"之诗,尚可想见当时盛况。

5. 普门禅师塔　禅师法讳维安,明万历时驻锡黄山,大弘佛法。名刹如慈光寺、文殊院等皆其手创,名胜、道路之开辟、经营亦不遗余力。塔(搭)在寺西北隅,前题"明赐紫衣开山普门禅师安公全身塔",有塔铭嵌壁间。

6. 半山寺　在中沟左岸。原为半山土地祠。民国甲子①僧明光草创,休宁县知事韩焘为题今名。佛殿三间,仅容僧栖。惟因适居赴文殊院道上,游者每于此憩足。

7. 文殊院　在玉屏峰下,天都、莲花两峰耸峙左右。地势高崇,黄山景物尽罗眼底。昔人有"不到文殊院,不见黄山面"之语。明万历中,僧普门攀陟至此,与曩在代州梦文殊端坐石台之景适合此境,遂创建是院。后屡经兴替,清咸丰末,复经兵燹,残毁无余。光绪中,浙江陈君捐资重建,此后续有增修。游客登山,每投此栖迟。文殊院景物之富,昔人咏者颇多。兹录二首:

清·王炜:"石窦逢云栈,飘然出井中。振衣临万仞,左右来天风。萧瑟凌高寒,指顾穷始终。莲萼倚清霄,天里接穹隆。分行俨相并,次第罗诸雄。钜鹿转未合,涂山谒初通。提携奏斯院,奔命靡异同。苍苔叠鬼膝,紫锷超神工。犹疑太乙垆,未撤终宵红。倒景入空没,暮色移孤筇。兹境可长据,无为羡崆峒。"

清·程守:"岸下曾栖千岁猿,啸声刚可入诗魂。五更起看峰头月,只许青松挂一痕。"

8. 狮子林　在后海狮子峰下。明万历间僧一乘所创。门额曰"狮子林",中祀观音。其左屋曰"狮林精舍",清末太平崔国因星使所建。清净优雅,可以栖迟。四围好峰罗列,佳景万千。昔人有"不到狮子峰,黄山不见踪"之语。附近松石清奇,而凤柏、鳞松尤著盛名。其上有清凉台、清凉顶,可饱览后海峰峦与铺云之胜。明黄习远诗"半夜晦明林月影,刹那变幻海云容。烟横险道回飞鸟,卉吐幽香引聚蜂。千嶂乍如螺髻涌,深林时兴狖狖逢。客来挟纩②当初夏,僧座围炉若仲冬",颇足写狮林清绝之景。

9. 清凉顶　一名"正顶清凉寺",为卧云楼旧址。在狮子峰南胝、狮子林上。民国己未③僧法空所创。小楼一栋,供佛翻经,亦清修佳境也。

10. 云谷寺　在丞相源钵盂峰下,原名"掷钵禅院"。创于明万历间,崇祯时歙

---

① 民国甲子:1924 年。
② 纩:丝绵。
③ 民国己未:1919 年。

县令傅岩为题"云谷"之名。禅宇宽宏,亦为黄山大刹。后迭经兵燹及回禄之灾,残毁不堪。民国后经李法周君及僧隆光募捐重筑瓦屋数椽,过客聊资息足。近建设会为便利游客起见,新建云谷客堂(即掷钵轩)于其旁。窗明几净,花木扶疏,足慰尘劳。云谷寺四周多竹,门临清溪。旁有异萝松、锡杖泉诸胜。风景之清美,在黄山亦别具一格。清曹文埴诗:"溪声不断应山空,十里缘溪曲折通。宝气冲开云海藏,香林涌出梵王宫。秋地淡沲①当门碧,野菊参差夹径红。最是上方幽绝处,几竿竹倚石玲珑。"今禅房佛宇,虽非昔比,而山水竹石之美,固依然不改其常也。

11. 檗庵大师塔　在(右)云谷寺山门外路下右边。檗庵法名"志正",即嘉鱼县光禄熊开元,于明亡入释者也。塔新修,有碑铭。

12. 雪庄塔　在白砂岭往云谷寺道旁。雪庄和尚清初淮阴人,尝画《黄山图》长卷。居云谷,持行坚苦,名公如宋牧仲等俱重之。

13. 松谷庵　在后海叠障峰下。宋末张尹甫避元乱隐此,称"松谷真人"。清咸丰末庵遭兵乱。光绪间李姓集资重建,左增观音堂,堂左为东古寺。庵前有五龙潭之胜,来游可就此餐宿。

14. 松谷真人塔　在松谷庵座后。与夫人同塔,高五层。

15. 松谷脚庵　乃松谷庵别筑。上距松谷庵七里,下距辅村三里。

16. 福固寺　在轩辕峰下。唐天宝六年②目轮和尚至此开山,建轩辕古刹。咸丰兵燹后重修,改名"复古寺",继又易额"福固"。其上为神仙洞。两处并祀观音。

17. 翠微寺　在翠微峰下。唐中和二年③,麻衣禅师自巴西来,卓锡于此,募洪氏山田建麻衣道场。南唐保大(太)五年④,敕赐"翠微寺"额。明洪武辛未⑤,立为丛林。此后迭有废兴。洪杨乱后,僧本微募捐重建,仅成数椽。民国五年⑥,有金陵邵道人至此,大加增葺,殿宇一新,暂改观名,由其徒宛道人居此十年。近复易僧住持。

18. 西峰堂　在翠微寺上五里。面山邻水,风景绝佳。

19. 麻衣塔　在翠微寺山脚。四面五级,高耸三丈。系唐中和三年⑦麻衣祖师所建,故名。

上列寺院系就历史较久、规模稍大而为游览所必经者述之。此外若散花坞前之中五台庵、始信峰下之始信茅蓬、光明顶下之隐泉茅蓬、汤岭下之吊桥庵及芙蓉

---

① 淡沲(duò):形容风光明净,也作"淡沱"。
② 唐天宝六年:747年。
③ 唐中和二年:882年。
④ 南唐保大(太)五年:947年。
⑤ 明洪武辛未:1391年。
⑥ 民国五年:1916年。
⑦ 唐中和三年:883年。

峰下之芙蓉庵、洋湖庵等，或破屋零落，或仅容蒲团，无胜概足记者，概从略。至若辅村之松山寺、苦竹溪之继竺庵、翠微峰下之城山观等，非游踪所必经者亦不赘。

此外，若桃源区之桃花、莲花、丁公、墨浪等庵，天门坎内之赵州庵，莲花峰下之喝石居、茶庵、不立名字广；天海之大悲院、天海庵，光明顶下之光明藏，白鹅岭之皮蓬，石笋矼之颖林庵，散花坞之散花庵，海门之慈愍庵，丞相源之中源庵、新罗庵等，曾为昔人志记、歌咏所及者，而今则久成废墟，且遗址亦多不可考矣。

第二节　亭、阁、桥、梁[①]、坊、墓

（一）亭

1. 逍遥亭　在逍遥溪上。前对清潭峰，下距汤口十里。上山汽车道现以此为终点。
2. 揽胜亭　在汤池前、小补桥之北。新建。
3. 听涛亭　原名"得心亭"，在慈光寺山门上里许。亭跨路而立。其旁为朱砂泉，汩汩下注。
4. 招隐亭　在丞相源白砂岭上，为狮子林往云谷寺所必经。
5. 步云亭　由云谷寺东南行里许即至。
6. 天绅亭　在丞相源下、九龙瀑布前。为观瀑胜处。
7. 上刘门亭　一名"如意亭"，清乾隆时刘景洲父子所建，在狮子岭下约五里。其前可望"三尊大佛""关公挡曹"诸景。
8. 中刘门亭　距上刘门亭五里，可眺"仙人观榜""天眼"等景。
9. 下刘门亭　距中刘门亭五里许。高峦深谷，布置天然。下距松谷庵五里。以上三亭，俱为狮林、松谷道中行人憩足之所。
10. 芙蓉亭　在芙蓉岭下。由辅村上黄山者须缘亭而往。
11. 义姓亭　一名"南阳亭"，在夫子山脚，上距福固寺五里。游神仙洞者可小憩于此。
12. 方来亭　旧名"复兴亭"，在翠微寺道中。昔有尚书汪泽民所题"翼然"二字，固亦称"翼然亭"。民国壬戌[②]重修，宛道人换书"方来亭"三字。

---

① 梁：原文下面无相应表述。
② 民国壬戌：1922年。

13. 横坑亭　在汤岭南下五里,为紫云、汤巅间行人休息之处。

14. 碧云亭、新庵亭　俱在汤巅北、往吊桥庵道中。

(二) 阁

双溪阁　临桃花、朱砂二溪。民国二十三年①建。于此可望人字瀑布及桃源之胜。

(三) 桥

1. 锁溪桥　在逍遥亭道中,凡三桥。汪蟾清、程霖生二君捐建。
2. 紫云桥　黄山警察所前,跨桃花溪。
3. 小补桥　原名"卧龙桥",一名"汤院桥"。清乾隆时被水冲毁,道光四年②旌德方锦贤醵③资重建。朱德芳为之记,言"寻幽探胜者必由此桥以小补游山之兴",故名之曰"小补"。桥据桃花溪上,旁为汤泉,桃源、紫云两区间之主要桥梁也。
4. 回龙桥　在人字瀑布前,锁紫云庵、双溪阁间。瀑布之水经桥下入桃花溪。
5. 白龙桥　近回龙桥,跨桃花溪上。其下为白龙潭。桥新建,亦所以联络紫云、桃源两区者也。
6. 披云桥　在慈光寺大殿前。康熙丁亥④海阳信官程岳鼎造。
7. 度生桥　在中沟,距半山寺三里。民国甲子⑤春陈吉祥修此路,并破二石以筑之。桥成之际,适虾蟆先跳而过,故名之曰"度生"。
8. 仙人桥　在文殊院一线天下。桥临深壑,前对天都诸峰,风景遒丽。
9. 慧明桥　在狮子林往始信峰道中。青松环绕,境极清幽。民国乙丑⑥,太平王森甫造。
10. 度仙桥　一名"仙人桥",又称"过仙桥",在始信峰脰。石梁横两崖间,下临深谷。桥畔有松一株,自北而南,横迤如栏,名"接引松"。
11. 缘成桥　在松谷庵上一里。民国壬戌⑦汪蟾清捐建。狮子林往松谷庵所必经。

---

① 民国二十三年:1934 年。
② 道光四年:1824 年。
③ 醵(jù):聚集。
④ 康熙丁亥:1707 年。
⑤ 民国甲子:1924 年。
⑥ 民国乙丑:1925 年。
⑦ 民国壬戌:1922 年。

12. 志成桥　在松谷庵前。民国壬戌潭芝屏捐建。游五龙潭者经之。
13. 麟趾桥　在福固寺前。
14. 重兴桥　在福固寺东。上神仙洞道中所经。
15. 翼然桥　在翠微寺前。桥横架木石两梁，临青牛溪上，影落若双虹。
16. 虎头桥、陈家桥、鸣弦桥、横坑桥　俱在紫云庵往汤岭关道中。

（四）坊

黄山胜境坊　在苦竹溪。两江总督高晋于清乾隆三十二年①奉上谕拟亲躬来游，故赶先建四柱石方一座，上镌"黄山胜境"四字，以为黄山接驾之门。

（五）墓

丽田生墓　在丞相源、龙凤庵故址间。丽田姓江，清乾隆时高士，隐居此山，鼓琴自娱。

（附）新建筑物

1. 居士林　在桃源区祥符寺旁。民国二十三年②许世英先生邀约居士十人集资建筑。林系两层楼房，宽宏壮伟，为黄山有数之大厦，黄山管理局筹备处设内。
2. 中国旅行社黄山旅社　在紫云区，民国二十三年建。楼宇宽敞，建筑精美，宿舍、食堂、浴室等设备完善，布置清雅，为黄山唯一旅舍。
3. 天都文物社　在中国旅行社右。高楼耸立，前临清溪，观瞻颇美。民国二十五年③落成。经营宣、歙著名文物及黄山文献之收集、出版等事业，意在发扬我国固有文化。
4. 正道居　在紫云庵右、人字瀑布前。盖为合肥段公④避暑之所。

---

① 乾隆三十二年：1767年。
② 民国二十三年：1934年。
③ 民国二十五年：1936年。
④ 合肥段公：即曾任北洋政府总理的段祺瑞(1865—1936)，生于安徽合肥，又称"段合肥"。

第五章 游览琐述

（一）黄山气候远较平地为冷。冬令及秋末春初，寒威凛栗（慄），地冻风狂，颇阻游兴。自仲夏以及初秋，则为游山最适之季。盖梅雨期过，天气晴爽之日较多，入山既可远暑气，而溪山云海之美亦更较他季为足赏也。黄山虽多雨，然亦无长期之连绵雨，游者不可因之阻兴，雨后得观溪瀑之胜与霞光虹彩，尤为游山快事。

（二）山上道路修筑颇整，足力健者可徒步而登。若雇用山轿，则轿夫以人数计值（通常每轿二名），自汤口至紫云区每名四角；游山论全日计，则每名八角。挑夫及向导价亦同。膳宿处以中国旅行社最舒适，价目约与京[①]、沪等地中上等旅馆相仿。寺院如紫云、慈光、文殊、狮林等亦可寓客，惟设备较差，游客如能自备行军床及罐头食品等当方便多矣。

（三）上山应带物件：毛毯、棉衣、雨衣、布鞋、手杖、草帽、浴衣、浴巾、照相机、望远镜、指南针、温度表、行军床、罐头食品、热水瓶等。

（四）黄山汤池为旅客必须一浴之处。今分建第一、第二两汤池。兹录管理规则如下（民国二十五年[②]五月黄山管理局筹备处公布）：

1. 本处为力求卫生清洁及维持良善秩序起见，分建第一汤池、第二汤池。

2. 第一汤池专供远来游客沐浴，须照章填领留名三联券，始可入浴。券不取资，专为留名。

3. 第一汤池楼上备有大瓷浴盆，游客如愿在盆沐浴，摇水需工，不得不取费大洋二角，备给工资。

4. 第一汤池备有卫生浴衣。消毒大小毛巾、拖鞋、茶水等项。浴衣一件，取费大洋二角；大小毛巾各一条、拖鞋一双，共取费大洋二角；茶水一壶，取费大洋一角。

[①] 京：指南京。
[②] 民国二十五年：1936年。

不用者听游客自便。

  5. 侍役如有不周或额外需索，极愿游客来处面告或函达，以便惩处。

  6. 第二汤池每日上午七时至下午八时开放，任人入浴。（余从略）

（五）山上紫云商区尚未兴盛。现除中国旅行社、天都文物社、黄山摄影社等数家经营特殊业务外，只有小杂货店三四家，略备油盐等日用零物发售。至于米面、蔬菜、猪肉以及生活必要之品，则可在汤口购买。（山北一带往辅村、焦村）物价并不昂贵，内地产品且可较都市为廉。

（六）旅客来山，每喜选购黄山土产，携归作纪念。兹介绍最著者数种于下：

  1. 茶叶 以眉毛峰及丹井附近所产野茶为最名贵。汤口"毛峰"亦属珍品。至"云雾茶"之名，今已成黄山茶之通称，而山僧所称道之大片云雾，实不易得。

  2. 竹笋 春末夏初产量甚巨，味亦鲜美。其干制品有青笋、笋头、笋衣等，可备家常佐膳。

  3. 香菇 无毒味美，为素食佳品。本山丞（丞）相源等地产之，行销外地。

  4. 石耳 产高峰岩石上。食之健身益精，为山蔬上品。"最上等者为《本草》所称之'石衣'，尤为珍品。"

  5. 药材 山中药品甚多，黄精、菖蒲、茯苓、白术、赤术等皆产之，而野白术之功用尤著，昔真者不易得。

此外，宣、歙等地土产，若宣纸、歙砚、笔、墨等，亦可顺途采购，堪供清赏。

（七）黄山游区寥阔，人烟分布极稀，自慈光寺以上，可供食宿之寺院相距常在二十里左右。故游前需预定计划，走路不必过急，行止饮食有定所。从容览胜，好景怡情，则精神不疲，乐趣常存。游前更宜留意气象变化，预作准备，以免中途被雨雾之累。游侣最好有三人，既可以免寂寞，且亦省费用也。

（八）夏季避暑以桃源区附近为佳。因旅舍及寺院等居所较多，温度适宜，且近温泉，可日沐一次。文殊、狮林、云谷等处房屋不多，且亦不免有过于高寒及偏僻之憾。将来桃源新村兴建成功，则可称首都附近唯一适宜之避暑区也。

（九）黄山位居皖南，来山路程外地人士每不甚清楚。兹就京、沪、浙、皖等地大埠来此之行程，述其梗概：

甲、上海及其附近各地来者，以乘沪杭火车至杭州，转乘汽车由杭徽公路至歙县（徽州府），转入省屯路达黄山。游览季节杭徽公共汽车亦直通山下，当日可到，最为便捷。

乙、自南京来者：一汽车可经京芜路至芜湖，转入芜屯路达歙县或屯溪，或经由歙、屯间之岩寺站转省屯路上山，亦当日可到（以上公路俱有公共汽（冷）车行驶）；二乘江南铁路火车至芜湖或宣城、孙家埠等地，亦可与汽车路衔接。江南路局订有京、歙联运办法，更便旅客。

丙、芜湖为皖省沿江门户，凡来自淮域或长江一带者皆可由此转程。

丁、省屯路不久将全路通车，自安庆来者，可由对江殷家汇上车，直达黄山汤口。

戊、歙县为芜屯、杭徽两路汽车所经，屯溪为省屯、芜屯两线所达。旅客如因时间关系，可于此暂宿。两地旅舍颇清洁，并有汽车可备客转雇。

附记：京、沪等地普通旅客至黄山单程旅费俱在十元至十五元之间。

附录　黄山旧志提要

黄山三十六峰等之记载,见于旧志。惜立说叙事遗憾犹多,距今年远,所述每不足稽矣。兹择山水之部编制提要表若干种,以慰笃古之士,俾有所参证也。

1. 三十六大峰名称、位置表

名称	位置	名称	位置
炼丹	近光明顶	天都	文殊院之东
紫石	钵盂峰下	紫云	紫石峰下
青鸾	天都峰旁	清潭	逍遥亭对面
钵盂	天都峰东	桃花	祥符寺上
云门	桃花峰西	浮丘	云门峰西
朱砂	慈光寺后	莲花	文殊院之西
石柱	在天海西阜	松林	平天矼西北
丹霞	松林峰北	石门	光明顶下
仙人	散花坞上	上升	石笋峰西
望仙	轩辕峰西	布水	轩辕峰东
九龙	叠障峰西	芙蓉	叠障峰北
云际	云门峰东汤岭之上	圣泉	莲蕊峰下
容成	云际峰东	石人	容成峰之西
石床	天海极西	云外	石床峰南
棋石	石门峰北	狮子	狮子林上
仙都	丞相东源上	轩辕	仙都峰北
叠障	松谷庵后	翠微	云外峰西
飞龙	芙蓉峰东	采石	飞龙峰北

2. 三十六小峰名称、位置表

名称	位置	名称	位置
鳌鱼	鳌鱼洞上	莲蕊	莲花峰南
耕云	天都峰下	老人	天都峰下
佛掌	天都峰背左	香炉	云谷寺下
牛鼻	莲花峰下	玉屏	文殊院后
虾蟆	紫云紫石间	眉毛	丞相源右
青蛙	石门源旁	合掌	石门源旁
面壁	白鹅岭东	石笋	上升峰东
驼背	狮子峰北	觀音	散花坞中
宝塔	中刘门亭上	轿顶	下刘门亭前
夫子	轩辕峰下	卧云	石笋峰东
道人	飞龙峰北	醉翁	玉屏峰西
罗汉	丞相源旁	笔峰	即梦笔生花
始信	散花坞上	薄刀	光明顶下
鸡公	狮子岭北	书箱	上刘门亭旁
五老	望仙峰下	槛窗	寨门源上
枕头	松谷庵对面	一品	望仙峰旁
引针	芙蓉峰下	磨盘	芙蓉峰下
探头	芙蓉峰下	石鼓	狮子峰西南

3. 三十六源名称、位置表

名称	位置	名称	位置
炼丹	炼丹峰下	香谷	天都峰下
丞相(桐)	钵盂峰下	桃花	桃花峰下
莲花	莲花峰下	白鹿	石人峰下
五云	浮丘峰下	紫烟	容成峰下
采约	青鸾峰下	汤泉	紫石峰下
朱砂	朱砂峰下	香林	狮子峰下
乳水	云际峰下	阴坑	叠障峰下
紫芝	轩辕峰下	浮丘	仙人峰下
阮公	上升峰下	布水	清潭峰下
龙须	望仙峰下	九龙	九龙峰下
棋石	棋石峰下	石壁	石柱峰下
石室	石床峰下	红术	丹霞峰下

柏木	紫云峰下	白马	芙蓉峰下
翠微	翠微峰下	仙都	仙都峰下
甘泉	圣泉峰下	石门	棋石峰下
云门	云门峰下	百药	布水峰西下
杏花	云外峰下	黄连	松林峰下
百花	飞龙峰下	白龙	采石峰下

4. 二十四溪名称、位置表

名称	位置	名称	位置
洗药	炼石峰下又桃花溪上源同名	香泉	天都峰下
朱砂	朱砂峰下	白云	云际峰下
容成	容成峰下	紫云	轩辕峰下
青牛	翠微峰下	弦歌	望仙峰下
云门	云门峰下	甘泉	云门峰东北
汤泉	紫石峰下	桃花	桃花峰下
浮丘	浮丘峰下	曹公	黄山东腋
阮公	黄山之西	逍遥	清潭峰下
九龙	九龙峰下	石门	石门峰下
红泉	布水峰下	丹霞	丹霞峰下
榆花	紫云峰下	飞泉	?
松林	松林峰下	白龙	采石峰?

后　　记

　　本书是在前期黄山旅游文化研究的基础上校注而成的。之前笔者已先后在期刊上发表（独撰或第一作者）《黄山山名由来及其文化背景研究》（《淮北师范大学学报（哲学社会科学版）》2013年第2期）、《民国时期黄山景区建设经费概算与筹措研究》（《黄山学院学报》2020年第4期）、《民国时期安徽黄山的旅游规划与建设——1934—1943年黄山建设委员会对黄山景区的开发》（《合肥工业大学学报（社会科学版）》2020年第6期）、《近代黄山旅游指南及其承传与演变》（《黄山学院学报》2023年第1期）、《古代黄山旅游指南概说》（《旅游论坛》2024年第5期）等相关学术论文。以此为基础，笔者经过进一步的探索，形成对民国时期黄山旅游指南的研究与整理成果，旨在挖掘黄山旅游文化，增进对黄山旅游发展的认知，为世界遗产、世界地质公园、国家5A级景区、国家重点风景名胜区——黄山的旅游开发与建设提供参考。

　　黄山旅游文化不一而足，旅游指南是其中一个重要的方面。我们不能以为中国现代意义上的旅游指南是在20世纪70年代末才出现的，其实早在近百年前就已有之。对民国时期黄山旅游指南的研究与整理不仅对当代黄山旅游文化建设具有重要价值，能促进人们对民国时期旅游发展的了解，而且还能对少被关注的中国其他名山旅游指南的研究与整理产生积极影响，不过仍有大量工作要做，也还有诸多困难要克服。但基于其重要性，笔者相信对中国历史上的名山旅游指南的研究，今后会受到更多的关注，也将会出现更多的研究与整理的成果。

任唤麟
2024年6月